著

带钩与带扣

文物出版社

图书在版编目（CIP）数据

束带矜庄：古代带钩与带扣 / 王仁湘著. -- 北京：
文物出版社，2022.11

ISBN 978-7-5010-7719-9

Ⅰ. ①束… Ⅱ. ①王… Ⅲ. ①带钩(考古)—研究—中
国—古代 Ⅳ. ①K875.24

中国版本图书馆CIP数据核字(2022)第093746号

束带矜庄——古代带钩与带扣

著　　者　王仁湘

责任编辑　郑　彤　马晨旭
责任印制　王　芳

出版发行　文物出版社
社　　址　北京市东城区东直门内北小街2号楼
邮　　编　100007
网　　址　http://www.wenwu.com
经　　销　新华书店
制版印刷　天津图文方嘉印刷有限公司
开　　本　710mm×1000mm　1/16
印　　张　19
版　　次　2022年11月第1版
印　　次　2022年11月第1次印刷
书　　号　ISBN 978-7-5010-7719-9
定　　价　120.00元

中国古代带钩与带扣，是文物中形体虽小却比较重要的物件。个体虽小，但它们的出现曾经关系到古代王朝国体安危，关系到民族之间的交往与文化交流，更影响到现代人的生活。

前言

　　有一样现代人身上少不了的行头，虽然只是一个小小的物件，但却是 4000 多年前就有了的发明，就是我们腰间的腰带扣。不可小看了它，虽然不曾上过什么发明记录榜，它可实实在在是一项重要的发明，是与关键部位相关的关键发明，也是一个用途广泛、延用时间巨长的发明。

　　迄今发现的最早的束带用具，是良渚文化的玉带钩。这种玉带钩已经有了比较成熟的造型，而且仅见于高等级的贵族使用，可以推断它已经具有了礼仪性质。一般的人束带当有其他质料的带钩，这些带钩很难留存下来。还有一个可能的推断是，更原始的带钩，出现的年代还会早一些，还没有用玉石作材料。

　　最早的带钩出现以后，并没有在更大范围普及。在中原地区的历史时代初期，也许还继续着更早年代结绳方式系带的传统。这种打结的方式，系起来容易解开难，所以就有了一种特别的器具——觽，它是用于解结的一个发明，像一个不太尖的锥子，也是要随身携带的一个小物件，有时也用玉料制成。

　　文明的伴生状态，有秩序，也有战争。当战争成为社会生活的常态，军士的装备也越来越规范，皮革用于盔甲的制作，也开始用于腰带的制作。随之而来的问题是，宽厚的革带不能打结，于是一种钩挂方法出现了，这方法应当是受了良渚人使用带钩传统的启发。金属与非金属的钩应运而生，这样的钩将尾端固定在革带上，使用时勾住钻有孔眼革带的另一端，靠人体的张力束腰。腰带上配钩，这带上之钩就有了一个约定的名字，叫做带钩。

大约自春秋时代开始，带钩的使用已经较为普及，经战国到两汉，带钩成为先人不离身的小家当。没有带钩，行军打仗的兵士不会有自在的行动，一般的人众也不会有自在的行动。有钩有带，约束自我，方得自在之身。

腰带制品，当汉晋之际，出现过一次重大的换代过程。带扣逐渐取代带钩，成为束带用品的主打产品。带扣最先是用于马具束带，用于人身以后，更加艺术化了，无论造型与附加装饰都有了明显改变。不过后来这种艺术化的风气不再盛行，带扣大体沿着实用的路径演变，很快就定型下来，定型得与我们今天使用的带扣没有什么明显区别了。

带钩如果从良渚文化算起，至汉末之时，延续使用了近3000年。如果自春秋初年起算，金属带钩使用了差不多1000年上下。接着带扣用到今天，则接近有2000年光景。上自帝王，下至平民，在正式场合都不能缺了它，就是这样的小物件，陪着过去的人们自在走过了4000多年！

带钩与带扣，虽然断续有人做过一些研究，因为资料较为零散，更因为这样的物件过于细小，一般不为研究者看重，所以不大注重综合性研究。我自己虽然多年来投入了一些精力作梳理，但研究做得并不系统，不过还是提出了一些问题。如带钩的起源、分类与演变，及带扣的演变等，还有带钩与带扣的名称、使用方法等，对这些方面提出了自己的认识。另外对钩与扣的文化史意义，也有所涉及。有人因佩钩而得以继承王位，有人因窃钩而被诛杀，小小的带钩也演绎过风云变幻的历史。

带钩与带扣，造型不同，使用的年代也不同，但功用相同，所以放在一起考察。本书其实是以往研究文字的一个结集，原初所取的书名"善自约束"，取自汉代王逸语。王注《楚辞·离骚》"索胡绳之纚纚"曰："纠索胡绳，令之泽好，以善自约束，终无懈倦也。"古者束带修身，或谓束修，又言束修自好，也应当是束带引申的意义。又《太平御览》卷三百五十四引《梦书》曰："梦得钩带，忧约束也。钩带著身，约敕已也。持钩带脱，事决已也。"带钩入梦，约束入梦，这也是生活的写照吧。

这一回改版重新制作，也新改了一版书名，取自《千字文》中"束带矜庄"

一语。这一语生动概括了古人以束带修身立命的态度，较之"善自约束"的立意，似乎又进了一层。不过需要说明的是，这里的"矜"，有时又写成"衿"，而且音义也无不同。看智永所书《千字文》取用的是"衿"，我也乐于接受。

束而约之，约而束之，带钩担承过了，带扣担承过且依然还在担承。约束自己，方得矜庄自在，小小的带钩带扣，还真不能太小瞧了。

王仁湘

目录

第

一

章

带钩概论

一 序言

关于带钩的研究，大概从东汉和魏晋时代就已经开始了。如王逸注《楚辞》之"鲜卑"[1]、鱼豢和张勃解"钩络带"[2][3]，还有高诱注《淮南子·主术训》之"鵔鸃"等。唐人注史籍也涉及带钩问题，都只限于名称方面，没有留下系统的文字[4]。宋人吕大临的《考古图》收录了6件带钩，标示了出土地点；龙大渊著《吉玉图谱》，图示带钩12件，对带钩首先进行了实物研究。明人文震亨作《长物志》，将带钩按照工艺和造型作了最初的"分型分式"和"分期"，分为六种，划作三代和秦汉两期[5]，使带钩的研究前进了一步。清人有关著述稍多，吴大澂《古玉图考》对三件带钩作了考证，阮元《积古斋钟鼎彝器款识》收录了几件铭文带钩，并对时代作了推论，以为"革带有钩由来已久"[6]。近人王国维所著《胡服考》繁征博引，对带钩考论详尽，他与阮元有极为相似的观点[7]。

今人的带钩研究主要建立在实物基础上，这是现代考古学发展的结果。20世纪50年代初，高去寻对战国带钩的用途进行了研究[8]。不久，包尔汉和冯家升著文讨论了"鲜卑郭落带"问题[9]，这个讨论到80年代又有所展开，不少人都涉及带钩的异名问题[10][11]，不过对带钩本身的考古学研究并没有深入下去，还有很多问题没有解决。

在国外，日本学者也曾对"鲜卑郭落带"做过许多研究，像白鸟库吉[12]、江上波夫[13]、藤田丰八[14]等都曾探讨过。最重要的著作当推长广敏雄《带钩之研究》一书，书中收录280多件私家和陈列馆的带钩藏品，虽然缺乏可靠的时代和出土地点，但作者进行的分类研究还是很有意义的[15]。20年后，长广敏雄对20世纪50年代出土的战国带钩进行了比较系统的研究，认识有所发展[16]。B·卡尔格伦1966年发表在斯德哥尔摩《远东博物馆馆刊》38期上的一篇文章，系统地介绍了两个瑞典人收藏的六百多件中国带钩，并且进行了比较详细的分类研究[17]。此外，还有一些收藏者也间或有介绍藏品的著作发表[18][19][20]，只是都没有可能进行比较系统的研究。

20世纪50年代以来，带钩出土估计已有数千件之多，公开报道的已达千余件，绝大多数是科学发掘所得。对于这样一大批可观的资料进行整理分析，感到很有必要。本文准备对带钩进行初步分类分期，在此基础上对带钩的起源、发展、传播、名称和用途作些推论和考证。以我绵薄之力从事这项工作，自感极不胜任，只望以此作一开端，希望带钩研究得以前进一步。

二 带钩的分类

大多数带钩造型简单，但都有钩首、钩体和钩纽三个部分，也有个别的异形带钩无钩或无纽。钩首与钩体的连接部位可称为钩颈，与钩首相对的另一端为钩尾。钩体正面为钩面，常饰以各种纹饰或者铭文。钩体反面为钩背，背上作纽，纽由纽柱与钩体相连接。钩纽表面称为钩面，有时饰纹。带钩各个部位过去没有确定的名称，研究不便，现在这样定名，也不一定完全合理，以后还可以进行修改（图一）。

带钩的分类，可从质料、工艺、造型几方面进行，这里侧重于质料和造型。

制作带钩的原料以铜、铁为主，也有金、银、玉、石等。关于质料方面的分类以钩体采用的原料为准。

金质带钩：在春秋晚期的秦国和齐国已经使用黄金制作的带钩，山东临淄郎家庄 1 号墓出土 2 件[21]，陕西凤翔高庄 10 号墓出土 1 件[22]。战国早期的随县曾侯乙墓出有金带钩 4 件[23]，西汉时期也有金带钩，江苏涟水三里墩[24]和铜山小龟山[25]就有出土，制作十分精美（图二）。

银质带钩：战国早期的山东曲阜鲁墓就有出土，其中一件作猿猴攀枝的造型，十分生动。还有一件为琵琶形，首尾均作兽头形[26]。银带钩在战国中期的中山国墓葬中也有出土，作浮雕禽兽形[27]。

河南辉县固围村战国晚期墓出土一件包金嵌玉银带钩，浮雕有兽首、夔龙、鹦鹉，嵌玉玦和料珠，为鸭头形玉钩首，无纽，长 18.4 厘米，制作精良[28]。南方的新莽墓和东汉墓也有个别银带钩出土[29][30]，但工艺不及西汉以前（图三）。

铜质带钩：出土最多，从春秋中晚期流行到魏晋时期，以后还有零星发现。

铁质带钩：战国早期的秦墓中开始见到[31]，与铜带钩大致相始终。因保存不易，在数量上没有铜带钩见到的多。大多数铁带钩锈蚀严重，目前还无法做深入全面的研究。

玉质带钩：玉带钩始见于春秋秦墓[32]，春秋晚到战国初的宋国勾敔夫人墓也有出土[33]。战国早期曾侯乙墓和曲阜鲁墓也有发现[34][35]，汉墓中时常也有制作精美的玉带钩出土[36][37][38][39][40][41][42]，东晋墓葬中偶尔也有发现[43]。河南泌阳官庄北岗 3 号秦墓所出的一件玉带钩，首尾为龙头形，体饰勾连雷纹，长 19 厘米，

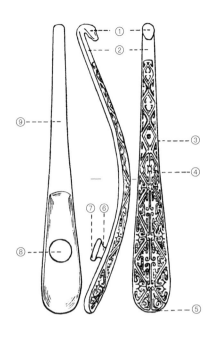

图一　带钩各部位的名称

❶ 钩首　❷ 钩颈　❸ 钩体　❹ 钩面　❺ 钩尾

❻ 纽柱　❼ 钩纽　❽ 纽面　❾ 钩背

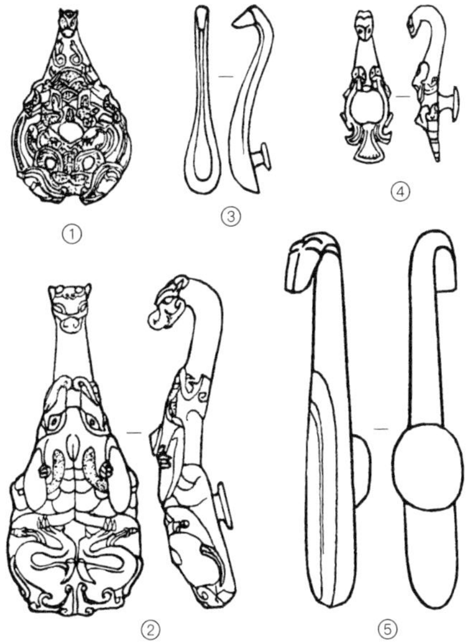

图二　金带钩

❶、❷ 江苏涟水三里墩

❸ 山东临淄郎家庄(采自[172],图五)

❹ 江苏铜山小龟山

❺ 广东广州

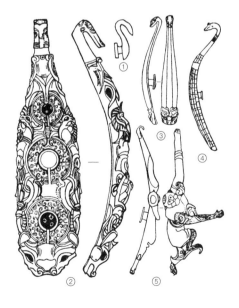

图三　银带钩

❶ 长沙五里牌

❷ 河南辉县固围村

❸~❺ 山东曲阜鲁城

分 10 节做成，中穿一条金属扁柱，每节都可以活动[44]，这种玉作双料工艺品实属罕见（图四）。

石质带钩：出土很少，最早的是陕西凤翔八旗屯战国早期秦墓出土的两件[45]。

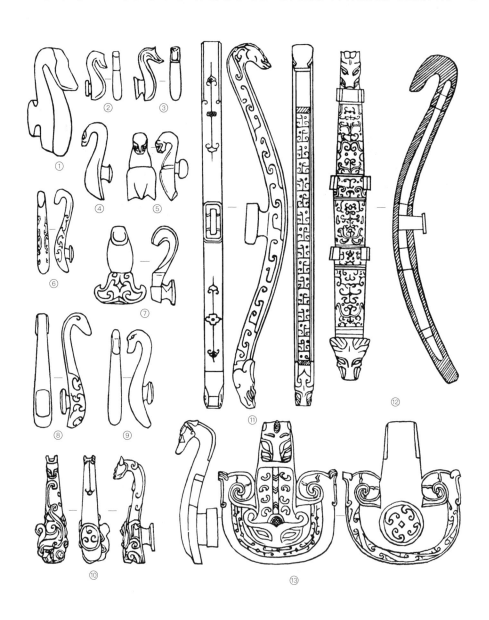

图四　玉带钩

❶ 广东肇庆松山　❷、❸、❽~❿ 河北满城
❹ 湖北汉阳蔡甸　❺~❼ 江苏铜山小龟山
⓫ 河北定县北庄子　⓬、⓭ 山东曲阜鲁城

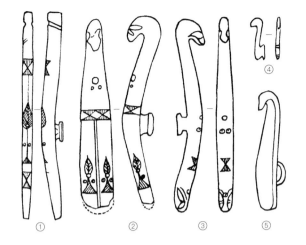

图五　骨带钩（1～4）
和琉璃带钩（5）

❶ 洛阳西郊

❷、❸ 河北石家庄市庄村

❹ 山西侯马牛村

❺ 广东广州

湖南长沙砂子塘和南门外西汉墓曾出土滑石带钩，显然是专制的明器[46][47]。西晋时还能见到石带钩出土[48]，制作粗俗，工艺价值不高。

骨质带钩：见于报道的几件骨带钩几乎都属战国时代。河北石家庄市庄村遗址出土两件骨带钩，兽头形钩首，刻叶片纹和对三角纹，还有曾做过镶嵌的小凹坑（图五：2、3）[49]。洛阳西郊 M1 所出的一件骨带钩，制作和纹饰与前两件基本相同，只是钩首处无钩，两侧刻有斜槽代钩（图五：1）[50]。在洛阳古粮仓还出土一件属于战国的牛角质带钩，可惜首尾均已残断[51]。

木质带钩：目前仅发现二三件，一件出土于江西贵溪战国早期的越人崖墓，长22 厘米，系用一木棒前凿一槽后加一柱纽做成[52]。此墓包括佩剑在内的随葬品均为木质明器，可能是葬俗关系，所出木带钩，似无实用价值。北京明定陵出土过木质和藤质带钩，恐怕只是一种玩赏品，也不一定会是实用器[53]。

其他质料的带钩还见到少数的琉璃带钩和陶质带钩[54][55]，它们也应排除在实用器之列。

从造型上看，带钩有型式之分。长广敏雄将他所见的带钩划分为大、中、小九型，即：

大型：琴形、棒形、络龙形；

中型：匙形、鸟形、琵琶形；

小型：虎形、小钩及其他。

他的一些分法已为人们接受[56][57]，本文采取了其中比较合理的一些意见，做了重新分类，大体区分为以下八式。

Ⅰ式：水禽形，钩体似鸭腹形，鸭嘴形钩首，纽近尾端。大多素面无纹，有的仅在钩首处饰以眼目图形。另外有一些飞禽形带钩也可归入此类，有展翅与合翅两种。

Ⅱ式：兽面形，钩体以浮雕和镂雕的兽面为特征，背面与钩纽相对，钩颈一部分为杆状。

Ⅲ式：耜形，本文归入耜形的带钩过去常称作匙形，钩体连接钩颈的一边一般略为平直，其他三面呈椭圆弧形或多边形，钩颈为略长的杆状。钩体大都有镶嵌镂错的几何纹饰。

以上三式带钩形体都不大，均属小型类。

Ⅳ式：曲棒形，钩体为比较均匀的棒形，一般都不太粗壮，呈明显的弓形弯曲，大都素体无纹。

Ⅴ式：琵琶形，全钩呈反琵琶形，钩体大小不拘，横截面以半圆形多见，过去被笼统称为琴形，有长有短，以长钩为主。

Ⅵ式：长牌形，钩体呈长方或圆角长方形，一般都比较长大，钩颈钩首细小。

以上三式多数形体较大，属大型类，少数较小的例外。

Ⅶ式：全兽形，钩体满饰雕镂的整体兽形纹饰，有的为神话动物。常见的有蟠龙、卧虎、犀牛，还有兔、鱼、鳖、蜥蜴、鹿、蛇、猿猴、狐狸等。除兽形外，另有蜻蜓、蜜蜂等昆虫形，取材很广。有些带钩一器饰数兽，制作考究。

Ⅷ式：异形，凡在钩体、钩首、钩纽方面不同于上述七式的带钩都归入此类。主要有人形、牛首形、双体形、双纽形、无纽形、无钩形、环纽形、反勺形、双钩形多种。

以上两式带钩在工艺上有较高的价值，其中相当一部分或者纯是一种艺术品，实用价值不高，有的原来就不是实用器。

在八类带钩中，比较常见的是Ⅰ~Ⅴ式，其中又以水禽形、曲棒形和琵琶形最为流行，数量最多。

从工艺制作上分类，带钩又有错、镂、鎏、嵌、刻之别，本文不拟细作讨论。

三 带钩的发现及分布

带钩出土地点遍布 20 多个省区，对照古代的地理疆域，这些地点大致可分为七个大区。

1. 中原地区

这里包括了周王畿和三晋故地，它与关中一起，是发现带钩最集中的地区。

首先应当提到的是河南洛阳出土的三批带钩。一是在洛阳烧沟，1953 年出土了从战国晚期到东汉晚期的铜、铁带钩共 44 件，包括Ⅰ、Ⅳ、Ⅴ、Ⅵ、Ⅶ式五种，其中汉墓所出的 21 件铜带钩有详细的登记表[58][59]。二是在洛阳中州路西工段，出土了从春秋中期到战国晚期的 17 件带钩，提供了研究早期带钩发展演变的宝贵资料[60]。三是在洛阳西郊，在西汉中期到东汉晚期的 217 座墓葬中出土带钩近 50 件，多属东汉时期以前，主要分Ⅰ、Ⅳ、Ⅴ、Ⅶ式几种[61]。

时代比较早的带钩在固始侯古堆春秋宋墓中出土几件，除了上面已经提到过的玉带钩外，殉人棺内还出有铜带钩，时代当春秋战国之交[62]。

郑州二里岗 1953 ~ 1954 年发掘的 212 座战国墓，出土铜带钩 62 件，铁带钩 52 件。发掘报告将全部带钩分为 18 式，包括了本文划分的全部型式。报告还对带钩的早晚分期做了一些推论[63]。

三晋地区发现带钩的重要地点还有山西长治分水岭战国墓地和河北邯郸百家村战国墓地。在长治分水岭第二次发掘的 19 座早中晚不同时期的战国墓中，出有铜带钩 14 件、铁带钩 4 件，包括了本文所列的全部 8 式带钩[64]。中期偏晚的墓葬可能属韩国[65]。这里的带钩代表了三晋总的作风。河北邯郸百家村赵国墓地发掘的 49 座战国中期墓，获得 60 件铜带钩，主要分Ⅰ、Ⅳ、Ⅴ、Ⅷ四式。发掘者对带钩的出土位置和组合情形作了选择报道，为探求带钩的用途用法提供了依据[66]。

中原地区发现的带钩，时代分属春秋中期到西晋时期，以战国时期的数量最多。

2. 关中地区

关中地区发现较多的是时代不同的秦国带钩。凤翔高庄发掘到一处较大的秦国墓地，墓葬的时代从春秋晚到秦统一，出土带钩近 50 件，其中包括少量金、玉带钩，这些带钩分属 I、III、IV、V、VII、VIII 式，为研究秦国带钩的发展演变提供了比较系统的资料[67]。凤翔八旗屯发掘的春秋早至战国晚的秦墓出有 8 件带钩，可惜发表的资料没有注明这些带钩的时代，显然有属于战国早或春秋晚的[68]。宝鸡茹家庄秦墓出土的 I 式带钩，时代也早到春秋末年[69]。

西安半坡 1954 ～ 1957 年发掘的战国晚期秦墓 112 座，出土铜、铁带钩 40 件。铜带钩属小型类，分属 I、III 式；铁带钩以长型为主，锈蚀严重，形制不清[70]。

咸阳黄家沟 1975 年发掘 50 座秦墓，时代从战国中到秦统一，出土带钩 31 件，有 I、II、V、VIII 式四种[71]。咸阳长陵车站南 1962 年发现一处窖藏铜器，其中有带钩 26 件（25 件残失钩首）[72]。这些带钩除了常见的 I、IV、V 式外，还有不少 VII、VIII 式，后两式取材有象首、卧鹿、伏兔、龟、蛇、猿、豹等。这两式带钩大部在战国秦墓中没有发现过，同出的不少铜器原本是关东诸侯所造，可能是秦统一前后由其他地区输进的。

到汉代及以后，关中地区带钩出土不多，见于报道的仅有几例，如果不是工作上的局限性造成的话，这确为一个十分耐人寻味的问题。

3.两湖地区

两湖及其周围邻近地区是楚国故地，这个地区已作报道的带钩材料比较零散，有些重要资料也没有系统发表。

属于春秋晚期的带钩在湖南湘乡和河南淅川楚墓均有出土，为 I、II 式，长度在 6 厘米上下[73][74]。两湖地区出土战国带钩的地点不少，不过数量有限，比不上中原和关中地区。比较著名的就是河南信阳楚墓出土的 5 件铁带钩，其中 3 件是长 21.5 ～ 22.4 厘米的长牌形带钩，错金银嵌宝玉，制作极精[75]。湖北江陵望山 1 号楚墓出土 1 件特大型长牌形带钩，置于死者棺内头左侧。全钩呈弓形，长 46.2、宽 6.5、厚 0.5 厘米，嵌金丝和金片为凤鸟纹，钩首为龙头形，用金丝金片作龙眼龙眉，钩背有两个错金纽[76]。这是考古所见最长最大的带钩，关于它的使用及意义，都有必要进行研究。

这里两汉和西晋也有一定数量的带钩出土，但材料不大集中。

4. 岭南地区

岭南地区在战国晚期已有带钩。广东肇庆北岭松山战国墓出有 1 件玉带钩[77]，广西平乐银山岭发掘 110 座战国墓，仅 98 号墓出带钩 1 件[78]，说明岭南开始使用带钩为时不长。

到了两汉时代，岭南带钩使用也并不太广泛，如广州发掘所见，在西汉前期的 182 座墓中出 5 件带钩，西汉中期的 64 座墓出 3 件，西汉晚期 32 座墓出 4 件，东汉前期 41 座墓出 7 件，东汉晚期 90 座墓出 5 件[79]。广西平乐银山岭 45 座两汉墓却无一带钩出土[80]。

两广所见带钩一部分与中原相同，如水禽形和琵琶形，也有一些具有本地特点。

5. 西南地区

云、贵、川为古代巴、蜀、滇和夜郎故地。巴蜀在地理上与秦楚邻近，在战国中期就使用精致的带钩，如 1980 年发掘的新都马家大墓就出有 4 件带钩，有宽体和窄体琵琶形及水禽形[81]，这与中原和关中所见相同。巴县冬笋坝和成都出土的琵琶形带钩，铸有巴蜀铜器上常见的特有字符[82][83]，说明巴蜀带钩并非全由外地输入，也有在本地制作的。在属于秦汉之际的巴县冬笋坝和昭化宝轮院船棺中也出有一些制作考究的带钩，其中包括一些具有地方色彩的带钩[84]。两汉墓葬所出带钩也不少，不过工艺制作远不如战国时。

从西汉早期开始，夜郎所在地开始使用带钩，西汉中期，滇国也有了带钩。贵州清镇平坝[85]、威宁中水[86]及云南晋宁石寨山[87]、江川李家山均有出土[88]。所见带钩虽然制作算不得上乘，但地方特点相当突出，在造型上具有独到的风格。也有一定数量的带钩与中原所见完全相同，如水禽形和曲棒形。贵州威宁中水发掘的 30 座两汉墓，共出 13 件带钩[89]，证明带钩的使用有一定的普遍性，以曲棒形多见。

6. 北方地区

长城内外的北方——包括东北和西北地区，所出的带钩也值得引起注意。

燕国故地出土带钩的数量在北方是比较多的，以北京怀柔城北的一批材料最为集中，这里见到有可能属于春秋中晚期的 III 式耜形带钩，有属于战国中晚期的 V 式琵琶形带钩，同地还出有属于两汉中期的 6 件带钩，主要为水禽形、曲棒形和琵琶形[90]。

河北唐山贾各庄 21 座战国早期墓出有 11 件带钩，以曲棒形和琵琶形为主[91]。易县燕下都 44 号战国晚期丛葬墓，出土铜铁带钩 7 件，以水禽形和曲棒形为主[92]。

河北怀来北辛堡 M1 出土 1 件兽面细条形带钩[93]，同墓所出大件青铜器具有燕国早期风格，不过同出的扁茎直刃剑、空銎剑又具有"鄂尔多斯"青铜器风格，所以此墓被认为属匈奴或山戎[94]。另在内蒙古准格尔旗广衍故城相当于秦汉时代的墓葬中，出有 9 件曲棒形、水禽形和琵琶形带钩，还有 1 件为牛头形，这些墓也具有匈奴特征[95]。

北方见到的比较早的带钩在辽宁喀左南洞沟青铜短剑墓出土 1 件，为春秋战国之交的东胡族遗物[96]。大连营城子[97]和新金花儿山贝墓[98]都有带钩出土，年代为西汉时期。直到魏晋时代，沈阳伯官屯 M1 还出有 Ⅳ 式曲棒形带钩[99]。

西北地区发现的带钩主要分布在甘肃境内。灵台洞山 M9 出水禽形带钩，这里去秦不远，当是受了关中腹地的影响。此墓被认为是古密须国的遗存，属春秋中晚期[100]。平凉庙庄 M7 出有曲棒形带钩，是战国秦的遗物[101]。到了东汉时期，西到兰州附近[102]以及武威[103][104]、张掖[105]、嘉峪关[106]等地都发现了带钩，晋墓中也有带钩出土[107]。黄文弼先生于 1930、1940 年两次到新疆罗布淖尔考察，发现了 3 件带钩[108]。至于在吐鲁番艾丁湖发掘西汉时期姑师部族墓葬时采集到的 1 件"带钩"，钩部特征不明显，不见钩纽，还不好确定即为带钩[109]。

7. 华东地区

华东发现的带钩在黄河长江两河下游地区比较集中，东南沿海发现极少。

1972 年发掘的山东临淄郎家庄 1 号大墓[110]，是一座春秋末年的齐国殉人墓。主墓出金带钩 2 件和铜带钩 8 件，陪葬坑出铜带钩 56 件，有的一人就多达 11 件。这些带钩以兽首小琵琶形为主，均素面。这是至今发现带钩最多的一墓。山东曲阜鲁城战国早、中期墓所出的嵌绿松石银带钩、贴金猿形银带钩、鎏金嵌玉铜带钩、空体棒形玉带钩，都是带钩制作的精品[111]。江苏苏州城东北发现过 1 件长 33 厘米的水禽形带钩，早到春秋末年，应属吴国遗物[112]。

沿海地区虽然极少出土战国带钩，但两汉带钩却发现不少。江苏涟水三里墩出土的西汉早期的 2 件金带钩分别重 56.275 克，浮雕夔龙与蟠蛇，无论造型和制作，都是难得的精品[113]。铜山小龟山西汉中期崖洞墓除见金带钩外，还有玉质、铜质和铁质带钩，有的造型比较特别，为它地所不见[114]。泰州新庄[115]和丹阳宗头山[116]出土的东汉铭文带钩，为带钩的断代提供了可靠依据。南京附近的两晋墓葬也有少量带钩出土，其中南京西岗所见的1件西晋初年带钩，铸有神兽食鱼和飞鸟形象，构思比较新奇[117]。

安徽、江西、浙江都有带钩出土，数量比较少。浙江黄岩秀岭水库出有东汉和西晋带钩，有水禽形和曲棒形，与中原所见相似[118]。

由上所述，以地区而论，带钩流行的中心范围是中原、关中地区，即黄河中游地区。北到长城附近，南到两广云贵，都曾是带钩分布的地区，只是时代有早晚、数量有多少之别。由此可以粗略看出带钩的起源和传播过程，这一点留待下文讨论。

四

带钩的分期和发展

∞

带钩经历了一个从无到有、从少到多、由盛而衰的发展过程，这个过程大致可以区分为四个阶段，亦即始作、鼎盛、普及、衰落四个时期。

1. 始作期（春秋中～战国早）

中国腹地带钩的出现虽然不能早到古代学者所说的"三代"之初，但也没有晚到赵武灵王"胡服骑射"之时（公元前307年）。

在周都洛阳出土1件带钩，时代定在春秋中期，这是目前所见年代最早的带钩。它是中州路西工段M2205中的随葬品，原报告无图，划归原Ⅱ式，似为水禽形，长74厘米[119]。同地M209亦出1件带钩，属本文Ⅱ式，时代为春秋晚期。

属于春秋中晚期的带钩还见于北京怀柔的燕墓，山东临淄的齐墓，河南淅川、湖北江陵和湖南湘乡的楚墓，陕西宝鸡和凤翔的秦墓，山西侯马的晋墓[120]，江苏苏州的吴墓，还见于甘肃灵台古密须国墓和辽宁喀左东胡族墓。虽然这个时期的带钩发现的数量相当有限，但从临淄郎家庄M1出66件带钩的情况分析，当时在黄河中下游地区带钩使用已经比较普遍。

从型制上来说，春秋时期的带钩以Ⅰ式水禽形为主，也有Ⅱ式兽面形、Ⅲ式耜形和Ⅴ式琵琶形。其中Ⅴ式带钩只见于临淄郎家庄M1，原报告将所出的带钩分为四式，形制基本相同，只有粗细长短的区别，粗短的原Ⅰ式与本文所分的Ⅰ式基本相同，仅钩首为马头形而非禽首形[121]。另外北京怀柔M12所出的Ⅲ式耜形带钩，其造型具有战国时代作风[122]，能否早到春秋，时代尚可存疑。

春秋带钩以小型为主，长度一般在1.7～8厘米，最长为11.6厘米。钩体以素面为主，钩纽靠近钩尾。秦墓中见到的一些小带钩有的还没附纽，带钩的一般特征还没完全具备[123]。

战国早期，出土带钩的地点比之春秋有了明显增加。三晋地区韩魏两地发现带钩较多，其次秦、楚、齐、鲁、燕也有一定数量带钩出土。

战国早期的带钩依然以小型为主，除继续见到Ⅰ式水禽形和Ⅲ式耜形外，新出现了Ⅳ式曲棒形，见到相当多的Ⅴ式琵琶形。最长的带钩近20厘米，有的钩纽离钩尾渐远，一部分带钩钩纽已移至带钩中部[124]。此期铜带钩一般都是素面，很少附加纹饰。

值得注意的是，河北怀来北辛堡所出的Ⅱ式兽面形带钩与中原和南方所见的同类带钩有明显区别，钩体较长。秦墓和燕墓所见的Ⅶ式全兽形带钩一般都比较小，数量也少。

2. 鼎盛期（战国中～战国晚）

三晋地区发现的属于战国中期的带钩不少，同战国早期一样，主要材料是在今河南北部和山西南部出土的，河北南部也发现赵国和中山国的带钩。南方楚国使用带钩也比较普遍，在河南、湖北和湖南境内都有发现。西南的巴蜀之地也开始使用带钩，带钩逐渐发展到了鼎盛期。

战国中期常见的带钩有Ⅰ式水禽形和Ⅴ式琵琶形，Ⅴ式数量最多，凡出带钩的地点几乎都能见到它。其次还有Ⅲ式耜形、Ⅳ式曲棒形，新出现的有Ⅵ式长牌形和Ⅷ式异形。异形包括无纽环尾式、无钩首式等。钩纽的位置继续往钩体中部移动，多数位于距钩尾四分之一或三分之一的钩体处，个别秦国的带钩钩纽位于钩体中部，这种现象无论在春秋时期还是战国早期都不曾见到过。

这个时期带钩的长度有了很大变化。Ⅰ式带钩依然很小，有的仅长2厘米上下。Ⅴ式琵琶形大多属长钩类，由于它的大量出现，使此期长带钩的比例有了增加，一般全钩长度都在10～14厘米。Ⅵ式长牌形带钩除陕西咸阳黄家沟秦墓出土1件外[125]，其他几件都出自楚墓，长度都在20厘米以上。这种带钩可能主要为楚国所用，其他地区其他时代极少发现，时空特征相当明显，它与战国晚期见到的两兽首相背的长牌形带钩不同，后者只见于战国晚期的三晋地区，也有相当的特点。

带钩到战国晚期就完全进入了它的鼎盛时期，分布范围之广，数量型式之多，工艺制作之精，都是前所未见的。

战国晚期发现较多带钩的地区有三个：三晋、秦、楚。常见的有Ⅰ式水禽形、Ⅳ式曲棒形，还有Ⅶ式和Ⅷ式带钩。Ⅴ式琵琶形，三晋发现最多。Ⅵ式长牌形，只见于三晋地区。Ⅲ式耜形除见于三晋外，秦国墓葬中也有少量出土[126][127]，其他地区绝少发现。曲棒形一类长型带钩钩纽皆在钩体中部，长牌形和琵琶形带钩钩纽多在距钩尾三分之一钩体处。小型带钩长度在2～6厘米，中、长型带钩在7～21厘米。

Ⅰ式带钩见到较多的短体形，个别的钩首长度甚至超过了钩体长。Ⅷ式异形除了环尾带钩，还有附环带钩，其中1件错金嵌玉鳖形带钩出自湖北宜城楚皇城遗址，造型奇特，卷尾无钩首，钩纽在中部，制作精巧[128]。

3. 普及期（秦汉）

秦和两汉是带钩普及发展的时期，这是国家统一的必然结果。这一时期带钩流行的主要型式是Ⅰ式、Ⅳ式和Ⅴ式，Ⅲ式和Ⅵ式等战国时代的带钩基本淘汰。带钩完成了定型，除少数艺术型带钩外，制作工艺维持在一般水平。

秦统一时期的带钩发现不多，这恐怕主要是因为秦建国年代短暂，只有十五年，要将所发现的这个时期的墓葬和遗迹都辨别出来实非易事。不可否认，有些本来可能属于秦的带钩，人们往往把它们归入战国或是汉初，或者笼统定为秦汉之际。

现在已经确定为秦时期的带钩，主要有Ⅰ式水禽形、Ⅱ式兽面形、Ⅳ式曲棒形、Ⅷ式异形，也有琵琶形和全兽形。除曲棒形外，一般都比较短小。异形中的武士持器带钩很有特点，类似器形过去曾有过著录[129]。

西汉早期的带钩发现较多，在今内蒙古、辽宁、山东、江苏、河北、河南、山西、陕西、湖南、广东、广西、四川和贵州等省区都有出土。主要型式有Ⅰ式水禽形、Ⅱ式兽面形、Ⅳ式曲棒形、Ⅴ式琵琶形、Ⅶ式全兽形。琵琶形带钩以窄体多见，以素面为主。四川昭化宝轮院船棺葬出有犀牛形带钩[130]，造型十分生动，过去曾发现过卷尾为钩首的犀牛形带钩，风格与此雷同[131]。

从秦统一到汉初的带钩中，都没有见到Ⅲ式耜形和Ⅵ式长牌形，它们都消失在战国晚期，以后虽然还有个别发现，但构不成完整的发展序列。

西汉中晚期的带钩，常见Ⅰ式水禽形和Ⅴ式琵琶形，以素面为主，制作低劣，不如前代。还见到Ⅳ式曲棒形和Ⅶ式全兽形，也有一部分异形带钩，包括反勺形、环尾形等。最为特别的是贵州威宁中水出土的3件牛头形带钩，牛角上有钩首和钩纽，并且纽和钩都同在一侧，它们的使用与常规带钩似有区别[132]。成都东北郊出土的1件双层纽异形带钩，是独一无二的珍品[133]，它的使用方法还有待研究。

西汉中晚期的带钩有向小型化发展的趋势，包括琵琶形在内，长度一般在2～8厘米，超过10厘米的不多。

新莽时期的带钩主要有Ⅰ式水禽形、Ⅳ式曲棒形和Ⅴ式琵琶形，多素体无纹。

河南新安铁门镇出土的一件Ⅲ式耜形带钩[134]，可能是当时的仿古制品，也是托古改制的一个见证。山西襄汾晋城亦见耜形带钩1件，年代也可能晚到新莽[135]。

东汉时期的带钩亦以Ⅰ式、Ⅳ式、Ⅴ式多见，晚期则少见Ⅰ式。Ⅳ式和Ⅴ式带钩的钩纽几乎都是在中部或接近中部。钩体以素面为主，很少饰纹。河北石家庄东岗头村出土1件异形带钩，长14.8厘米，钩面铸有一人手持剑盾，足握刀斧，周围还有四神图，是汉画像中常见的图像[136]。

东汉带钩既有长仅1.1厘米的，也有长过20厘米的，10～15厘米长的带钩比西汉时期在数量上有很大增加。最长的1件出自河北定县中山简王刘焉墓，长21.8厘米，截面方形，中部方纽，龙首形钩，虎头形尾，线刻卷云纹，琢磨光滑，是玉带钩中的精品[137]。

东汉时期北起今内蒙古、辽宁，南到两广、云贵，东达江浙，西去玉门关外，都有带钩出土，这是历史上带钩分布最广的时代。

4. 衰落期（魏晋）

西晋时期带钩已不多见，东晋以后更少。洛阳发掘的54座西晋墓，只出1件[138]。南北朝、唐、宋和明虽然也都有个别带钩出土，很明显，它已不像魏晋以前那样为人们所广为使用了。明定陵一墓就出有5件带钩，都放置在万历皇帝尸体两侧[139]，带钩已非实用之物，成为上层统治者发怀古之幽情的鉴赏品了。

西晋带钩以Ⅳ式曲棒形发现为多，但它与前代的Ⅳ式带钩有一个重要区别，即钩纽都在钩背中部并略偏向钩首处，而不是偏向钩尾。过去发现最多的Ⅴ式琵琶形带钩此时已不见，这也是值得注意的。

魏晋时期，带钩无论从分布范围，出土数量，还是工艺制作和种类上看，都很快地衰落下去了。

5. 带钩的发展和演变

综上所述，各式带钩的流行都有一定的时代限度。Ⅰ式水禽形时代跨度最长，从春秋中晚期一直到西晋都有发现。Ⅱ式兽面形从春秋晚到东汉早都有发现，Ⅲ式耜形主要见于战国晚期，Ⅵ式长牌形则仅见于战国中晚期。Ⅳ式曲棒形从战国早期一直延续到西晋，Ⅴ式琵琶形流行到东汉晚期为止（表一）。

表一　各式带钩的时代分布

	春秋中期	春秋晚期	战国早期	战国中期	战国晚期	秦	西汉早期	西汉中期	西汉晚期	新莽	东汉早期	东汉中期	东汉晚期	西晋
Ⅰ														
Ⅱ														
Ⅲ														
Ⅳ														
Ⅴ														
Ⅵ														
Ⅶ														
Ⅷ														

　　到近年为止，出土最多的带钩是Ⅰ式水禽形、Ⅳ式曲棒形和Ⅴ式琵琶形，它们各自的发展都有一定特点。下面分析各式带钩的演变过程将侧重于这三种带钩，其他从略。

　　Ⅰ式水禽形带钩（图六）。可分以下四种：

　　Ⅰa：长颈长腹，形体稍大，主要见于春秋战国时期。从西汉早期开始一直到西晋，这种带钩变为回颈，钩喙也有所加长，钩首与钩体间构成的空间加大了（图六：1～14）。

　　Ⅰb：附翅附尾，又分展翅与合翅。展翅类见于战国时期的楚墓，合翅类见于战国中晚期的秦墓（图六：15～21）。

　　Ⅰc：长喙短腹，钩首禽喙长过钩体，见于战国晚和统一时期的秦墓（图六：22、23）。

　　Ⅰd：曲颈无腹，形体最小，见于战国晚期的秦墓、西汉时期的岭南地区、新莽和东汉时期的中原与沿海地区（图六：24～27）。

　　Ⅰ式水禽形带钩的演变如图七所示。

　　Ⅱ式兽面形带钩（图八）。带钩上的兽面形图案有几种，其中最有特点的是大耳兽面，它在春秋晚期的楚墓中已见到，战国时期的楚墓中也有发现。它可能是楚

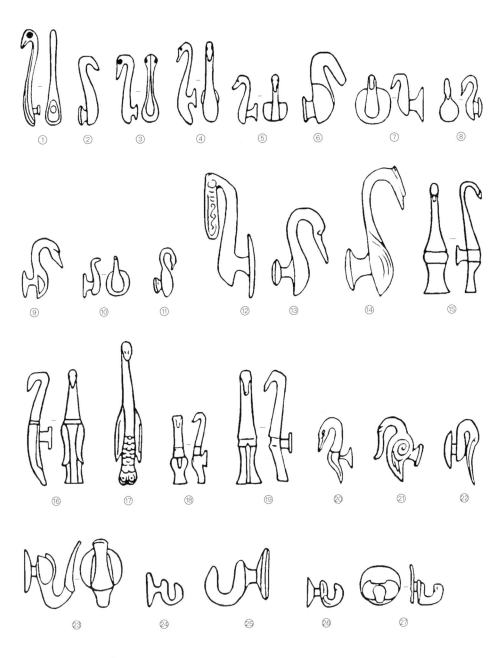

图六 I式水禽形带钩

❶~⓮ I a ⓯~㉑ I b ㉒、㉓ I c ㉔~㉗ I d

❶ 辽宁喀左南洞沟 ❷ 江苏苏州 ❸~❺、⑰、㉒ 陕西凤翔高庄 ❻ 河北易县燕下都 ❼、⑲ 陕西西安半坡

❽、⑳、㉕ 河南洛阳烧沟 ❾ 贵州威宁中水 ❿ 湖南长沙金塘坡 ⑪ 陕西咸阳 ⑫、⑭、㉑ 私家藏品

⑬、㉔ 河南洛阳 ⑮ 私家藏品 ⑯ 陕西咸阳黄家沟 ⑱ 河南郑州二里冈 ㉓ 河南临潼上焦村

㉖ 河南陕县刘家渠 ㉗ 广东广州

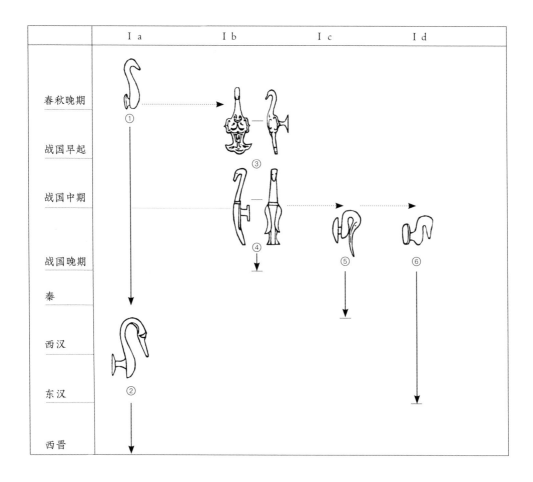

图七　Ⅰ式水禽形带钩发展变化示意

❶ 江苏苏州　**❷** 河南洛阳　**❸** 湖南湘乡　**❹**、**❺** 陕西凤翔高庄　**❻** 山西长治分水岭

国带钩之一种。四川新都战国墓中见到的Ⅱ式大耳兽面带钩[140]可能是楚文化影响的结果。春秋战国Ⅱ式带钩的兽面以写实为特征，大耳兽之耳作合弧形，饰有眼目，钩体粗壮。到秦汉时期，大耳兽面已图案化，连眼目也省掉了。

类似兽面形带钩东汉早期还有个别发现，但钩体细长，兽耳窄小，造型有了很大变化。

Ⅲ式耙形带钩（图九）。最早见于春秋中晚期的燕墓，战国早期和中期也有少量发现，主要流行在战国晚期。值得注意的是这种带钩绝大多数都是在三晋和关中地区发现的，以三晋出土最多，显然它主要为三晋所用。

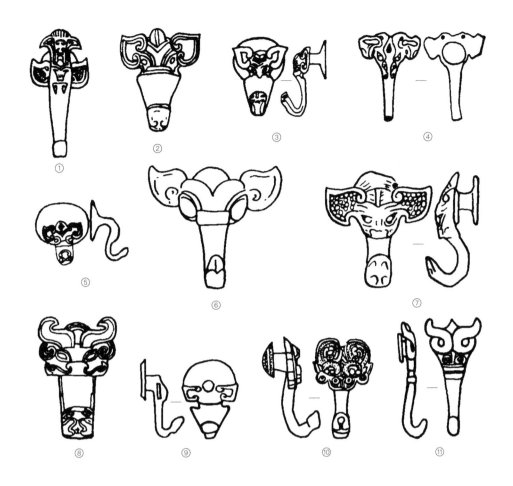

图八　Ⅱ式兽面形带钩

❶、❷ 湖南常德德山　❸ 湖北江陵拍马山　❹ 陕西咸阳　❺ 湖南长沙　❻ 私家藏品　❼、❽ 私家藏品
❾ 陕西咸阳黄家沟　❿ 陕西临潼上焦村　⓫ 河南辉县

　　关于Ⅲ式带钩的发展演变，现在还缺乏系统的认识。

　　Ⅳ式曲棒形带钩（图一〇）。按照钩体的弧度和钩纽的位置，曲棒形带钩可分为以下三种：

　　Ⅳa：钩体弧度小，钩纽离钩尾不远。见于战国早期的秦墓和燕墓，战国中晚期三晋和岭南地区也有出土，到秦统一时期还有发现（图一〇：1、2）。

　　Ⅳb：钩体曲为弓式，钩纽在中部或略偏向钩尾处，从战国早期到西晋时期都有发现（图一〇：3～11、15）。

　　Ⅳc：钩体弧度不大，钩纽在中部略偏向钩首处，主要见于东汉晚至西晋时

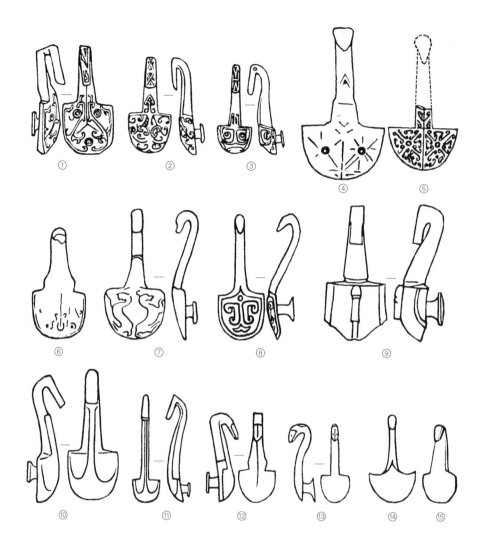

图九　III式耜形带钩

① 北京怀柔　②、③ 河南郑州二里冈　④~⑥ 山西侯马　⑦ 私家藏品　⑧、⑨ 陕西西安半坡　⑩ 河南汲县三彪镇
⑪ 河南辉县褚邱　⑫ 山西长治分水岭　⑬ 陕西凤翔高庄　⑭ 四川成都市郊　⑮ 河南新安铁门镇

期（图一〇：12 ~ 14）。

　　这三种曲棒形带钩具有明显的递变关系，以钩组的位置就不难区分它们的时代（图一一）。

　　V式琵琶形带钩（图一二）。琵琶形带钩本身有大小宽窄之分，它的演变可以

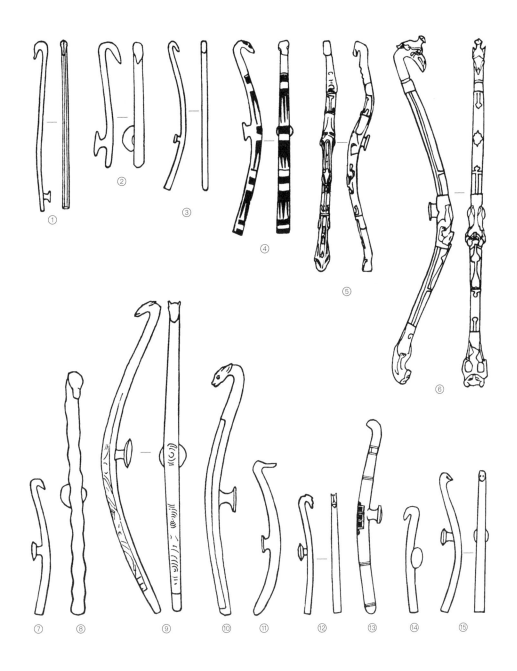

图一〇　IV式曲棒形带钩

❶、❷ IV a　　❸~⓫、⓯ IV b　　⓬~⓮ IV c

❶ 陕西凤翔高庄　❷ 陕西咸阳　❸ 山西长治分水岭　❹ 河南洛阳烧沟　❺ 河南郑州二里冈

❻ 私家藏品　❼ 河南陕县刘家渠　❽ 云南晋宁石寨山　❾ 陕西耀县　❿ 四川昭化宝轮院

⓫ 四川巴县冬笋坝　⓬ 河南洛阳　⓭ 浙江黄岩秀岭　⓮ 辽宁沈阳伯官屯　⓯ 四川绵竹清道

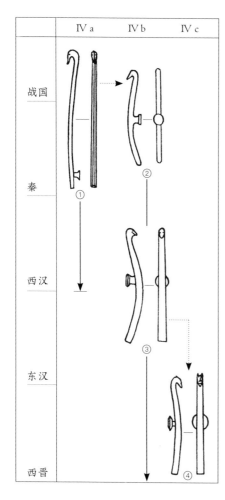

	IVa	IVb	IVc

战国

秦

西汉

东汉

西晋

图一一　IV式曲棒形带钩发展变化示意

❶陕西凤翔高庄　❷陕西大荔朝邑
❸四川绵竹清道　❹河南洛阳

划分为两大段，以战国晚期为界。前段的特点是宽体窄体都有，以长琵琶形为主，钩体大多有纹饰，钩纽靠近尾端。后段以短小素面琵琶形多见，钩纽离钩尾较远，靠近钩体中部。

Ｖa：宽体粗颈，钩纽近尾端（图一二：1～5）。整个战国时期都有发现，主要见于三晋（包括周都）地区。山西侯马上马村M9出有1件琵琶形带钩，可惜原报告无图，如属Ｖa式，那这类琵琶形带钩的时代则可早到春秋晚期[141]。

Ｖb：窄体长颈，纽近尾端。从战国早到战国晚在三晋地区最为流行，楚国和巴蜀地区也有少量发现，边远地区晚到西汉早期还有发现（图一二：6～9）。

Ｖc：同Ｖb式，唯钩纽离钩尾较远。从战国中一直到东汉晚期都有发现，在中原、南方和华东地区出土较多（图一二：10～14）。

Ｖd：钩体短小，一般比较粗壮，以素面为主，流行于春秋晚期到东汉晚期。早晚的区别主要是在钩纽的位置，早的钩纽近尾端，晚的纽则离钩尾较远（图一二：15～18）。

因为窄体琵琶形带钩延续很晚，宽体的出现略早，使用到秦统一前为止，所以，我认为窄体琵琶形带钩可能是由宽体琵琶形发展而来，从Va到Vb、Vc的演变线索基本上是清楚的（图一三）。

Ⅵ式长牌形带钩（图一四）。此类带钩有两种：

Ⅵa：呈比较规整的长条形，有一定弧度。钩颈细小，钩面镂错镶嵌，制作考究，以战国中期的楚墓出土稍多，同期的秦墓和战国晚期的韩墓有个别出土

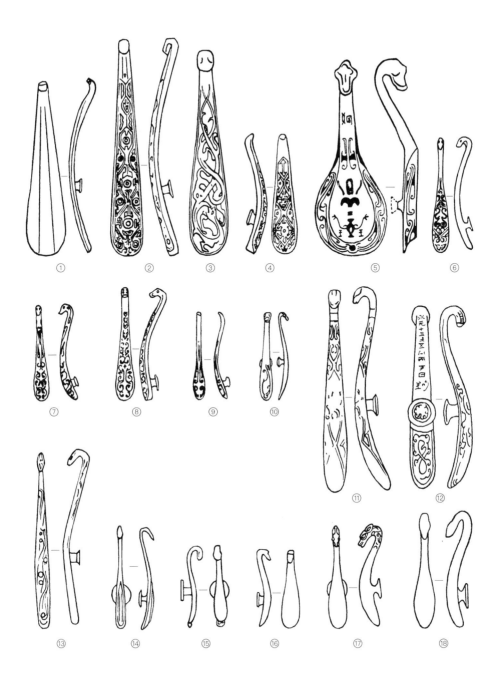

图一二　V式琵琶形带钩

①~⑤ Ⅴa　⑥~⑨ Ⅴb　⑩~⑭ Ⅴc　⑮~⑱ Ⅴd

①、②河南郑州二里冈　③私家藏品　④、⑯河南洛阳烧沟　⑤四川巴县冬笋坝　⑥江苏徐州子房山

⑦、⑨河北邯郸百家村　⑧河南辉县赵固(采自)　⑩广东德庆大辽山　⑪、⑬河南洛阳烧沟

⑫江苏丹阳宗头山　⑭四川汶川萝卜砦　⑮广东广州　⑰辽宁新金花儿山　⑱江苏连云港

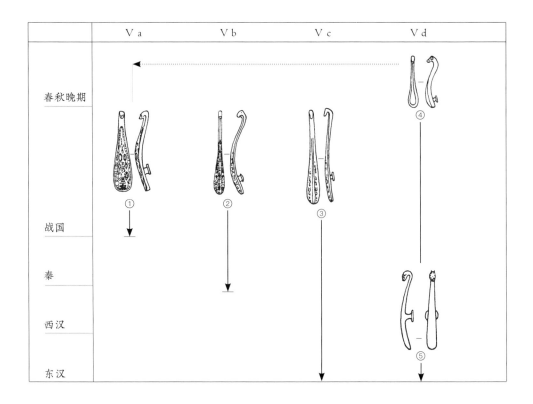

图一三　Ⅴ式琵琶形带钩发展演变示意图

❶、❸河南洛阳　**❷**山西长治分水岭　**❹**山东临淄郎家庄　**❺**山东滕县小马庄

（图一四：1～7）。

Ⅵb：钩体两端饰相背的浮雕兽面，中间由棱形长方体相连接，钩颈短而细。这类带钩只见于战国晚期的三晋及周都地区（图一四：8～11）。

这两种带钩之间似无演变关系，它们的来源可能和一种原始型的带钩有关，详见后述。

Ⅶ式全兽形带钩（图一五～一七）。全兽形带钩出现于战国早期，而大量流行是在战国晚期，秦汉时代也见到不少，直到西晋还有个别发现。这些带钩各时代的差异较大，没有一定的变化规律，现在的材料还不足以解决其演变问题。

Ⅶ式带钩以中原和关中地区发现稍多。

Ⅷ式异形带钩（图一八～二〇）。异形带钩造型多样化，变化规律也不明显，这里暂不作分析。

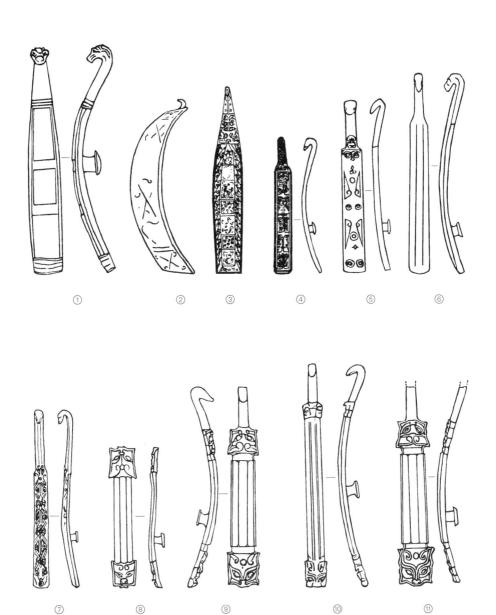

图一四　Ⅵ式长牌形带钩

❶~❼ Ⅵa　❽~⓫ Ⅵb

❶、❺、❻、❿ 私家藏品　❷ 湖北江陵　❸ 河南信阳长台关　❹ 山西长治分水岭　❼、❽ 河南郑州二里冈
❾ 河南洛阳烧沟　⓫ 河北邯郸赵王陵

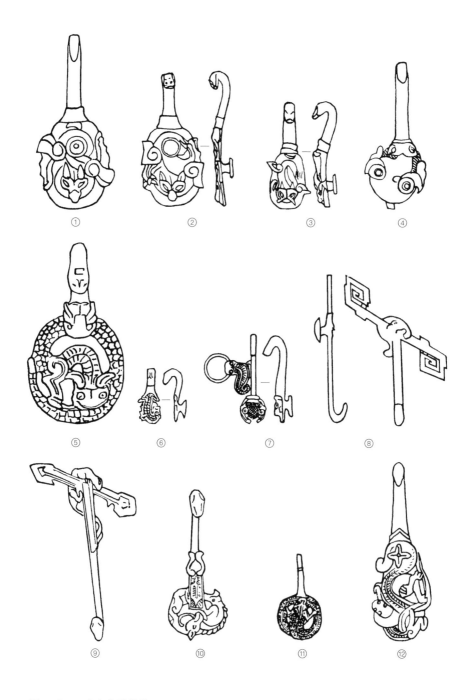

图一五　Ⅶ式全兽形带钩

❶、❹、❾、❿、⓬ 私家藏品　❷、❸ 河南郑州二里冈　❺、❼ 河南洛阳中州路
❻ 北京怀柔　❽ 私家藏品　⓫ 私家藏品

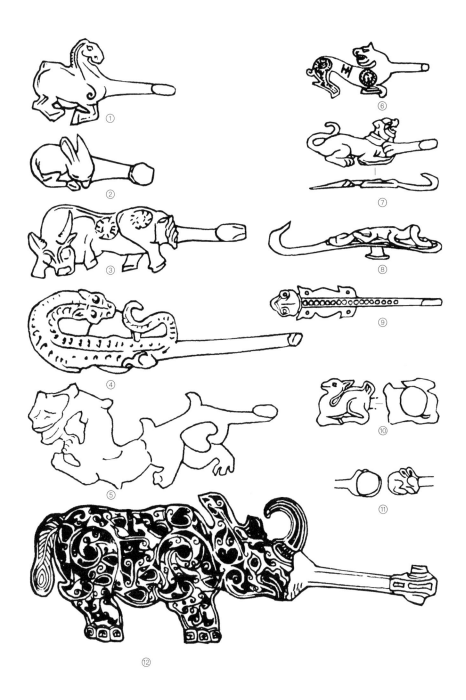

图一六　Ⅶ式全兽形带钩

❶~❹ 私家藏品　❺ 湖南常德　❻ 山西长治分水岭　❼ 河南辉县　❽ 湖南长沙杨家山

❾ 私家藏品　❿、⓫ 陕南咸阳　⓬ 四川昭化宝轮院

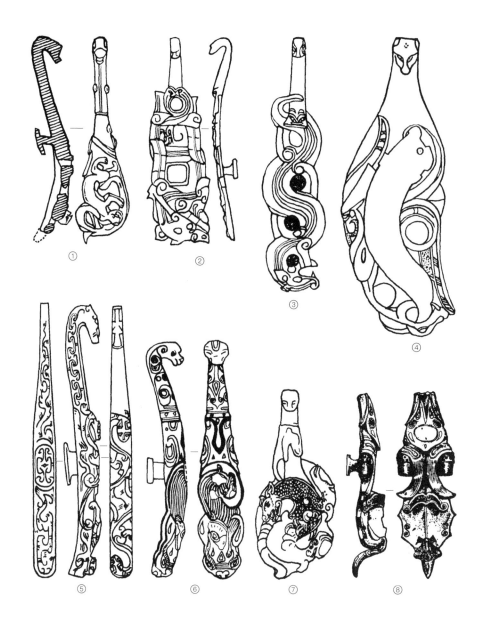

图一七　Ⅶ式全兽形带钩

❶ 河南洛阳西郊　❷ 河南洛阳中州路　❸、❼ 私家藏品　❹ 山东曲阜鲁城

❺ 河北邢台　❻ 四川成都扬子山　❽ 湖北宜城郑集

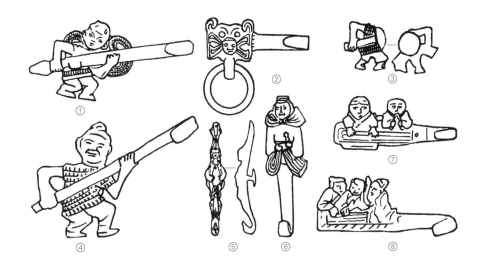

图一八 Ⅷ式异形带钩（人面人体形）

❶、❷、❼、❽ 私家藏品 ❸陕西咸阳 ❹私家藏品 ❺江苏南京西岗 ❻内蒙古准格尔旗瓦尔吐沟

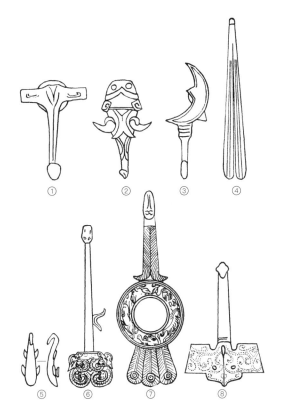

图一九 Ⅷ式异形带钩（异体形）

❶、❸ 私家藏品 ❷四川巴县冬笋坝
❹河南郑州二里冈 ❺贵州威宁中水
❻～❽ 私家藏品

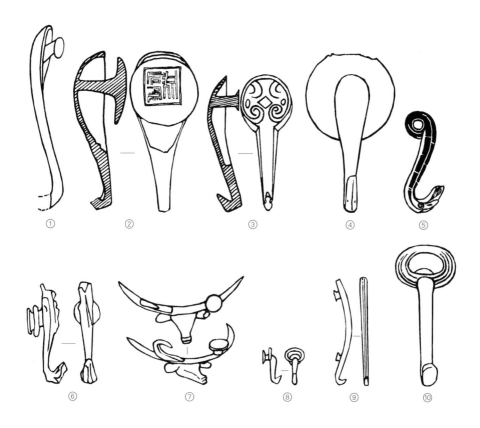

图二〇 Ⅷ式异形带钩（异形尾、钮）

① 河南洛阳西郊 ② 北京昌平半截塔村 ③ 陕西咸阳黄家沟 ④ 私家藏品 ⑤ 河南洛阳
⑥ 四川成都 ⑦ 贵州威宁中水 ⑧ 江苏铜山小龟山 ⑨ 河北邯郸百家村 ⑩ 湖南长沙仰天湖

五 带钩的起源和传播

某些出有带钩的战国墓的发掘报告，往往认为中原地区使用带钩是由于战国中期赵武灵王的"胡服骑射"。并且认为这个说法是以王国维的《胡服考》为依据的。有时甚至还以这个事件作为一些墓葬的断代标准，把凡是出有带钩的墓葬的年代都定在战国中期以后，结论不尽可信。徐中舒和安志敏先生不同意类似认识，他们都认为中原带钩的出现要早于赵武灵王的时代，尽管当时还没有发现确认为春秋战国之际的带钩[142][143]。

其实，王国维《胡服考》关于带和钩的考证很明确，诸侯用带钩并不始于武灵王。他说："古革带当用钩。左氏僖二十四年《传》：齐桓公置射钩而使管仲相；《史记·齐太公世家》云：管仲射中小白带钩；……皆古带用钩之证，然其制无考。其用黄金师比为带钩，当自赵武灵王始矣。"[144]清阮元也说："师比之制创自赵武灵王，而革带有钩由来已久。"[145]

由于金带钩已经在春秋墓（临淄郎家庄 M1、凤翔高庄 M10）和战国早期墓（隋县曾侯乙墓）中出土，王国维关于赵武灵王始用金带钩的说法就没有什么意义了。当然，他们所指的师比不一定是带钩。

那么，带钩的出现及其传播过程是怎样的？

王国维在他的《胡服考》中，认为带具源于鞍具，"欲知带制，必于鞍制求之"。他这里如果指的是"铰具"（带扣）之类，那无疑是正确的，考古见到的魏晋以后带饰有些就很难区分究竟是带具还是鞍具（马具）。但他的说法如果也包括了带钩在内的话，恐怕就不尽然了。

有的文章远远超越了王国维，流行着一种十分牢固的观点，认为古代中国作带钩是从域外学来的，不仅仅是从古代北方少数民族学来的，而且是从"斯基泰—西伯利亚文化"直接传播过来的。更有研究者据《楚辞·招魂》"晋制犀比"一语，推论出晋国制造过"斯基泰—西伯利亚"式带钩！

究竟"斯基泰—西伯利亚"式带钩是什么样子呢？古代斯基泰人确实制作使用过带钩，但是黑海北岸以及西伯利亚出土的带钩与古代中国带钩根本不同。斯基泰式带钩除了以动物纹作装饰的特征外，钩背有"纽柱"而无纽，它的钩首都弯向钩背，

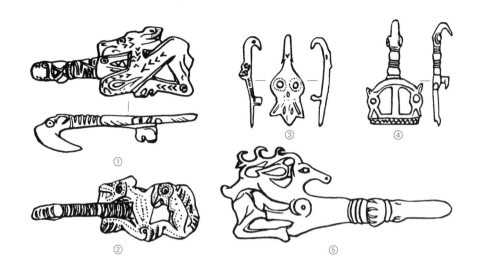

图二一　"斯基泰—西伯利亚"带钩

❶~❹ 采自 СкиФо сибирский эвериный стиль в искусстве Народов Евразии，图一、图三、图二

❺ 采自(日)江上波夫:《エウテシア古代北方文化》,图版一五

与"纽柱"同在一侧，无论造型、装饰及用法与东周带钩都不相同（图二一）。东周考古至今还没有发现这种风格的带钩，连相近的仿制品也没有见到。那么，是否东周带钩是受斯基泰式带钩启发后造出来的呢？也不像，从类型学上找不到一点演变的证据，现在所知的最早带钩为禽形，全然不是斯基泰的兽形，东周早期不见标准的兽形带钩。

东周带钩的起源只能在中国本土寻找。

陕西长安客省庄春秋晚至战国早期的墓中曾出土三种 S 形带钩，系扁平铜片制成，侧视呈 S 形。K202：17 最窄，长 12.2 厘米，无纹；K210：7，长 12.1、宽 2.7 厘米，两边有凹槽，中间饰 S 连续纹；K208：1，长 12.2、宽 5.7 厘米，弯曲的两端饰菱形刻划纹，正面有压制的十二道凸棱（图二二：1、2）。发掘者认为它们的用途和带钩相似，时代定在战国早期或更早[146]。这种 S 形带钩在陕西凤翔高庄 49 号秦墓[147]（图二二：4）和八旗屯 31 号秦墓也有发现[148]（图二二：3），前者长 7.2、宽 0.6 厘米；后者长 10、宽 2.5 厘米，弯钩处也有菱形网格纹，为石质。这两件器物原报告都归入带钩之列，尤以高庄 M49 所出钩部一端较窄，正视与带钩十分接近。

这两件带钩的时代都属战国早期。此外，西安半坡也见到 1 件类似的铁带钩[149]，具体时代尚不能确定。

关于这几件器物名称和用途的确定，我们可以由伴存物找到答案：

客省庄 K202：17，与铜刀放在一起；

客省庄 K208：1，放在陶器附近；

客省庄 K210：7，与 1 件带钩共存；

高庄 M49：1，与铜削和小带钩共存；

八旗屯 M31：（？），共存物多，出土位置不详。

从伴存物情况判断，这些 S 形器作带钩使用的可能性是存在的，它们应是原始

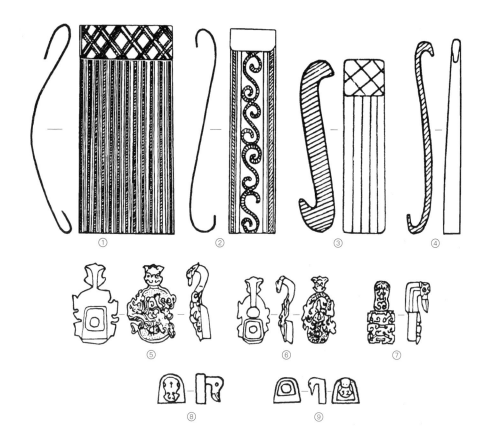

图二二　原始型带钩二种

① 、 ② 陕西长安客省庄　③ 陕西凤翔八旗屯　④~⑨ 陕西凤翔高庄

型带钩之一种。广州汉墓 M5003 出有 1 件 S 形双首钩，造型与此相同，不过钩体中部已经做纽[150]，这恐怕是原始带钩的遗制。

此外，陕西凤翔高庄春秋和战国早期秦墓都出土过一种无纽钩，形体较小，兽首形钩，显然不是用于束系革带的。其中 M10∶43 为金钩，与玉泡、玉璜和串珠共存；M10∶21 为玉钩，与铜削环柄相接[151]，一为佩饰钩，一为佩器钩，作用与后来的小型带钩相同，它们是另一种原始型带钩，是拴系在织带上使用的，不一定直接固定在革带上（图二二∶ 5 ~ 9）。

上面说到的两种原始型带钩，早到春秋末和战国早期，属"始作期"，时代虽不算最早，但这并不意味着它们是这个时候刚刚出现的，可以看作是带钩起源与演变过程中留下的一点痕迹。有希望在春秋中早期墓葬中见到更多的原始型带钩，找到带钩起源的完整序列。

我以为大型带钩和小型带钩是同时独立发展来的，虽然它们开始在形体上差异较大，由于用途上的变化，造型逐渐趋向一致，都是钩首、钩体、钩纽合为一体。从实用的意义出发，大小之别始终存在，但是在大钩与小钩之间，并不存在某些报告所说的由小到大或由大到小的发展规律。

考古发现的东周带钩早在春秋中叶便已基本定型，推测它的出现还应更早一些，年代不会晚于"斯基泰—西伯利亚"带钩。

下面论述带钩的传播。

日本人江上波夫认为带钩是在战国和汉初由"斯基泰—西伯利亚"古代金属文化传到中国北方，汉代至六朝带钩经由朝鲜又传到日本，在那里发现了虎形和马形带钩[152]。如前所述，由于斯基泰与东周带钩并不属于同一系统，所以这种传播过程和传播路线都是不存在的。这一点，近年来日本学者秋山进午已有明论，他说：中国带钩绝不是从匈奴受到影响而出现的，而是在中原独立发展起来的[153]。

自中国本土起源的东周带钩，随着时代的推进，传播的范围越来越大，东汉时期分布最广，魏晋以后范围最小。其传播过程分为七个阶段：

（1）从春秋中期到战国早期。带钩分布的范围北不过辽河，南不到岭南，西及宝鸡，中心在三晋和关中地区。最早的带钩和原始型带钩都是在这里发现的，除Ⅵ式长牌形以外，各式带钩均有发现。

（2）战国中期。带钩的分布扩大到四川盆地的巴蜀地区。长牌形带钩开始见到。

（3）战国晚期。带钩分布范围扩大到岭南地区，岭南发现的数量、种类都比较少。

（4）秦统一到西汉时期。带钩分布的北限和南限稍有扩大，北及今辽宁北部（匈奴或鲜卑故地），南到贵州（古夜郎之属），但与战国时期相比变化不甚大。

（5）西汉中晚期。带钩继续向西南传播，到达古滇国之域的今昆明附近。

（6）东汉时期。带钩在原有分布范围的基础上，又开始向西北传播，通过河西走廊，出玉门关，到达新疆东部地区。这是考古发现的带钩分布范围最大的时期。

（7）魏晋以后。带钩分布范围大大缩小，基本维持在第一阶段的范围以内。

前后两个阶段带钩的分布范围都比较小，反映了带钩由始作期，经鼎盛期、普及期，到衰亡期的发展过程。同时这也进一步说明，中国古代带钩是在中国本土创造发展起来的，其传播过程主要是在中国本土发生的，由黄河、长江中下游地区向南、向西南、向西北传播，向东则到达朝鲜和日本。由于资料有限，东传问题这里暂不作讨论。

现在所能划定的带钩分布的北限没有超出辽宁以北的地区[154]。有的文章说，内蒙古扎赉诺尔、陈巴尔虎旗完工和巴林左旗南杨家营子等地的鲜卑（或曰匈奴）墓"出土了不少带钩"[155]，但正式发掘报告却没有提到这件事[156][157][158]。时代比较早的能够确定为匈奴（或曰山戎）的带钩在河北怀来北辛堡M1出土1件[159]，而属东胡的带钩是在辽宁喀左南洞沟出土的[160]。时代都在战国初期或春秋战国之交，风格属东周系统，与斯基泰文化没有关系。考古发掘证实，能确认的匈奴墓不见带钩出土[161]。辽宁西丰西岔沟匈奴墓（或以为属鲜卑）报道出有带钩，但形制不清楚，时代晚到西汉[162]。内蒙古准格尔旗广衍故城古墓出有带钩，可能为匈奴遗物，时代定在秦汉之际或稍晚[163]，带钩的造型和风格大都与中原所见相同。

由上所述，从带钩方面来论证古代"斯基泰—西伯利亚"文化向古代中国内地的传播，这个可能性是不存在的。两种带钩有着根本的区别，它们是独立起源的，相互间没有什么传播路线可寻。两种带钩分布的范围之间，还有一个广阔的地带，在那里无论是斯基泰式的还是东周式的带钩都没有发现。当然，这不是说今后也不会发现，现在的工作毕竟有限，规模也不大[164]。

六 带钩名称考论

关于带钩及其相关器物，还存在一个名称之争的问题。这个问题与研究带钩的起源和消亡具有十分微妙的关系，有必要作些辨释。

1. 鲜卑郭落带

下列名称被认为是带钩的异名，散见于各种古籍：

犀比 《楚辞·招魂》"晋制犀比费白日些"，王逸注"犀比"为赌具[165]。阮元认为犀比就是带钩，云"犀毗、鲜卑、犀比声相近而文互异，其实一也"[166]。班固《与窦宪牋》："复赐固犀比金头带"，其云犀比也被认为指的是带钩[167]。

犀毗 《汉书·匈奴传》"黄金犀毗一"，颜师古注"犀毗"为"胡带之钩也，亦曰鲜卑，亦谓师比，总一物也，语有轻重耳"。明人都穆解犀毗："毗者，脐也，犀牛皮坚而有文，其脐四旁如饕餮而对，中一圜孔，坐卧磨砺，色甚光明。西域人割取以为腰带之饰，曹操以犀毗与人一事，是也。"[168]这恐怕是一种附会之说。

胥纰 《史记·匈奴传》"黄金胥纰一"，司马贞《索隐》："《汉书》见作犀毗，胥犀声相近，或误。……延笃云，胡革带钩也，则此带钩亦名师比，则胥、犀与师并相近而说各异耳。"

师比 《战国策·赵策》："赐周绍胡服衣冠具带黄金师比，以傅王子也。"延笃云，"师比，胡革带钩也"。颜师古引此以证《史记》，已如上述。

私纰头 《淮南子·主术训》："赵武灵王贝带鵕鷫而朝。"高诱注："读曰私纰头，二字三音也，曰郭落带系桃镝也。"王国维《胡服考》以为冠名，而非带钩之名。

鲜卑 《楚辞·大招》："小腰秀颈若鲜卑只。"王逸注："鲜卑，衮带头也，言好女之状，腰肢细少，颈锐秀长，靖然而特异，若以鲜卑之带约而束之也。"《东观汉记》卷八：邓遵破诸羌，"诏赐金刚鲜卑缇带一"。如上所引，颜师古以为"鲜卑"就是"胡带之钩"。

总而言之，上述六个名称不少人都认为实际所指为一，就是带钩，可以"鲜卑"作为代表称名。当然，对于"鲜卑"一词也还有别的理解，认为并不是带钩，这一点下面还要谈到。

张宴注犀毗（胥纰），认为即鲜卑，并云"鲜卑郭落带瑞兽名也东胡好服之"。对于这一句话，今人有几种不同的断句，有几种不同的理解。

其一，断为"鲜卑，郭落带瑞兽名也"，即理解为"鲜卑是郭落带上瑞兽的名称"。包尔汉、冯家昇、江上波夫主此说[169][170]。

其二，断为"鲜卑郭落带，瑞兽名也"。从语音学角度考察，鲜卑即为满语Sa bi，为祥瑞神奇之意。郭落，通古斯语对音为Kwuk lak，为兽之意。鲜卑郭落带就是"瑞兽之带"[171]。就像白鸟库吉所说，"鲜卑郭落"为胡语，而"瑞兽"为其汉译[172]。日本学者多主此说。干志耿、孙秀仁赞同鲜卑郭落带为瑞兽带的说法，他们进一步指出瑞兽就是驯鹿。郭落即鄂伦春人的"沃列恩"——驯鹿。由于带钩上罕见驯鹿图像，所以他们认为"鲜卑郭落"指的是透雕牌饰而非带钩，考古上所见的三鹿纹饰牌即为贴附于"鲜卑郭落带"上的饰件，缀有此类饰牌的腰带，就是"鲜卑郭落带"[173][174]。这是目前为止最新颖的一种解释。这里的两种说法虽然都有可取之处，可是如果按这样的理解回头再读张宴的话，就觉得很不通达了，这无异于把"鲜卑郭落带瑞兽名也"解作"瑞兽带，瑞兽名也"，这就太费解了。

其三，另外一种意见以为"犀比"或"郭落"并不就是直指带钩，而是指带钩的产地和品种，犀比、鲜卑都是指"鲜卑式带钩"，产品以产地为名[175]。这似乎是把张宴的话理解为："鲜卑族郭落带，瑞兽名也"。这样也并没有完全解决问题。

鲜卑既与犀比、师比"总一物也"，就是说它是一件器具，是带上之物，所以才能以其赐人。如果只作"祥瑞"解，赐师比、赠犀毗又当作何解释？

关于"郭落，"1929年伯希和发表文章论王国维《胡服考》时，指出它是quraq的对音，是突厥语的"革带"[176]。这样，"鲜卑郭落带"就是"鲜卑带"了，不过古今语音对比变化很大，这也许是一种偶合。更重要的是，这也没有完全解决"鲜卑郭落带瑞兽名也"的问题。

"郭落"除了见于张宴一语，还见于《淮南子》高诱注。高诱的意思大概是说私纰头就是郭落带，原文不顺，可能错简有误。另外还见于《三国志·魏志·王粲传》裴松之注，注引鱼豢《典略》云："文帝尝赐（刘）桢廓落带。"廓落当是郭落的异写。

我很怀疑这郭落带可能就是文献中更多见到的"钩络带"，如：

《三国志·吴志·诸葛恪传》："先是童谣曰，诸葛恪，芦苇单衣篾钩落。……钩落者，校饰革带，世谓之钩络带。"

《太平御览》卷六九六《服章部》引《吴书》："陆逊破曹休于石亭，上脱御金校带以赐逊，又亲以带带之，为钩络带。"

晋张勃《吴录》解"钩络者，鞍饰革带也，世名为钩络带"，并云"吴时外国传日，扶南人悉著钩络带"[177]。

鱼豢《魏略》记，"吴时外国传大秦国皆著钩络带，扶南人悉著（钩）络带"[178]。

从以上所言钩络带可以看出，所指多是"校饰革带"和"鞍饰革带"，以带扣为卡，带扣是附有舌的方环或圆环，亦即《后汉书·舆服志》和《隋书·礼仪志》所说的"带鐍"[179]，宋陈祥道《礼书》中的"钩"。如此说不误，则这种钩络带——郭落带就不是附带钩的革带，一般应是指带扣革带。王国维已经指明这一点，认为郭落带与钩络带本是一回事，"胡名则谓之郭落带"[180]。

郭落带既为钩络带，那么鲜卑或犀比、师比显然就是带上的带扣了，也就是王逸说的衮带头、班固说的金头带之头，不是带钩。秋山进午近年来发表了类似看法，也认为师比不是带钩，否定了江上波夫师比和带扣配件有关，师比就是动物纹带钩的说法，但他又认为师比包括长方形透雕牌饰在内，这还可以继续研究[181]。

带扣似乎早先用于马骑的束带，后来转用在腰带上，难怪王国维主张于鞍制中求带制了[182]。带扣在我国北方的两汉和更早的时代相当流行，正如张宴所说："东胡好服之"。这种带扣在中原和其他地区则大量见于两汉以后，用于马具的带扣似可早到春秋时代。如河南淅川下寺春秋中晚期楚国墓地，出土了29件铜带扣，它们分别放置在有陪葬车马坑的墓室内[183]，正是马具，非为人用。魏晋以后，带扣大量用于武士束带，考古发现的这类武士俑极多，无须赘言。

总而言之，鲜卑郭落带就是有带扣的革带，如王先谦《汉书补注》引沈钦韩所说："郭落带一名鲜卑带。"这鲜卑不必作"祥瑞"解，不是专指青铜透雕牌饰，应是指的"胡革带钩"，就是环状类带扣。无论王逸、延笃、颜师古、司马贞等所说都是一致的，都以为鲜卑就是胡革带钩，说明这种"钩"与周汉带钩是有区别的，而束带的功用则完全相同。由此，张宴语应作：

鲜卑——郭落带，瑞兽名也，东胡好服之。

即是说，鲜卑就是郭落带，以瑞兽为名，东胡族喜好服用这种带扣革带。在我国东北地区以至西伯利亚出土的带扣很多都以兽纹为饰，各式带扣当时大概便以瑞兽为名，以示区别。

2. 钩——带钩

在讨论带钩异名的时候，还需要强调这样一个问题，这种束系革带的有纽钩状物原来就称为"钩"，它是带钩的省称。尤其值得注意的是，"钩"的称名不仅早于"犀比"，而且早于"鲜卑"。

《国语·齐语》桓公曰："夫管夷吾射寡人中钩。"（《管子·小匡》所载同）

《左传·僖公二十四年》：齐桓公"置射钩而使管仲相。"

《荀子·礼论》："缙绅而无钩带。"

《庄子·达生》："以钩注者惮。"

《庄子·胠箧》："窃钩者诛。"

以上所云"钩"皆指带钩。如果说有的文献确切成书年代尚有争议还不足以说明问题。这里还可举考古资料为证。时代属战国中期的河南信阳长台关出土的楚简，其中有两枚简文就是直呼带钩为钩的[184]：

简 202：一组带，一革，皆有钩。

简 207：一素绨带，有□钩黄金与白金之鸟。

长台关207简意为有错金银的带钩，查原墓所出的Ⅵ式大带钩就是错金错银的，与简文正合。湖北江陵望山2号楚墓遣册第2简文为："一缁带……一玉钩，一环。"[185]这里的钩，都是指带钩。

在稍晚一些的文献中，也可以经常见到径称带钩为钩的例子，如：

《东观汉记》（卷二十）："诏赐御府衣一袭，自所服冠帻、玉壶、革带、金错钩佩。"

《淮南子·说林训》："满堂之坐，视钩各异，于环带一也。"《秦族训》："带不厌新，钩不厌旧。"

《后汉书·五行志》："光禄勋吏舍壁下夜有青气，视之得玉钩、玦各一。"

《隋书·礼仪志》：班固与弟超书曰："遗仲升兽头金旁囊、金错钩。"

更重要的是，出土的铭文带钩也自铭为"钩"。江苏丹阳东汉墓出土的错金铜带钩，镌铭："永元十三年五月丙午日钩。"泰州新庄东汉墓出土的错金银铜带钩，用金丝为铭："五月丙午钩。"传世的自铭带钩也称"钩"，阮元《积古斋钟鼎彝器款识》著录二件，一铭"丙午神钩君高迁"；另一铭"丙午钩君高迁"，皆可证。

至迟从司马迁的时代起，"带钩"一名的全称就已出现。东汉及两晋，都有全呼"带钩"的记载：

《史记·齐太公世家》："射中小白带钩，……桓公中钩佯死，以误管仲。"

《列子·力命》："射中小白带钩。"[186]

《新序》："管仲射小白中其带钩。"

《祥异记》："长安民有鸠飞入怀中，化为金带钩。"[187]

《梁书·夏侯详传》："得金革带钩。"

唐人注犀毗，也有"革带钩"之说，已见上述。钩——带钩，不论在古文献、出土遣册、钩铭等方面看，称谓是比较明显的。这种称呼大致起于东周中期，迄于隋唐，基本上伴随了整个带钩在中国历史上的使用时代。当然，魏晋以后文献中提及带钩都只是一种历史的回顾，实际上带钩已经越来越少见了。

七 带钩用途补证

我写过一篇小文[188]，初步确定了带钩的四种用途，归纳起来，实际上是束带和佩系两种用途；对带钩的使用方法归纳为三种，即单钩法、并钩法和环钩法。当时限于篇幅，认识未能深入。这里想根据带钩的形制特征对此再作些补充。

束系革带的带钩一般都属长钩类，主要是Ⅳ式曲棒形、Ⅴ式琵琶形和Ⅵ式长牌形。考古发掘见到不少横置在死者腰际的带钩，但是在报道这些重要发现时却极少明确指出哪一种哪一件带钩出自哪一座墓，只是笼统提到有几件出在腰腹部。虽然如此，我们还是可以从不太多的例证中找到一些革带带钩的特征。四川昭化宝轮院船棺葬 M14 人架腰部横置一件带钩，为Ⅳ式曲棒形[189]。河北邯郸百家村战国墓地 M3 足端殉人腰部并列横置两件带钩，亦为曲棒形[190]。易县燕下都 M44 中的 2 号人骨腰部，也有一件曲棒形带钩[191]。燕下都发现的一件挂钩束带的战国铜人造像，雕铸的带钩显然属于Ⅴ式琵琶形一类[192]。陕西临潼秦始皇陵兵马俑坑出土的束带武士俑[193]，河北望都汉墓壁画上的"辟车伍佰八人"束带官吏像等[194]，所用带钩都接近于琵琶形。秦始皇陵兵马俑束带所用带钩还有人体异形（图二三），造型与咸阳所出相同[195]。河南洛阳烧沟汉墓也见到不少放置在人架腰部的Ⅴ式带钩，如 M41：50、M74：4 M128：4、M138：8、M146：36、M167：8 等均是[196]，洛阳卜千秋墓人架腰部的带钩[197]，四川西昌礼州 M1 人架腰部的带钩[198]，亦为琵琶形。至于发现不多的Ⅵ式长牌形带钩，估计也是用于束带的。它们一般都有一定的弧度，与人体腰腹部正相贴合。这种长牌形带钩往往在大型墓或较重要的中型墓中出土，说明它们不会是平常人所能使用，它可以作为死者等级和地位的重要标志之一。

当然，还有更多的长型带钩并不是在死者腰腹部出土的，这恐怕是因为有时流行不束带的葬俗，带与钩往往与其他随葬品一起放置在棺椁之中，死敛者就成了《荀子·礼伦》所说的"缙绅而无钩带"了。

佩器带钩以Ⅰ式水禽形最多，也有Ⅱ式兽面形、Ⅲ式耜形和Ⅷ式异形，形体都比较小。带钩用于佩器，在春秋时代便已开始。陕西凤翔高庄秦墓 M10 出土的一件无纽原始型玉带钩，钩首与削刀环柄相接，同在人架腰部，应是佩削钩[199]。

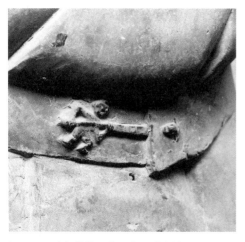

图二三　秦俑革带上的Ⅷ式异形带钩

到了战国时代，小带钩大量用于佩器。如湖南常德德山楚墓所见 4 柄铜剑都有佩剑钩，属Ⅰ式和Ⅱ式[200]。长沙楚墓 406 号 1 件Ⅱ式带钩出土时还嵌在革带上，亦为佩器之用[201]。环尾异形带钩也用于佩器，如长沙仰天湖 M25 所见是用于佩剑[202]，洛阳中州路车马坑所见则是用于佩弩[203]。用带钩佩器的传统到两汉时代一直沿袭下来，湖北宜昌前坪 10 号西汉墓的佩削[204]，河南陕县刘家渠 8 号东汉墓佩刀[205]，还有湖北汉阳蔡甸 1 号西晋墓佩弩[206]，所用的便是带钩，均属Ⅰ式。河南新安铁门镇 8 号汉墓佩刀用的是Ⅲ式耜形带钩[207]。战国时代三晋地区所见的同类带钩可能不少也是用于佩器的。

佩物带钩也是以水禽形多见，如湖南湘乡椅子山 M75 所出的Ⅰ式带钩用于佩镜[208]，湖南长沙金塘坡东汉 M8 的Ⅰ式带钩用于佩钱囊[209]，山西侯马乔村所出的Ⅲ式带钩则用于悬印[210]。

佩饰带钩自春秋时代就有使用。由于资料报道不详细，有的佩饰带钩形制不很明确，如河南固始侯古堆勾敔夫人墓所出的玉佩饰带钩，就不知它究竟属于哪一式。陕西凤翔高庄春秋墓 10 号所出的金钩为无纽的Ⅷ式，与玉璜、玉泡、串珠同出，应是佩饰钩[211]。佩饰钩最集中的发现是在临淄郎家庄 1 号春秋殉人墓，66 件带钩一般都与玛瑙、玉石、水晶等佩饰共存。这些带钩有的接近小琵琶形，有的接近于水禽形[212]，造型都比较小。有意思的是，能确认为战国或战国以后的佩饰钩几乎没有发现，这是否透露带钩用途发生过变化的信息，值得引起注意。

佩器、佩物所用的带钩很可能是不加区别的，而佩饰钩可能不完全相同，有待今后甄别。

八 结束语

绝大部分带钩形体虽然很小，但它在我国古代文化史上却占有一定的地位。"窃国者侯，窃钩者诛"，这足已见带钩的使用及其影响渗透到了古代社会生活的许多方面。带钩的文化史意义在古代军事、民族关系、手工制造业等方面都能体现出来，所以进行带钩的考古学研究是必要的。

本文对带钩进行了初步的分类分期，将目前所见的带钩划作水禽形、兽面形、耜形、曲棒形、琵琶形、长牌形、全兽形和异形八类，这不一定是最理想的分类方案。应当承认，还有一些不大常见的带钩并不能完全包纳在这八类之列，这个分类工作还有必要继续做下去，使它更加完善一些。关于带钩的四个发展时期——始作期、鼎盛期、普及期、衰亡期，它们各自的具体时限今后随着材料的增加，也会多少有些改变。如始作期现在划在春秋中至战国早期，以后始作的时代还可能会往前提，在春秋早期发现更多的原始型带钩，这将是指日可待的事。

中国带钩是在本土起源的，它不是舶来品。在始作期和鼎盛期，带钩的地区性特征比较明显，这说明带钩在一个地区出现以后，并不是毫无改变地传播到其他地区。只是进入普及时期，各地带钩的共性才愈趋明显。带钩最早很可能出现在关中地区，现在见到的两种原始型带钩都是在那里发现的，带钩的发明权大概属于春秋秦人。不过，三晋也是一个值得注意的地区，不能完全排除晋人始作带钩的可能性。以为带钩为外来文化因素之一，过去不仅国外学者这么说，我们自己也作如是观，并且还认定这是古代中国吸收外来文化的一个范例。带钩其实是我们的"国粹"，是我们自己的发明创造之一。不论从带钩的时代、造型特征、分布、传播以及名称等方面，我们都得到了这样的结论。

关于带钩的研究，还有一些比较明显的问题没有解决。例如带钩起源的契机是什么？现在还无从知晓。始作期带钩分布范围已比较广大，黄河与长江的中下游地区以及东部长城以北都有发现，它们都是春秋战国之际政治、经济、军事和文化比较发达的地区，是五霸逐鹿的主要区域。带钩在这里起源是很自然的。带钩虽然很大一部分是用于束系革带和嵌于革带上，但也有一部分是用于丝带上的，尤其在早期更是如此。如前所引，楚简明言丝带有钩，长沙陈家大山还出土过用带钩勾系的丝带[213]。现在还不能确认丝带钩在先还是革带钩在先，从功利角度上看，我们也不明白带钩发明的真正动机。这是今后还要深入考察的问题之一。

还有一个带钩被取代的契机问题。带钩从春秋中叶起，一直使用到逐渐被带扣取代止，经历约六百年之久。带扣比之带钩有使用方便、结构合理、结实牢靠的特点，它的使用延续更久，直至当今，已有两千多年之久。尽管带扣作为马具在东周早已有之，可是它并没有被中原及周围各国用于人身束带，这确实是一个耐人寻味的问题。从汉末开始，尤其是魏晋时期，带钩被带扣几乎完全取代，可能与北方胡族南下入主中原有关，胡人有使用带扣的传统。令人不解的是，早先匈奴强大时为什么没能把这个传统输入到中原来，它也曾多次入侵中原。带扣取代带钩的契机，是今后深入考察的又一个问题。

现在的带钩研究虽然获得了一些新的认识，不过有些结论不一定很确切，甚至可能存在根本性的错误。这一方面是因为笔者的能力和水平有限，另一方面则是资料不够翔实，有的带钩断代不确切，都可能影响到结论的准确程度。许多有关带钩资料的报道过于粗略，有的甚至不见附图，不作描述，给带钩的分类以及工艺学方面的研究带来很大困难。相信这种状况能逐渐有所改善，带钩研究将会建立在越来越坚实可靠的基础之上。

附记：本文承黄展岳先生多所指正，谨致谢忱。

表二　带钩发现统计略表　　　　　　　　　　　（长度单位：厘米）

时代	出土地点	型式	长度	描述	参考书目
春秋中期	河南洛阳中州路西工段	I（？）	7.4	错金涡纹	60
春秋中晚	北京怀柔城北 M12	III		错金	122
	甘肃灵台洞山 M9	I	4.1	素	100
春秋晚期	河南洛阳中州路西工段	II	4.3		60
［齐］	山东临淄郎家庄 M1	V	5.5-11.6	素，形体细小	21
［楚］	湖北江陵拍马山 M10	II	3	大耳兽面形，纽柱较长	214
	湖南湘乡 M10、M17	I	5.5-6	素	73
	河南淅川下寺 M10	II	6		74
［秦］	陕西凤翔高庄 M10	I、VIII	2-4		22
	陕西宝鸡茹家庄	I	1.7-1.8		69

（续表）

时代	出土地点	型式	长度	描述	参考书目
［晋］	山西侯马上马村 M9	V			120
	河北武安午汲古城	？			215
［吴］	江苏苏州城东北	I	3.3	素	112
［宋］	河南固始侯古堆？				33
春秋战国之交	辽宁喀左南洞沟	I	8.8	素	96
战国早期	山西长治分水岭	V	12-16.3	窄体，纽离尾端略远	64
［三晋］	山西闻喜邱家庄	I	5.8	素	216
	河南安阳大司空村	I	5.5	素	217
	河南郑州二里冈	III、V		多无纹，纽在钩体距尾端 1/4 处	63
［秦］	陕西凤翔八旗屯	IV	10	素	45
	陕西凤翔高庄	I、IV、VII、VIII	？-18	纽近尾端，I 式为主，多素面	22
	陕西大荔朝邑	IV、V		素，纽在钩体中部或接近中部	124
	陕西长安客省庄	I	4-6	素	146
［楚］	湖南资兴旧市	？			218
	湖南长沙浏城桥	？	10	铸几何云纹	219
	湖南常德德山	？	2.7	素	200
	湖北江陵雨台山	？			220
［曾］	湖北随州曾侯乙墓	？			23
［越］	江西贵溪崖墓	IV	22	木质	52
［齐］	山东平度东岳石村	？			221
［鲁］	山东曲阜鲁国故城	IV、V、VII	9.4-19.3		26
［燕］	河北唐山贾各庄	IV、V	5.8-12.1	纽距尾端一定距离	91
	北京怀柔城北 M25	VII			122
［山戎］	河北怀柔北辛堡 M1	II	10.1	尾端兽面形	159
战国中期	河南洛阳中州路西工段	V	10.2-14	分宽体窄体两种，纽在钩体距尾端 1/3 处	60
［周］	河南洛阳王城车马坑	VIII	8	无纽环尾，错金银鹅首钩	203
［三晋］	山西侯马乔村	III			210
	山西侯马上马村	V			120

（续表）

时代	出土地点	型式	长度	描述	参考书目
	山西闻喜邱家庄	V	11	窄体，面有三列凹坑，纽在钩体距尾端1/4处	222
	山西长治分水岭	V		纽面凸起饰纹	64
	河南辉县山彪镇	VIII		无钩首，以横档代之	28
	河北邯郸百家村	IV、V	13.5-？	曲棒形有双纽和鼻穿	66
［中山］	河北平山中山墓	VII	18.6		223
［鲁］	山东曲阜鲁国故城	III、VII	8.3-13.5		26
［秦］	陕西凤翔高庄	I、III、IV、V		琵琶形为平尾，曲棒形钩纽在中部	22
	陕西咸阳黄家沟	I、V、VI			71
［巴蜀］	四川成都市	V	11	钩面铸有符号	82
	四川新都马家	II、V	2.1-12.2	琵琶形背宽体、窄体，纽在钩体距钩尾1/4处，兽面形钩体小钩纽大	81
［楚］	湖北江陵藤店	？	6.4-8.6	纽近尾端	224
	湖北江陵望山	V、VI	？-6.2	琵琶形为窄体，长牌形错金，背有双纽	76
	湖北江陵雨台山	IV		素	225
	湖南资兴旧市	？	4.4	素	226
	湖南益阳赫山庙	？			227
	河南淮阳平粮台	？			228
	河南信阳长台关	IV、VI	9.4-22.4	长牌形错金银嵌玉	75
［燕］	北京怀柔城北	V			122
战国晚期	河南洛阳中州路西工段	VI、VIII	3.6-15.1	长牌形钩纽近体中部，特异钩附兽衔环	60
［周］	河南洛阳烧沟	I、IV、V、VI	5.2-20.8	琵琶形以宽体为主，不少纽在体中部	59
［三晋］	河南郑州二里冈	I、IV、VI、VII	4.5-20.2	纽不少在体中部或接近中部	63
	河南辉县固围村	VII	18.4	浮雕包金夔龙和鹦鹉，无纽	28
	河南辉县琉璃阁	I、V	5.1-11.4	素，纽近尾端	28
	河南辉县赵固区	V	9.3	错金，纽近尾端	28
	河南辉县褚邱	III、IV、V	？-12		95
	河南汲县山彪镇	III、V	6.5-21.2	粗形素面，钩尾较小	229

（续表）

时代	出土地点	型式	长度	描述	参考书目
	河北邯郸赵王陵	VI	15.9	同洛阳烧沟所出	230
	河北邢台东董村	V	20		231
	山西侯马殉人墓	IV、V	? -9		232
	山西长治分水岭	I、III、IV、VII		长体钩纽在钩体距尾端1/3处	64
［秦］	陕西大荔朝邑	I、IV	? -15.6	曲棒形，中有一类略粗且短	124
	陕西凤翔高庄	I		有大纽水禽形，首回折长过钩尾	22
	陕西西安半坡	I、III	? -16.8	铜带钩均小型，有大纽水禽形	70
	甘肃平凉庙庄	IV	19.3	纽在中部	101
	湖北宜昌前坪	V、VII	? -7.1		204
［燕］	河北易县燕下都	I、IV	3.3-16.9	全素，曲棒形钩纽在体中部	92
	河北易县燕下都	I、IV	?	全素	233
	北京怀柔城北	V			122
［楚］	湖北松滋大岩咀	V	8.9	素，纽在钩体距钩尾1/4处	234
	湖北宜城楚皇城	VIII	13.5	错金嵌玉，纽在中部，无钩首	128
	湖南长沙仰天湖	VIII		环尾	202
	湖南长沙杨家山	IV	9.2	纽近中部，纽面有蜥蜴形饰	235
	湖南长沙 M406	II	2	大纽小体	201
	湖南湘乡 M75	I	4.2		73
	湖南常德德山	II	3.5	大耳兽形	200
［南越］	广东肇庆北岭	I		玉质，仿水禽形	77
	广西平乐银山岭	IV	7.4	素	78
［巴蜀］	四川青川郝家坪	I、IV	7.3 ~ 16.5	曲棒形错银，纽在中部	236
	四川成都羊子山	IV、VII	14.6	错银，纽均在中部，一纽面饰纹	237
秦	陕西临潼上焦村	I、II	2.5-3.6	兽面形纽上有饰	238
	陕西咸阳黄家沟	II、VIII		异形为反勾式	71
	秦陕西咸阳长陵车站	I、II、IV、V、VII、VIII		26件中25件缺钩首	72
	陕西临潼始皇陵东	VIII	5.9	环尾	239
	陕西凤翔高庄	V	7	素	22
	河南泌阳官庄	IV	19	饰勾连雷纹	44

（续表）

时代	出土地点	型式	长度	描述	参考书目
	湖北云梦睡虎地	IV	17.5	纽在中部	240
西汉	广东广州罗冈	I	?		241
	江苏涟水三里墩	VII	7-12	浮雕夔龙蟠蛇	24
	江苏徐州子房山		9.5	阴刻卷云纹	242
	山东临沂金雀山	I	6.5		243
	河北石家庄北郊	V		素	244
	河南辉县琉璃阁	II、VII	7.1-8.4	虎形	28
	陕西耀县 M8	IV	17.1	错银，纽在中部	245
	山西榆次王湖岭	V		素	246
	山西孝义张家庄	II、V	6.3-17		38
	湖北宜昌前坪	I	5	素	204
	湖北云梦大坟头	I、V	4.3-6.2	琵琶形体小，饰卷云纹	247
	广东广州中山四路	I	5.8	素	248
	广东广州汉墓	I、V、VIII	2-6.2	异形为龟面反勺式	30
西汉早期	广东广州淘金坑	II	3	凸面纽	39
	广西贵县罗泊湾	I、V、VII		全兽形为伏兔式	249
	四川绵竹清道	IV	23	素	102
	四川汶川萝卜砦	V	8	窄体，大纽	250
	四川巴县、昭化船棺	IV、V、VII		曲棒形纽在中部，全兽有犀牛形，琵琶形为宽体，铸巴蜀文字	84
	贵州威宁中水	IV、V	10-?		86
	山东济南无影山	?			251
	浙江绍兴离渚	?			252
	辽宁西丰西岔沟	?			162
	安徽阜阳双古堆	?			253
	河南洛阳卜氏墓	V	6	体小，素	197
	河南洛阳西郊	I、VIII		异形为反勺式	61
	河南洛阳烧沟	V	6.5		58
西汉中期	北京怀柔城北	VII			122
	北京昌平半截塔村	VIII	6.1	反勺形，纽面有印文	254

（续表）

时代	出土地点	型式	长度	描述	参考书目
	河北满城汉墓	I、II、V、VII	2.5-9.5	有方纽玉带钩	36
	河北邢台南郊	VII	16.5	方纽，通体浮雕龙纹	255
	山东曲阜九龙山	V	8.2	错金银嵌玛瑙绿松石，纽在中部	256
	江苏铜山小龟山崖墓	I、VIII	2.1-4.6	异形有环尾式，有方纽玉带钩	25
西汉中期	江苏连云港海州侍氏墓	V	6.8	素	257
	江西南昌东郊	V	6.4	素	258
	广东广州市	IV、V	? -9	琵琶形有方纽	30
	云南晋宁石寨山	I、IV、VII	4.8-11.7	曲棒形为竹节状，纽在中部	40
	河南洛阳西郊	I、II、V、VII			61
	河南洛阳壁画墓	V	10.1	窄体，素面	259
	河南洛阳烧沟	I、V、VII	3、3-9.9		58
	山西襄汾晋城	III	7	素面，小纽	135
	江苏盐城三羊墩	I	6	素	260
	湖南益阳	VII	6.8	蟠螭纹，细纽柱	261
	广西合浦堂排	V			262
西汉晚期	广西贺县高寨	IV（?）	12.2	素	263
	广东广州市	I、V	2.5-8.1	琵琶形为窄体，纽在中部	30
	贵州咸宁中水		10.3	异形为牛首，纽与钩首同在一侧	86
	贵州清镇平坝	?		小型为主	85
	云南江州李家山	I、V	3.3-13.2		88
	四川西昌礼州	?			198
	辽宁新金花儿山	V	7.8-9.3	素，兽首钩	98
西汉（分期?）	辽宁旅大营城子	I、IV、V	?	素	97
	内蒙古准格尔旗	I、II、IV、V	2.3-11.2	素，II式为牛首形	95
	成都东北郊	I、IV、V、VIII	2.5-6.3	异形为双层纽	133
新莽	河南洛阳烧沟	I、V	2.3-12.6	琵琶形纽在中部	58

（续表）

时代	出土地点	型式	长度	描述	参考书目
	河南洛阳西郊	IV、V		素，纽在中部	61
	河南新安铁门镇	III	4.5	素	134
	河南辉县琉璃阁	I	4.8	素	28
	江苏扬州东风砖厂	V	10	素	264
	江苏扬州凤凰河	I、V		素	265
	湖南长沙五里牌	I、?	4.5-10.5		29
	贵州威宁中水	IV		纽在中部	86
	河南洛阳烧沟	I、V	1.1-10.5		58
	河南洛阳西郊	V			61
	河南陕县刘家渠	I、IV、V	3-17	全素，琵琶形为窄体，其与曲棒形钩纽均在中部	205
	湖南常德南坪	VII			266
	江苏邗江甘泉	I、V	? -14.5	琵琶形纽在中部	267
东汉早期	江苏新沂	I、IV	4-19		268
	广东广州市	II、IV、V	6-12.7	曲棒形和琵琶形纽在中部	30
	广西贵县	?			269
	贵州威宁中水	I、IV	3.8-10.6	素，曲棒形纽在中部	86
	贵州赫章可乐	IV	8.8	素，纽在中部	86
	内蒙古磴口陶生井	?	? -13.8		270
东汉中期	河南洛阳烧沟	I、V	3.3-7.4		58
	河南洛阳西郊	I、VII			61
	江苏丹阳宗头山	V	? -11.9	有"永元十三年"纪年铭文，纽在中部，纽面有饰	116
	湖南长沙金塘坡	I、IV	3.1-12	素，曲棒形纽在中部	209
	江西南昌市	I	3		271
	甘肃武威磨咀子	?	? -10		104
	甘肃兰州东冈	V	12.4	素，纽近中部	272
	辽宁盖县九垅地	?			273
	河南洛阳烧沟	V	14.6	纽在中部	58
	河北石家庄东岗头村	VIII	14.8	钩面铸人持剑盾刀斧，有四神图	136
	河北定县刘焉墓	IV	21.8	截面方形，方纽在中部	37

（续表）

时代	出土地点	型式	长度	描述	参考书目
	山东滕县小马庄	V	14	素，纽在中部	184
	江苏泰州新庄	V	11.3-15	有铭，纽在中部，纽面错仙鹤纹	115
	浙江黄岩秀岭	I			118
	安徽淮南刘家古堆	IV	11.8	素，纽在中部	274
东汉晚期	江西南昌塘山	?	15		275
	湖北宜昌前坪	IV	10.8	素，纽近中部	204
	湖南常德西郊	IV、VII		纽在中部或接近中部	19
	湖南常德南坪	VII			276
	广东广州市	IV、VII	? -11	特异形为S状双头钩，纽在中部	30
	广东德庆大辽山	V	11.8-14	纽在中部，有圆尾齐尾之分	277
	四川宜宾翠屏村	?	3.5-10	素	278
	四川新繁清白乡	V		素，纽在中部	279
	四川盐亭黄甸	IV	15	纽在中部，纽面有纹	280
	甘肃武威雷台	V	10	素，纽在中部	41
	甘肃嘉峪关	?	9.5	素	161
	内蒙古呼盟孟根楚鲁	?	9-12.1		164
	甘肃张掖郭家沙滩	VII	?		105
东汉（分期？）	贵州兴义、兴仁	I、IV	3-?	曲棒形纽在中部	281
	新疆罗布淖尔	IV、V	?	纽近中部	108
	河南洛阳	IV		素，纽在中部偏向钩首处	138
	湖北汉阳蔡甸	I	5	素	206
	安徽合肥东郊	IV、VII	6.7-8.7	纽皆在中部	282
西晋	江苏南京西岗	VII		纽在中部，铸神兽食鱼和飞鸟纹	117
	江苏南京南郊	?			283
	浙江黄岩秀岭	IV	16	纽在中部偏向钩首处	118
	辽宁沈阳伯官屯	IV	11	纽在中部偏向钩首处	99
	甘肃酒泉 M10	?			48
东晋	江苏南京象山	?	7.5	刻凤鸟纹	43
南北朝	江西南昌郊区	?		9.5	284

（续表）

时代	出土地点	型式	长度	描述	参考书目
	陕西西安草厂坡	?			285
唐	陕西西安羊头镇李爽墓	?			286
宋	湖南黔阳地区	VII	7	纽面篆刻"宣和"年号	287
明	北京昌平定陵	?、IV	12-18		53

注：1. 本表所列带钩大多数都有确切的时代和出土地点，但并不包括全部考古发现的带钩。

2. 材料依时代顺序排列，同时代的以现行省区相对集中排列。材料的断代，绝大多数作了审定；个别材料报道简略，未及校核。

3. 资料截止 1983 年年初。

注释：

[1]（汉）王逸：《楚辞章句》。

[2]（晋）鱼豢：《魏略》，（清）王仁俊辑本。

[3]（晋）张勃：《吴录》，（清）王仁俊辑本。

[4]《史记》、《汉书》之《匈奴传》注。

[5]（明）文震亨《长物志》卷七"钩"条："古铜腰束绦钩，有金银碧填嵌者，有片金银者，有用兽为肚者，皆三代物也；有羊头钩，螳螂捕蝉钩，鎏金者，皆秦汉物也。"

[6]（清）阮元：《积古斋钟鼎彝器款识》卷一〇。

[7] 王国维：《观堂集林·胡服考》。

[8] 高去寻：《战国墓内带钩用途的推测》，《历史语言研究所集刊》二十三本下，1952 年。

[9] 包尔汉、冯家昇：《"西伯利亚"名称的由来》，《历史研究》1956 年第 10 期。

[10] 肖兵：《犀比·鲜卑·西伯利亚》，《人文杂志》1981 年第 1 期。

[11] 干志耿、孙秀仁：《关于鲜卑早期历史及其考古遗存的几个问题》，《民族研究》1982 年第 1 期。

[12]（日）白鸟库吉著，方壮猷译：《东胡民族考》，商务印书馆，1934 年。

[13]（日）江上波夫：《師比并びに郭落带に就きこ》，《东方学报》（东京版）1931 年第 2 期；《エウテシア古代北方文化》，1948 年，京都。

[14]（日）藤田丰八：《犀毗和郭落带问题》，《剑峰遗草》。

[15]（日）長廣敏雄：《帶鈎の研究》，京都，1943 年。

[16]（日）長廣敏雄：《戰國式帶鈎についこ》，《東方學報》第 32 册，京都，1962 年。

[17]（瑞典）B. Karlgren, "Chinese Agraffes in two Swedish Collections," EMFEA, No. 38（1966）.

[18] 陈仁涛：《金匮论古初集》，香港亚洲石印局，1952 年。

[19]（美）A. Salmony, Sino-Siberian Art in the Collection of C. T. Loo,（Paris, 1933）.

[20]（瑞典）N. Palmgren, Selected Chinese Antiquities Stockholm from the Collection of Gustav Adolf,（1948）.

[21] 山东省博物馆：《临淄郎家庄一号东周殉人墓》，《考古学报》1977 年第 1 期，图五。

[22] 吴镇烽、尚志儒：《陕西凤翔高庄秦墓地发掘简报》，《考古与文物》1981 年第 1 期，图一九。

[23] 随县擂鼓墩一号墓考古发掘队：《湖北随县曾侯乙墓发掘简报》，《文物》1979 年第 7 期。

[24] 南京博物院：《江苏涟水三里墩西汉墓》，《考古》1973 年第 2 期。

[25] 南京博物院：《铜山小龟山西汉崖洞墓》，《文物》1973 年第 4 期。

[26] 山东省文物考古研究所等：《曲阜鲁国故城》，齐鲁书社，1982 年，图一〇六、一〇七。

[27] 河北省文物管理处：《河北省平山县战国时期中山国墓葬发掘报告》，《文物》1979 年第 1 期。

[28] 中国科学院考古研究所：《辉县发掘报告》，科学出版社，1956 年，图一二三。

[29] 湖南省博物馆：《长沙五里牌古墓葬清理简报》，《文物》1960 年第 3 期。

[30] 广州市文物管理委员会、广州市博物馆：《广州汉墓》，文物出版社，1981 年。

[31] 同 [22]。

[32] 同 [22]，本文发表时尚未发现早于春秋时期的玉带钩，特此说明。

[33] 固始侯古堆一号墓发掘组：《河南固始侯古堆一号墓发掘简报》，《文物》1981 年第 1 期。

[34] 同 [23]。

[35] 同 [26]。

[36] 中国社会科学院考古研究所、河北省文物管理处：《满城汉墓发掘报告》，文物出版社，1980 年。

[37] 河北省文化局文物工作队：《河北定县北庄汉墓发掘报告》，《考古学报》1964 年第 2 期。

[38] 山西省文物管理委员会、山西省考古研究所：《山西孝义张家庄汉墓发掘记》，《考古》1960 年第 7 期。

[39] 广州市文物管理处：《广州淘金坑的西汉墓》，《考古学报》1974 年第 1 期。

[40] 云南省博物馆：《云南晋宁石寨山古墓群发掘报告》，文物出版社，1959 年。

[41] 甘肃省博物馆：《武威雷台汉墓》，《考古学报》1974 年第 2 期。

[42] 同 [25]。

[43] 南京市博物馆：《南京象山 5 号、6 号、7 号墓清理简报》，《文物》1972 年第 11 期。

[44] 驻马店地区文管会等：《河南泌阳秦墓》，《文物》1980 年第 9 期。

[45] 吴镇烽、尚志儒：《陕西凤翔八旗屯秦国墓葬发掘简报》，《文物资料丛刊》(3)，1980 年。

[46] 湖南省博物馆：《长沙南郊砂子塘汉墓》，《考古》1965 年第 3 期。

[47] 湖南省文管会：《湖南长沙西汉墓清理简报》，《考古通讯》1957 年第 4 期。

[48] 甘肃省博物馆：《酒泉、嘉峪关晋墓的发掘》，《文物》1979 年第 6 期。

[49] 河北省文管会：《河北石家庄市市庄村战国遗址的发掘》，《考古学报》1957 年第 1 期。

[50] 郭宝钧等：《一九五四年春洛阳西郊发掘报告》，《考古学报》1956 年第 2 期。

[51] 洛阳博物馆：《洛阳战国粮仓试掘纪略》，《文物》1981 年第 11 期。

[52] 江西省历史博物馆等：《江西贵溪崖墓发掘简报》，《文物》1980 年第 11 期。

[53] 长陵发掘委员会工作队：《定陵试掘简报》，《考古通讯》1958 年第 7 期，《考古》1959 年第 7 期。

[54] 广州市文物管理委员会：《广州市东北郊西汉木椁墓发掘简报》，《考古通讯》1955 年第 4 期。

[55] 同 [39]。

[56] 同 [15]。

[57] 同 [16]。

[58] 洛阳区考古发掘队：《洛阳烧沟汉墓》，科学出版社，1959 年。

[59] 王仲殊：《洛阳烧沟附近的战国墓葬》，《考古学报》第八册，1954 年。

[60] 中国科学院考古研究所：《洛阳中州路（西工段）》，科学出版社，1959 年。

[61] 中国科学院考古研究所洛阳发掘队:《洛阳西郊汉墓发掘报告》,《考古学报》1963 年第 2 期。

[62] 同 [33]。

[63] 河南省文化局工作队:《郑州二里冈》,科学出版社,1959 年。

[64] 山西省文管会、山西省考古研究所:《山西长治分水岭战国墓第二次发掘》,《考古》1964 年第 3 期。

[65] 山西省文物工作委员会:《建国以来山西省考古和文物保护工作的成果》,《文物考古工作三十年》,文物出版社,1979 年。

[66] 河北省文化局文物工作队:《河北邯郸百家村战国墓》,《考古》1962 年第 12 期。

[67] 同 [22]。

[68] 同 [45]。

[69] 宝鸡市博物馆等:《陕西宝鸡市茹家庄东周墓葬》,《考古》1979 年第 5 期。

[70] 金学山:《西安半坡的战国墓葬》,《考古学报》1957 年第 3 期。

[71] 秦都咸阳考古队:《咸阳市黄家沟战国墓发掘简报》,《考古与文物》1982 年第 6 期。

[72] 陕西省博物馆、文管会勘查小组:《秦都咸阳故城遗址发现的窑址和铜器》,《考古》1974 年第 1 期。

[73] 湖南省博物馆:《湖南韶山灌区湘乡东周墓清理简报》,《文物》1977 年第 3 期。

[74] 河南省丹江库区文物发掘队:《河南淅川县下寺春秋楚墓》,《文物》1980 年第 10 期。

[75] 河南省文化局文物工作队:《河南信阳楚墓文物图录》,河南人民出版社,1959 年。

[76] 湖北省文化局文物工作队:《湖北江陵三座楚墓出土大批重要文物》,《文物》1966 年第 5 期。

[77] 广东省博物馆等:《广东肇庆北岭松山古墓发掘简报》,《文物》1974 年第 11 期。

[78] 广西壮族自治区文物工作队:《平乐银山岭战国墓》,《考古学报》1978 年第 2 期。

[79] 同 [30]。

[80] 同 [78]。

[81] 四川省博物馆等:《四川新都战国木椁墓》,《文物》1981 年第 6 期。

[82] 四川省文物管理委员会:《成都战国土坑墓发掘简报》,《文物》1982 年第 1 期。

[83] 同 [81]。

[84] 四川省博物馆:《四川船棺葬发掘报告》,文物出版社,1960 年。

[85] 贵州省博物馆:《贵州清镇平坝汉墓发掘报告》,《考古学报》1959 年第 1 期。

[86] 贵州省博物馆考古组、威宁县文化局:《威宁中水汉墓》,《考古学报》1981 年第 2 期。

[87] 同 [40]。

[88] 云南省博物馆:《云南江川李家山古墓群发掘报告》,《考古学报》1975 年第 2 期。

[89] 同 [86]。

[90] 北京市文物工作队:《北京怀柔城北东周两汉墓葬》,《考古》1962 年第 5 期。

[91] 安志敏:《河北省唐山市贾各庄发掘报告》,《考古学报》第六册,1953 年。

[92] 河北省文物管理处:《河北易县燕下都 44 号墓发掘报告》,《考古》1975 年第 4 期。

[40] 河北省文化局文物工作队:《河北怀来北辛堡战国墓》,《考古》1966 年第 5 期。

[94] 河北省文物管理处:《河北三十年来的考古工作》,《文物考古工作三十年》,文物出版社,1979 年。

[95] 崔璇:《秦汉广衍故城及其附近的墓葬》,《文物》1977 年第 5 期。

[96] 辽宁省博物馆等:《辽宁喀左南洞沟石椁墓》,《考古》1977 年第 6 期。

[97] 于临祥:《营城子贝墓》,《考古学报》1958 年第 4 期。

[98] 旅顺博物馆、新金县文化馆:《辽宁新金县花儿山汉代贝墓第一次发掘》,《文物资料丛刊》(4),1981 年。

[99] 沈阳市文物工作组:《沈阳伯官屯汉魏墓葬》,《考古》1964 年第 11 期。

[100] 甘肃省博物馆文物队等:《甘肃灵台县两周墓葬》,《考古》1976 年第 1 期。

[101] 魏怀珩:《甘肃平凉庙庄的两座战国墓》,《考古与文物》1982 年第 5 期。

[102] 四川省博物馆等:《四川绵竹县西汉木板墓发掘简报》,《考古》1983 年第 4 期。

[103] 同 [41]。

[104] 甘肃省博物馆:《甘肃武威磨嘴子汉墓发掘》,《考古》1960 年第 9 期。

[105] 甘肃省文管会:《张掖郭家沙滩汉墓清理简报》,《文物参考资料》1957 年第 8 期。

[106] 嘉峪关市文物清理小组:《嘉峪关汉画像砖墓》,《文物》1972 年第 12 期。

[107] 同 [48]。

[108] 黄文弼:《罗布淖尔考古记》,1948 年。

[109] 新疆维吾尔自治区博物馆等:《新疆吐鲁番艾丁湖古墓葬》,《考古》1982 年第 4 期。

[110] 同 [21]。

[111] 同 [26],见图九八、一〇六、一〇七、一〇吧、一一九。

[112] 苏州博物馆考古组:《苏州城东北发现东周铜器》,《文物》1980 年第 8 期。

[113] 同 [24]。

[114] 同 [25]。

[115] 江苏省博物馆、泰州县博物馆:《江苏泰州新庄汉墓》,《考古》1962 年第 10 期。

[116] 镇江市博物馆、丹阳市文化馆:《江苏丹阳东汉墓》,《考古》1978 年第 3 期。

[117] 南波:《南京西岗西晋墓》,《文物》1976 年第 3 期。

[118] 浙江省文管会:《黄岩秀岭水库古墓发掘报告》,《考古学报》1958 年第 1 期。

[119] 同 [60]。

[120] 山西省文物管理委员会侯马工作站:《山西侯马上马村东周墓葬》,《考古》1963 年第 5 期。

[121] 同 [91]。

[122] 同 [90]。

[123] 同 [22],图一九:2、10、15、16、20。

[124] 陕西省文管会、大荔县文化馆:《朝邑战国墓葬发掘简报》,《文物资料丛刊》(2),1978 年。

[125] 同 [71]。

[126] 同 [22]。

[127] 同 [70]。

[128] 楚皇城考古发掘队:《湖北宜城楚皇城勘查简报》,《考古》1980 年第 2 期。

[129] 同 [20]。

[130] 同 [81],图五七。

[131] 同 [19],图版Ⅺ X:10。

[132] 同 [86]。

[133] 四川省文管会:《成都东北郊西汉墓葬发掘简报》,《考古通讯》1958 年第 2 期。

[134] 河南省文化局文物工作队:《河南新安铁门镇西汉墓葬发掘报告》,《考古学报》1959 年第 2 期。

[135] 襄汾县文化馆:《山西襄汾发现汉代铁器》,《考古》1978 年第 2 期,图1:6,原定为西汉时期。

[136] 王海航:《石家庄市东岗头村发现汉墓》,《考古》1965 年第 12 期。

[137] 同 [37],图二二。

[138] 河南省文化局文物工作队第二队:《洛阳晋墓的发掘》,《考古学报》1957 年第 1 期。

[139] 同 [53]。

[140] 同［81］。

[141] 同［120］。

[142] 徐中舒：《氏编钟图释》，"中央研究院"历史语言研究所，1932年。

[143] 云南省博物馆：《云南江川李家山古墓群发掘报告》，《考古学报》1975年第2期。

[144] 同［7］。

[145] 同［6］。

[146] 中国科学院考古研究所：《沣西发掘报告》，文物出版社，1963年。

[147] 同［22］。

[148] 同［68］。

[149] 同［70］。

[150] 同［30］。

[151] 同［22］。

[152] 同［79］，第156页。

[153]（日）秋山进午：《内蒙古高原的匈奴墓葬》，《富山大学人文学部纪要》第4号，1981年；汪宇平节译，载内蒙古文物队：《文物考古参考资料》第四期，1983年。

[154] 带钩分布的北限还要向北移一些，最近吉林榆林县老河深鲜卑墓（M56）出土铜带钩1件，时代约相当于东汉，见《文物》1985年第2期，第73页校后补记。

[155] 同［11］。

[156] 内蒙古文物工作队：《内蒙古扎赉诺尔古墓群发掘简报》，《考古》1961年第12期。

[157] 中国科学院考古研究所内蒙古工作队：《内蒙古巴林左旗南杨家营子的遗址和墓葬》，《考古》1964年第1期。

[158] 内蒙古自治区文物工作队：《内蒙古陈巴尔虎旗完工古墓清理简报》，《考古》1965年第7期。

[159] 河北省文化局文物工作队：《河北怀来北辛堡战国墓》，《考古》1966年第5期。

[160] 同［96］。

[161] 田广金：《近年来内蒙古地区的匈奴考古》，《考古学报》1983年第1期。

[162] 孙守道：《"匈奴·西岔沟文化"古墓群的发现》，《文物》1960年第8、9期合刊。

[163] 同［95］。

[164] 程道宏：《伊敏河地区的鲜卑墓》，《内蒙古文物考古》1982年第2期。内蒙古呼盟伊敏河地区鲜卑墓出有两件铁带钩，原文无图照。经与作者联系，从寄来的照片看，由于器物锈蚀严重，还不便确认为带钩。其时代定为东汉晚期。

[165] 同［1］。

[166] 同［6］。

[167] 同［8］。

[168]（明）都穆：《听雨纪谈》。

[169] 同［9］。

[170] 同［13］。

[171] 同［14］。

[172] 同［12］。

[173] 同［11］。

[174] 青铜透雕牌饰的研究参见乌恩：《中国北方青铜透雕带饰》，《考古学报》1983年第1期。

[175] 同［10］。

[176]（法）P.Pelliot,L Edition Collective des oeuvres de Wang Kono,Wei Tung Pao, Vol. XXVI, 1929.

[177]《太平御览·服章部》。

[178]《古今图书集成·礼仪典》卷三四三《带佩部》。

[179]《隋书·礼仪志》。

[180]同［7］。

[181]同［153］。

[182]同［7］。

[183]同［74］。

[184]朱德熙、裘锡圭：《信阳楚简考释（五篇）》，《考古学报》1973年第1期。

[185]同［10］。

[186]《列子》多为晋人所作。

[187]《搜神记》亦收入这个传说。

[188]王仁湘：《古代带钩用途考实》，《文物》1982年第10期。

[189]同［84］。

[190]同［66］。

[191]同［92］。

[192]河北省文化局文物工作队：《燕下都遗址内发现一件战国时代的铜人像》，《文物》1965年第2期。

[193]始皇陵秦俑坑考古发掘队：《临潼县秦俑坑试掘第一号简报》，《文物》1975年第11期。

[194]《汉唐壁画》，外文出版社，1974年。

[195]陕西始皇陵秦俑坑考古发掘队、秦始皇兵马俑博物馆：《秦始皇陵兵马俑》，文物出版社，1983年。

[196]同［58］。

[197]洛阳博物馆：《洛阳西汉卜千秋壁画墓发掘简报》，《文物》1977年第6期。

[198]礼州遗址联合考古发掘队：《四川西昌礼州发现的汉墓》，《考古》1980年第5期。

[199]同［22］。

[200]湖南省博物馆：《湖南常德德山楚墓发掘报告》，《考古》1963年第9期。

[201]中国科学院考古研究所：《长沙发掘报告》，科学出版社，1957年。

[202]湖南省文管会：《长沙仰天湖第25号木椁墓》，《考古学报》1957年第2期。

[203]洛阳博物馆：《洛阳中州路战国车马坑》，《考古》1974年第3期。

[204]湖北省博物馆：《宜昌前坪战国两汉墓》，《考古学报》1976年第2期。

[205]黄河水库考古工作队：《河南陕县刘家渠汉墓》，《考古学报》1965年第1期。

[206]湖北省博物馆：《湖北汉阳蔡甸一号墓清理》，《考古》1966年第4期。

[207]同［134］。

[208]同［73］。

[209]湖南省博物馆：《长沙金塘坡东汉墓发掘简报》，《考古》1979年第2期。

[210]山西省文物工作委员会写作小组：《侯马战国奴隶殉葬墓的发掘——奴隶制度的罪证》，《文物》1972年第1期。

[211]同［22］。

[212]同［21］。

[213]陈家大山所出丝带两端有孔，当为带钩纽座和钩首的穿孔。丝带长73.5厘米，宽约3.3厘米，其长度与常人腰围基本相符。见北京历史博物馆：《楚文物展览图录》，1954年。

[214]湖北省博物馆、荆州地区博物馆、江陵文物工作组：《湖北江陵拍马山楚墓发掘简报》，《考古》1973年第3期。

[215]河北省文物管理委员会:《河北武安县午汲古城中的窑址》,《考古》1959年第7期。

[216]山西运城行署文化局等:《山西闻喜邱家庄战国墓葬发掘简报》,《考古与文物》1983年第1期。

[217]马得志等:《一九五三年安阳大司空村发掘报告》,《考古学报》第九册,1955年。

[218]湖南省博物馆:《湖南资兴旧市战国墓》,《考古学报》1983年第1期。

[219]湖南省博物馆:《长沙浏城桥一号墓》,《考古学报》1972年第1期。

[220]郭德维:《江陵楚墓试论》,《考古学报》1982年第2期。

[221]中国科学院考古研究所山东发掘队:《山东平度东岳石村新石器时代遗址与战国墓》,《考古》1962年第10期。

[222]同[216]。

[223]东京国立博物馆等:《中山王国文物展》,1981年。

[224]荆州地区博物馆:《湖北江陵藤店一号墓发掘简报》,《文物》1973年第9期。

[225]荆州地区博物馆:《江陵雨台山楚墓发掘简报》,《考古》1980年第5期。

[226]同[218]。

[227]湖南省博物馆、益阳县文化馆:《湖南益阳战国两汉墓》,《考古学报》1981年第4期。

[228]曹桂岑等:《淮阳县平粮台四号墓发掘简报》,《河南文博通讯》1980年第1期。

[229]郭宝钧:《山彪镇与琉璃阁》,科学出版社,1959年。

[230]河北省文管处等:《河北邯郸赵王陵》,《考古》1982年第6期。

[231]同[210]。

[232]山西省文物管理委员会、山西省考古研究所:《侯马东周殉人墓》,《文物》1960年第8、9期合刊。

[233]中国历史博物馆考古组:《燕下都城址调查报告》,《考古》1962年第1期。

[234]湖北省文物管理委员会:《湖北松滋县大岩嘴东周土坑墓的清理》,《考古》1966年第3期。

[235]湖南省博物馆:《长沙市东北郊古墓葬发掘简报》,《考古》1959年第12期。

[236]四川省博物馆等:《青川县出土秦更修田木牍——四川青川县战国墓发掘简报》,《文物》1982年第1期。

[237]四川省文管会:《成都羊子山第172号墓发掘报告》,《考古学报》1956年第4期。

[238]秦俑坑考古队:《临潼上焦村秦墓清理简报》,《考古与文物》1980年第2期。

[239]秦俑坑考古队:《秦始皇陵东侧第三号兵马俑坑清理简报》,《文物》1979年第12期。

[240]湖北省博物馆等:《云梦睡虎地秦墓》,文物出版社,1981年。

[241]广州市文物管理委员会:《广东东郊罗冈秦墓发掘简报》,《考古》1962年第8期。

[242]徐州博物馆:《江苏徐州子房山西汉墓清理简报》,《文物资料丛刊》(4),1981年。

[243]临沂文物组:《山东临沂金雀山一号墓发掘简报》,《考古学集刊》(1),1981年。

[244]石家庄市图书馆文物考古小组:《河北石家庄市北郊西汉墓发掘简报》,《考古》1980年第1期。

[245]马建熙:《陕西耀县战国、西汉墓葬清理简报》,《考古》1959年第3期。

[246]王克林:《山西榆次古墓发掘记》,《文物》1974年第12期。

[247]湖北省博物馆:《云梦大坟头一号汉墓》,《文物资料丛刊》(4),1981年。

[248]广州市文物管理处等:《广州秦汉造船工场遗址试掘》,《文物》1977年第4期。

[249]广西壮族自治区文物工作队:《广西贵县罗泊湾一号墓发掘简报》,《文物》1978年第9期。

[250]冯汉骥、童恩正:《岷江上游的石棺葬》,《考古学报》1973年第2期。

[251]济南市博物馆:《试谈济南无影山出土的西汉乐舞、杂技、宴饮陶俑》,《文物》1972年第5期。

[252]金祖明:《绍兴离渚出土的青铜兵器》,《考古通讯》1956年第4期。

[253]安徽省文物工作队等:《阜阳双古堆西汉汝阴侯墓发掘简报》,《文物》1978年第8期。

[254]北京市文物工作队:《北京昌平半截塔村东周和两汉墓》,《考古》1963年第3期。

[255] 河北省文物管理处:《河北邢台南郊西汉墓》,《考古》1980 年第 5 期。

[256] 山东省博物馆:《曲阜九龙山汉墓发掘简报》,《文物》1972 年第 5 期。

[257] 南波:《江苏连云港市海州西汉侍其墓》,《考古》1975 年第 3 期。

[258] 江西省博物馆:《南昌东郊西汉墓》,《考古学报》1976 年第 2 期。

[259] 河南省文化局文物工作队:《洛阳西汉壁画墓发掘报告》,《考古学报》1964 年第 2 期。

[260] 江苏省文管会、南京博物院:《江苏盐城三羊墩汉墓清理报告》,《考古》1964 年第 8 期。

[261] 同 [227]。

[262] 广西壮族自治区文物工作队:《广西合浦县堂排汉墓发掘简报》,《文物资料丛刊》第 4 期,1981 年。

[263] 广西壮族自治区文物工作队等:《广西贺县河东高寨西汉墓》,《文物资料丛刊》第 4 期,1981 年。

[264] 扬州博物馆:《扬州东风砖瓦厂八、九号汉墓清理简报》,《考古》1982 年第 3 期。

[265] 屠思华:《江苏凤凰河汉、隋、宋、明墓的清理》,《考古通讯》1958 年第 2 期。

[266] 湖南省博物馆:《湖南常德东汉墓》,《考古学集刊》第 1 集,1981 年。

[267] 南京博物院:《江苏邗江甘泉二号汉墓》,《文物》1981 年第 11 期。

[268] 吴文信:《江苏新沂东汉墓》,《考古》1979 年第 2 期。

[269] 梁友仁:《广西贵县发现汉墓一座》,《考古通讯》1956 年第 4 期。

[270] 内蒙古文物工作队:《内蒙古磴口县陶生井附近古城古墓调查清理简报》,《考古》1965 年第 7 期。

[271] 程应林:《江西南昌市区汉墓发掘简报》,《文物资料丛刊》第 1 期,1977 年。

[272] 宁笃学、薄朝绂:《兰州东岗镇东汉墓》,《文物参考资料》1958 年第 12 期。

[273] 辽宁省博物馆文物队:《辽宁盖县九垅地发现东汉纪年砖墓》,《文物》1977 年第 9 期。

[274] 淮南市文化局:《安徽省淮南刘家古堆汉墓发掘简报》,《文物资料丛刊》第 4 期,1981 年。

[275] 江西省博物馆:《江西南昌地区东汉墓》,《考古》1981 年第 5 期。

[276] 同 [266]。

[277] 广东省博物馆:《广东德庆大辽山发现东汉文物》,《考古》1981 年第 4 期。

[278] 匡达滢:《四川宜宾市翠屏村汉墓清理简报》,《考古通讯》1957 年第 3 期。

[279] 四川省文物管理委员会:《四川新繁清白乡东汉画像砖墓清理简报》,《文物参考资料》1956 年第 6 期。

[280] 刘志远:《四川盐亭东汉崖墓出土文物简记》,《文物》1974 年第 5 期。

[281] 贵州省博物馆考古组:《贵州兴义、兴仁汉墓》,《文物》1979 年第 5 期。

[282] 安徽省博物馆清理小组:《安徽合肥东郊古砖墓清理简报》,《考古通讯》1957 年第 1 期。

[283] 李蔚然:《南京南郊六朝墓葬清理》,《考古》1963 年第 6 期。

[284] 江西省博物馆考古队:《江西南昌市郊南朝墓发掘简报》,《考古》1962 年第 4 期。

[285] 陕西省文物管理委员会:《西安南郊草厂坡村北朝墓的发掘》,《考古》1959 年第 6 期。

[286] 陕西省文管会:《西安羊头镇李爽墓的发掘》,《文物》1959 年第 3 期。

[287] 向开旺:《琢有宣和年号的玉带钩》,《文物》1982 年第 8 期。

（原载于《考古学报》1985 年第 3 期）

第
二
章

古代带钩
用途考实

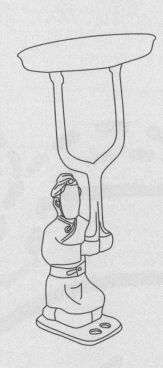

一 带钩流行的时限与地区

古代带钩出土很多，传世品也不少。关于带钩的用途，国内外考古界断续有过一些研究。不过以往讨论常以尺寸形制推定用途，疑信参半。在 20 世纪 50 年代，有人曾以带钩在墓葬中的出土位置推论用途，是一种有益的尝试[1]。但是在那时以前，田野考古还不见钩横于腰的埋葬现象，也就是说还没有找到真正用作束系革带的带钩实例，所以国外有人全然否定带钩作为束腰之钩的基本用途[2]。

近三十年来，带钩出土渐多，而且大部为科学发掘所得。由于材料愈加充实，考古界对于带钩的名称与用途有了一些新的认识，明确提出了"襟钩"与"剑钩"的新称谓。过去统称的带钩，一部分为束腰的革带用钩，另有很大一部分则为系于革带的"佩器钩"与"佩物钩"等，也还有一部分疑为"襟钩"或"衣钩"。显然，带钩并不能统统归入装饰品之列。本文拟综合考古发现，对于带钩的种种用途提出一些不成熟的看法，兼及带钩流行的大致时空范围和带钩的组配使用等相关问题。

考古发现的带钩，型式多样，长短不一，大的长近半米，小的仅 2～3 厘米。不少带钩制作考究，错金嵌玉，铭文雕镂，美不胜收。就质料而言，多见金、玉、铜、铁几钟，也有石、滑石、骨、木、陶、藤和琉璃质的带钩。本文所论的带钩，一般以钩纽连体为特征。

带钩最初单称为"钩"，见于《左传》《国语》《管子》等书，出土带钩在自身铭文中也称为钩[3]。"带钩"全称似始于《史记·齐太公世家》[4]。因为用于胡服，带钩又从胡名，有犀比、鲜卑、饰比、犀毗、胥纰等名称[5]。

过去史学界一般认为，在战国中期的公元前 307 年，赵武灵王实行"胡服骑射"，军士着短装，革带束腰，用带钩，诸侯骑战由此始，带钩因以传进中原。实际上，文献记载中原诸侯骑兵兴起并非始于武灵王，试举例如下：

1.《韩非子·十过》："秦穆公起卒，革车五百乘，畴骑二千，步卒五万，辅重耳入秦"。秦穆公当公元前 659～前 621 年，证明春秋中早期，秦已有骑兵。

2.《六韬》托言吕望与周王，几至于篇篇皆言骑战，并有挑选"武骑之士"的标准条文。据考证该书成书年代可早到春秋，至迟也在"胡服骑射"之前[6]。

3.山东临沂出土《孙膑兵法》残简也谈及骑兵的使用[7]。又据《战国策·齐策一》，孙子对田忌说"使轻车锐骑冲雍门"。说明齐用战骑，至少要早到春秋战国之交。

4.《吴子·励士》记吴起在魏时曾"以车五百乘，骑三千匹，破秦五十万众"。事在战国中早期的魏武侯之时。

5.《史记·张仪列传》记张仪说韩王："秦带百余万，车千乘，骑万匹。"事在秦惠王时，也早于武灵王的改革。

6.《史记·苏秦列传》记楚威王有"骑万匹"，燕文侯有"骑六千匹"，就是赵国武灵王之父赵肃侯时也早已有"骑万匹"了。

以上可证武灵王之前，直至春秋时期，黄河流域不少国家已有骑兵。《史记·匈奴列传》说武灵王"变俗胡服，习骑射"，可能他的改革是在骑射之"射"上。刘向也说："战国有骑无骑射。骑射，胡兵也，赵武灵王用之。"[8]是否如此，还有待论证。

山东临淄郎家庄东周齐墓出土陶俑中有一件骑马俑[9]，云南祥云大波那铜棺墓出土一件铜骑马俑[10]，这是春秋有骑的有力证据。我们甚至还可以从甲骨文所见的骑兽形文字和殷墟发现的"骑士"墓把马骑的出现提到商代[11]，当然有骑士不等于有了大规模的骑兵部队，但这些材料还是值得重视的。

带钩是否为胡人所发明，这在目前还没有肯定的答案。北方"胡地"出土带钩数量不多，时代也不是太早，出土较多的是带钩的等同物——带扣。至于带钩在胡服骑射之前是否专为胡服所用，回答是否定的。在胡服骑射之前，中原和南方广大地区早已大量制作和服用带钩了，无论文献记载和考古发现均可作证。公元前7世纪的春秋早中期，齐鲁两国已服用带钩，管仲在莒道追赶公子小白，射中小白带钩，"齐桓公置射钩而使管仲相"，此事在《左传》《国语》《管子》《吕氏春秋》《战国策》《史记》中均有记载。过去学者多怀疑这个事件的真实性，不大相信春秋齐鲁已用带钩。其实《国语·晋语》还有"乾时之役，申孙之矢，集于桓钩"一事，韦昭注时在鲁庄九年，以资印证，可信春秋已有带钩。至于《吴越春秋·阖闾内传》所载"吴作钩者甚众""王钩甚多"等语，足证春秋末年南方带钩的使用已经十分广泛了。

越来越多的考古发现证实，春秋中、晚期的齐、燕、楚、秦等国已有制作精巧的带钩。山东临淄郎家庄春秋 1 号齐墓出土金带钩二、铜带钩六十四枚，墓中殉人一个就有带钩九至十一枚，最少四枚[12]。河南固始发现的宋景公之妹勾敔夫人墓，出玉带钩一枚，时当春秋末年[13]。河南淅川下寺 10 号楚墓出铜带钩一枚，年代早到春秋中晚期[14]。湖南湘乡红仑上 10 号墓和陈家湾 17 号墓各出铜带钩一枚，时代定在春秋[15]。陇西宝鸡茹家庄 5 号、7 号秦墓各见一枚铜带钩[16]，凤翔高庄 10 号秦墓出金、玉、铜带钩[17]，均属春秋晚期。北京怀柔城北春秋早中期和春秋战国之交的墓也发现带钩，这一带应属燕地[18]。尽管这些只能视为零星的发现，但已非孤证，时代早到春秋无疑。可以相信中原和南方各国带钩的广泛使用不迟于春秋中叶，而带钩的出现则可能早到春秋初年。

在战国早期与中期的墓葬中，带钩出土渐多，楚墓中尤为多见。湖南长沙浏城桥 1 号墓[19]、湖北江陵藤店 1 号墓和望山 1 号墓、随县曾侯乙墓[20]、河南信阳楚墓、淮阳平粮台 4 号墓[21] 都出有带钩，陕西凤翔高庄战国初年九座秦墓也出有铜铁带钩[22]。这些发现证明，带钩的广泛使用与赵武灵王的胡服骑射并无直接的联系，带钩与骑兵也没有必然的联系。所见的一些时代稍早的带钩既大且重，很可能为乘车者所用，骑士带钩应当相对轻巧一些。

值得注意的是，"胡地" 所见带钩一般都不算太早，最早的一例是辽宁喀左南洞沟青铜短剑墓所出，时代在春秋战国之交[23]。当然，这并不意味着塞外不会有更早的带钩出土。

从战国中晚期至两汉，带钩的使用相当普遍，各地出土很多，不必一一列举。两晋时候，带钩的使用渐有衰减之势，出土明显减少，很可能此后带钩已不那么时兴，终为他物如带扣所取代。至于六朝、唐代以至明代等晚近的墓葬中还见到带钩出土，已属个别现象，远不能与魏晋以前相比了。关于带钩流行的地区，田野考古也提供了不少重要的研究资料。古代游牧部落生活的北方和中原各国，从春秋时代起都用带钩，南方楚国使用带钩也比较普遍，岭南百越[24]、西南的巴、蜀、滇和夜郎故地也都发现有带钩[25]。南方和西南所见的带钩，形制大都与中原和北方相同，个别造型奇特，可能已超出了实用的范畴。

二 革带用钩

要确定带钩的用途，一是利用文献记载，二是凭借直观材料，如古代塑像和画像等，三是根据带钩在墓葬中出土的位置以及共存物关系。有关带钩的古文献记载很少，专述其用途的文字更无一见，所以最能说明问题的还是考古材料。

现在通称的带钩，用途较多，主要用于钩系束腰的革带，它也正是由此而得名。为区别起见，我们将此种用途的带钩称为"革带用钩"。《梁书·夏侯详传》记"役万人浚仗库防火池，得金革带钩"，可见古人亦称此钩为革带钩。

判断出土带钩是否为革带用钩，一般看它在死者骨殖上的位置便可切步论定。这种带钩一般横向置在死者腰腹部，如洛阳烧沟发现在墓主腹部的有七枚[26]。同类带钩在安阳大司空发现两枚[27]；河北易县燕下都发现数枚[28]，西安半坡发现四枚[29]；邯郸百家村3号墓一人骨腰部横置两枚长带钩，同出一玉环，另一人腰部也横置两枚长带钩，57号墓殉人腰部也横置并列的两枚带钩[30]；河南辉县褚邱2号墓人骨腰部也见并列的两枚带钩[31]。以上均属战国时代。在河南洛阳、辽宁旅顺、山西浑源、四川西昌和成都、山西孝义、甘肃武威、贵州威宁等地的汉墓中也见到很多放置在死者腰部的带钩[32]。考古所见上述死者骨架腰腹部出土带钩的例子，有一些明确报道带钩横置在腰部，为革带钩无疑。但从现有资料看，墓葬中发现的带钩大部并不是放置在人架腰腹部，不少是出在头、颈、肩、胸、腿、足和身侧部位，也有远离人骨的，与其他随葬品混置在一起。这些带钩，有的可能是革带钩，由于某些丧葬习俗的关系，钩与带没有系于死者腰部，而是解开置于近旁。《荀子·礼论》谈到当时人死敛的情形说："设褻衣，袭三称，缙绅而无钩带。"证明死者未必束腰钩带。不过很多人还是要将带钩用于随葬，带到冥间备用，《三国典略》就记有借钩随葬的事。必须说明的是，放置在死者附近或墓室其他部位的带钩，并不全是革带钩，其中一部分另有用途，这正是后文所要讨论的。革带钩究竟如何使用呢？归纳起来，大致有三种方法。第一，比较普遍的用法是将钩纽嵌入革带一端（一般为右手端），钩弦向外，与腰腹弧度贴合，钩首钩挂在革带另一端的穿孔中。1975年出自河南三门峡上村岭5号战国墓的踞坐人漆绘铜灯的俑人（图一），还有传出土于洛阳金村战国墓的"六畜神"铜造像（图二：2），以及河北易县燕下都发现的战国铜人造像（图二：1），都有

图一　跽坐人漆绘铜灯　　　　　图二　战国时代使用带钩的铜造像

采用此法钩挂的带与带钩[33]。同样的例子还有陕西临潼秦始皇陵兵马俑坑所出短褐俑，腰腹束带，以钩穿连（图三）[34]；成都天回山东汉崖墓所出男舞俑和男坐俑，都是长袍束带，横向挂钩，俑腹带钩钩系的革带还长出一截，吊荡腹前，写实生动（图四）。另外，洛阳还出土过一尊拱手屈膝的铜人造像，系带挂钩，腰带似为一环套形，钩纽与钩首分挂在环套南端（图二：3）[35]，我们把它也归入以上一种用法。这种用法可称为"单钩法"，束带时只用一枚带钩。

　　第二，将两个或更多相同规格的带钩并联起来使用。考古发现有一件以上的带钩并排在人架腰腹部的例子，如上述邯郸百家村战国墓有三具人架腰横双钩，辉县褚邱2号战国墓人架腹部有并列的两枚带钩。山西长治分水岭25号战国墓发现四枚并列的等长带钩，钩背除纽以外，中部还有一方环形鼻穿（图五：1），它们显然是并联使用的[36]。日人长广敏雄所著《带钩的研究》一书中也收录了一件附加方环形鼻穿的带钩（图五：2），该书还著录了一件连体带钩，钩首有三，钩体合一[37]。并用带钩与连体带钩是为了改进带钩的张力，增强负荷。此法可称为"并钩法"。

　　第三，带钩并不直接穿钩在革带上，而是在革带一端先置一环，钩首挂在环上。钩环有铜、玉、骨、玛瑙等几种。河南汲县山彪镇6号战国墓铜带钩与玉环同出，5号墓铁带钩与骨环同出，郭宝钧先生曾断定钩与环是组配使用的[38]。洛阳烧沟战

图三　临潼秦始皇陵俑坑出土配钩束带陶俑

图四　成都天回山东汉墓出土陶俑

国墓有一人骨架腹部的钩与环相接，安阳大司空131号战国墓人骨架腹部附近铜带钩压在一玉环上，山西孝义张家庄14号汉墓人骨架腰部玉带钩与玉环同出。这些带钩与共存的各种套环显然是配合使用的[39]。带钩的这种使用方法还未见造像一类的写实例子，湖北江陵望山楚墓遣册并载革带、玉钩和玉环，可以看作是这种用法的佐证。此法可称为"环钩法"。

　　此外，也有的墓主人兼采并钩、环钩两法，如邯郸百家村3号墓的两具人骨，都是两钩配一环（一为玉环，一为铜环）。如果细分的话，这可以列为第四种用法，是一种派生用法。

　　部分带钩用于钩系革带，这已是没有疑问的了。《淮南子·说林训》所云"满堂之坐，视钩各异，于环带一也"的汉代景象，那是可信的。否认带钩用于束系革带，而一概称之为衣钩，显然是不对的。

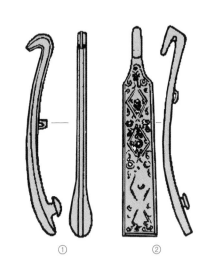

图五　附加方环形鼻穿的带钩

❶ 长治分水岭战国墓出土

❷ 长广敏雄《带钩的研究》著录

三 佩器用钩

我们把随身钩挂武器等用具的带钩，叫做佩器用钩。带钩所佩器物，得到考古证实的有剑、刀、削、弩，以剑、削为常见，其中除削外均为武器。佩器用钩的确定，主要是根据同出器物的共存关系，它们一般都在剑、刀、削、弩左近上下，常见的相对位置有两种：一是带钩在剑或刀的中部稍近柄端，钩首向剑；另一是钩首在削刀环柄附近，或接近环柄。这些器物有的共出于人骨架腰侧，有的在头、足部或其他位置。

佩器用钩发现很多，根据粗略统计，考古所见已达六十多例，春秋、战国、秦、汉、两晋都有。这类钩的使用方法，只能依据现有材料做些推测，估计是将钩纽嵌入革带一侧，钩首向下，便于钩挂器物。长沙楚墓曾出土一截残革带，中间嵌有佩器钩（图六）[40]。削刀一般为环柄，可直接挂于钩首，许多墓中钩削共存，有的钩首就压在环柄之上。剑与刀的佩挂，应当是在鞘上配装附加构件，可能一般都固定有铜、玉或骨质的套环，再套挂在钩首上，用法类同于革带钩的环钩法。在广东肇庆北岭松山战国墓的发掘中看到这类例子：墓中两柄铜剑旁都有金柄玉环，金柄一端固定在玉环上，另一端已残，可能原是连接剑鞘的，佩剑时将玉环钩挂在玉钩上（图七）[41]。大概由

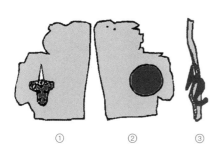

图六　长沙楚墓出土的革带与佩器钩的安装图

❶ 正面　❷ 背面　❸ 剖面

图七　肇庆北岭松山战国墓出土金柄玉环与玉带钩

于剑鞘上套环的质料不同，有的没有能保存下来，所以发现不多。满城汉墓中所出的剑鞘中部有铃，想必也是用于佩挂在带钩上的[42]。

战国与秦汉时代的小带钩发现特多，这与当时盛行佩剑之风很有关系。《史记·秦本纪》记"简公六年，令吏初带剑"，《正义》云"春秋官吏各得带剑"。汉代"自天子至于百官，无不佩刀"[43]；庶人也效法官吏，渤海太守龚遂以"民有带持刀剑者，使卖剑买牛，卖刀买犊，曰何为带牛佩犊！"[44]带刀佩剑如此普遍，带钩之多就不足为怪了。

四 佩物用钩

除了武器与用具之外，古人还随身佩带一些其他物品，往往也用带钩挂在腰间，这种带钩我们权称"佩物用钩"。古代墓葬中发现的与铜镜、铜印和铜钱什物共存的带钩，当为钩挂这些物品的用钩。

湖北宜昌前坪 23 号战国墓所出带钩，一侧有铜印，另一侧有铜镜[45]；湖南湘乡东周墓发现一枚带钩置于铜镜之上，一同放置在死者头前[46]；陕西凤翔高庄 1 号战国墓一端出带钩一枚，与铜镜共存[47]；河南巩县石家庄 13 号西汉墓人架腰部同出带钩与铜印[48]；洛阳 9002 号东汉墓中带钩与铜印、铜钱共存[49]；湖南长沙金塘坡 20 号东汉墓带钩上压有铁剑，剑上又有一串铜钱，剑与钱共系一钩（图八），8 号墓所出小带钩附近也有一堆五铢钱[50]。在这些地点发现的镜、印和钱币等，本当盛于袋内，钩挂腰中。临淄郎家庄 1 号墓中 4 号陪葬坑出土一钩，正背两面均有丝织品痕迹，是为镜囊，囊上有水晶环二枚，当为佩囊挂钩所用[51]。

古人佩囊括物，文献多有记载。《礼记·内则》说："子事父母，……左佩纷帨、刀、砺、小觽、金燧，右佩玦、捍、管、遰、大觽、木燧。"郑注《礼记·玉藻》的鞸韐制度说"凡佩系于革带"。《三国志·魏书·武帝纪》注引《曹瞒传》说曹操"自佩小鞶囊，以盛手巾细物"。《隋书·礼仪志》记陈朝皇太子"素革带，玉钩燮，兽头鞶囊"。看来古时无衣袋，所以另佩小囊，所盛随用杂物，当不限于考古发现的印、镜和钱币等。

图八　长沙金塘坡东汉墓铁剑、带钩与铜剑共存情形

❶ 带钩　❷ 铜钱

五 佩饰用钩及其他

历来考古报告都将带钩归入装饰品之列，论说起来，真正和装饰品有关系的只有一部分佩饰用钩。前举山东临淄郎家庄春秋殉人墓出土带钩颇多，墓中的七个陪葬坑都出有不少的玉髓环、水晶环、水晶球、玛瑙珠、玉髓璜、管以及方解石和滑石制成的佩饰与串饰，所出带钩一般都与这些佩饰共存，有的可以清楚地看到钩挂关系，如 2 号坑的 14 号佩饰有两枚带钩压在两个水晶环上。报告认为这里出土的佩饰"陈项链外，其余的佩饰可能用带钩来系挂"[52]，此说是可信的。

带钩一般多为男性所用，而佩饰钩则可能多为女性所用。临淄郎家庄春秋墓殉葬者均为女性，近旁都发现带钩。河南固始侯古堆勾敔夫人墓棺内骨架附近有玉璧、璜、龙形饰、管、玉人、料珠、带钩等数十件饰物[53]，其中的带钩应当也是佩饰用钩。由于男性有的也佩有玉饰，他们也可能使用佩饰钩，不过考古工作中还没有确认这样的实例。

有的考古报告和论著将形体短小的一类带钩统称为"襟钩"或"衣钩"，因为这些带钩除了小的特点外，不少都出在人骨架颈部和肩部。小的带钩虽不一定用作革带钩，但不少是作佩器佩物之用的，如作为襟钩报道的陕西凤翔高庄 1 号秦墓的带钩，与铜镜共出于墓室一端，显然是佩物钩；同地 10 号墓的"玉襟钩"与铜削环柄相接，实为佩器钩；同墓"金襟钩"附近出有串珠、玉璜、玉泡等玉饰，应为佩饰钩。所以，小钩不可皆视为襟钩。有些即便出在肩颈部的带钩也很难说是作襟钩用的，如河南褚邱 9 号战国墓出一枚错银铁带钩，长 20.6 厘米，横置在人骨架颈部；还有湖北江陵藤店 1 号墓人骨架肩上头侧出一枚长达 46.2 厘米的错金大型铜带钩，这就更难作襟钩使用了。

究竟有没有襟钩，古人用不用类于近世僧人袈裟上的衣钩，这些问题的解答有待寻找更可靠的论据，这里不便遽下结论。

除了上述革带钩、佩器钩、佩物钩、佩饰钩外，考古工作者还见有一种专用于随葬的带钩，一般放置在某种容器之内。在江西南昌西汉墓的漆盒内[54]、长沙汉墓的竹笥内[55]、成都羊子山战国墓的漆奁内[56]都发现带钩。还有不少墓葬内见到一些没有明确共存器物的带钩，它们很可能原来也置于容器之内，但容器已经朽坏。

过去有人认为带钩随葬可以辟邪驱祟[57]，可备一说。战国两汉墓中的带钩是否有这种作用，还没有可信的证据。不过，视带钩为祥瑞之物，有古说可证。《后汉书·五行志》记："光禄勋吏舍壁下夜有青气，视之，得玉钩、玦各一。"谓"此青祥也"。《列仙传》记钩弋夫人姿色甚伟，"（汉）武帝披其手，得一玉钩"，此事《汉书》及注几经抄载。《搜神记》里也有得金带钩为福的说法。一些有铭带钩，铭文无非是"君高迁""长宜君官士至三公""长寿""长宜子孙"等吉庆语。《梁书·夏侯详传》记云："荆府城局参军吉士瞻役万人浚仗库防火池，得金革带钩，隐起雕镂甚精巧，篆文曰：'锡尔金钩，既公且侯。'士瞻，详兄女婿也。女窃以与详，详喜佩之，期岁而贵矣。"这些都不过是志怪之谈，但是对我们全面研究带钩的用途，还是有一定启发的。

通过以上讨论，我们得到的认识概括起来主要有以下几点：

1. 带钩的广泛使用与赵武灵王的"胡服骑射"没有什么关系，早在春秋时代，我国中原与东部南部地区已大量制作和服用带钩。带钩的出现可能要早到春秋初年，肇造的地区，现在还无法论定。

2. 古代带钩的用途可以确定的有四种，即束带、佩器、佩物、佩饰，其他用途还不好判定。关于带钩的名称，我们认为一般仍可统称带钩，它们大都系于革带；在需要确定某件带钩的具体用途时，可以再详细注明为革带钩或佩器、佩物与佩饰用钩。

3. 革带钩的使用方法，已知的有单钩法、并钩法、环钩法几种。佩器钩有的用于直挂钩器，有的则取环钩法。佩物钩一般是挂囊盛物。佩饰钩估计也多采用以环挂钩的形式。佩器钩在器物挂钩时应有一个比较牢靠的辅助办法，以防脱钩。

古代带钩的使用比较广泛，要确定一件带钩的具体用途，除了带钩本身的形制大小以外，它的出土位置和与共存器物关系是十分重要的。

注释：

[1] 高去寻：《战国墓内带钩用途的推测》，《历史语言研究所集刊》，第23本下。

[2] O. Siren, A History of Early Chinese Art, vol. I , p. 62-63.

[3] 镇江市博物馆、丹阳县文化馆：《江苏丹阳东汉墓》，出土带钩自铭"永元十三年五月丙午日钩"，《考古》1978年第3期。

[4]（汉）司马迁：《史记·齐太公世家》："而使管仲别将兵遮莒道，射中小白带钩。"

[5] 分见于《楚辞》《战国策》《史记》和《汉书》。

[6] 许获：《略谈临沂银雀山汉墓出土的古代兵书残简》，《文物》1974 年第 3 期。

[7] 詹立波：《〈孙膑兵法〉残简介绍》，《文物》1974 年第 3 期。

[8]（明）董说：《七国考·赵兵制》引。

[9] 山东省博物馆：《临淄郎家庄一号东周殉人墓》，《考古学报》1977 年第 1 期。

[10] 汪宁生：《云南考古》，云南人民出版社，1980 年，图版二三。

[11] 董作宾：《殷墟文字乙编》：8696、8697、8728、8814、8861。石璋如：《殷墟之重要发现附论小屯地层》，《中国考古学报》1947 年第 2 期。

[12] 同 [9]。

[13] 固始侯古堆一号墓发掘组：《河南固始侯古堆一号墓发掘简报》，《文物》1981 年第 1 期。

[14] 河南省丹江库区文物发掘队：《河南省淅川县下寺春秋楚墓》，《文物》1980 年第 10 期。

[15] 湖南省博物馆：《湖南韶山灌区湘乡东周墓清理简报》，《文物》1977 年第 3 期。

[16] 宝鸡市博物馆：《陕西宝鸡市茹家庄东周墓葬》，《考古》1979 年第 5 期。

[17] 雍城考古队吴镇烽、尚志儒：《陕西凤翔高庄秦墓地发掘简报》，《考古与文物》1981 年 1 期。

[18] 北京市文物工作队：《北京怀柔城北东周两汉墓葬》，《考古》1962 年第 5 期。

[19] 湖南省博物馆：《长沙浏城桥一号墓》，《考古学报》1972 年第 1 期。

[20] 荆州地区博物馆：《湖北江陵藤店一号墓发掘简报》，《文物》1973 年第 9 期；湖北省文化局工作队：《湖北江陵三座楚墓出土大批重要文物》，《文物》1966 年第 5 期；随县擂鼓墩 1 号墓考古发掘队：《湖北随县曾侯乙墓发掘简报》，《文物》1979 年第 7 期。

[21] 河南省文化局文物工作队：《河南信阳楚墓出土文物图录》，郑州：河南人民出版社，1979 年；曹桂岑、骆崇礼、张志华：《淮阳县平粮台四号墓发掘简报》，《河南文博通讯》1980 年第 1 期。

[22] 同 [17]。

[23] 辽宁省博物馆、朝阳地区博物馆：《辽宁喀左南洞沟石椁墓》，《考古》1977 年第 6 期。

[24] 广州市文物管理处：《广州淘金坑的西汉墓》，《考古学报》1974 年第 1 期；广西壮族自治区文物工作队：《平乐银山岭战国墓》，《考古学报》1978 年第 2 期。

[25] 冯汉骥等：《岷江上游的石棺葬》，《考古学报》1973 年第 2 期；冯汉骥：《四川古代的船棺葬》，《考古学报》1958 年第 2 期；贵州省博物馆考古组、威宁县文化局：《威宁中水汉墓》，《考古学报》1981 年第 2 期；刘志远：《成都天回山崖墓清理记》，《考古学报》1958 年第 1 期。

[26] 王仲殊：《洛阳烧沟附近的战国墓葬》，《考古学报》1954 年第 2 期。

[27] 马得志、周永珍、张云鹏：《一九五三年安阳大司空村发掘报告》，《考古学报》1955 年第 1 期。

[28] 河北省文物管理处：《河北易县燕下都 44 号墓发掘报告》，《考古》1975 年第 4 期。

[29] 金学山：《西安半坡的战国墓葬》，《考古学报》1957 年第 3 期。

[30] 河北省文化局文物工作队：《河北邯郸百家村战国墓》，《考古》1962 年第 12 期。

[31] 中国科学院考古研究所：《辉县发掘报告》，北京：科学出版社，1956 年。

[32] 中国科学院考古研究所：《洛阳烧沟汉墓》，北京：科学出版社，1959 年；于临祥：《旅顺市三涧区墓葬清理简报》，《考古通讯》1957 年第 3 期；山西省文物工作委员会：《山西浑源毕村西汉木椁墓》，《文物》1980 年第 6 期；礼州遗址联合考古发掘队：《四川西昌礼州发现的汉墓》，《考古》1980 年第 5 期；四川省文物管理委员会：《成都东北郊西汉墓发掘简报》，《考古通讯》1958 年第 2 期；山西省文物管理委员会、山西省考古研究所：《山西孝义张家庄汉墓发掘记》，《考古》1980 年第 7 期；甘肃省博物馆：《甘肃武威磨咀子汉墓发掘》，《考古》1960 年第 9 期。

[33] 文物出版社:《中国古铜器选》,北京:文物出版社,1976 年,图 72;陈仁涛:《金匮论古初集》,香港亚洲石印局,
　　　1952 年;河北省文化局文物工作队:《燕下都遗址内发现一件战国时代的铜人像》,《文物》1965 年第 2 期。

[34] 始皇陵秦俑坑考古发掘队:《临潼县秦俑坑试掘第一号简报》,《文物》1975 年第 1 期。

[35] W. C. Wbite, Tombs of Old Lo-Yang, Shanghai, 1931.

[36] 山西省文物管理委员会、山西省考古研究所:《山西长治分水岭战国墓第二次发掘》,《考古》1964 年第 3 期。

[37] (日) 长广敏雄:《带钩的研究》,京都,昭和十八年(1943 年),插图一二:C,聚成图二:154。

[38] 郭宝钧:《山彪镇与琉璃阁》,北京:科学出版社,1959 年。

[39] 分见 [1][2][3]。

[40] 中国科学院考古研究所:《长沙发掘报告》,北京:科学出版社,1957 年。

[41] 广东省博物馆等:《广东肇庆北岭松山古墓发掘简报》,《文物》1974 年 11 期。

[42] 中国社会科学院考古研究所:《满城汉墓发掘报告》,北京:文物出版社,1980 年。

[43] (南朝梁) 沈约:《宋书•礼志》。

[44] (汉) 班固:《汉书•循吏传》。

[45] 湖北省博物馆:《宜昌前坪战国两汉墓》,《考古学报》1976 年第 2 期。

[46] 湖南省博物馆:《湖南韶山灌区湘乡东周墓清理简报》,《文物》1977 年第 3 期。

[47] 雍城考古队:《凤翔县高庄战国秦墓发掘简报》,《文物》1980 年 9 期。

[48] 河南省文化局文物工作队:《河南巩县石家庄古墓发掘报告》,《考古》1963 年第 2 期。

[49] 中国科学院考古研究所洛阳工作队:《洛阳西郊汉墓发掘报告》,《考古学报》1963 第 2 期。

[50] 湖南省博物馆:《长沙金塘坡东汉墓发掘简报》,《考古》1979 年第 5 期。

[51] 同 [9]。

[52] 同 [9]。

[53] 固始侯古堆一号墓发掘组:《河南固始侯古堆一号墓发掘简报》,《文物》1981 年第 1 期。

[54] 江西省博物馆:《南昌东郊西汉墓》,《考古学报》1976 年第 2 期。

[55] 湖南省文物管理委员会:《长沙出土的三座大型木椁墓》,《考古学报》1957 年第 1 期。

[56] 四川省文物管理委员会:《成都羊子山第 172 号墓发掘报告》,《考古学报》1958 年第 4 期。

[57] A. Salmony, *Sino-Siberia Art in the Collection of C. T. Loo*, p51.

(原载于《文物》1982 年第 10 期)

良渚文化玉带钩漫说

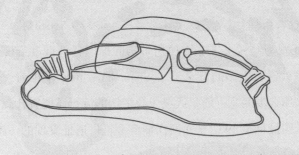

人类自有衣裳冠履，逐渐完善了各种附件，制成系、带、钩、扣用于牢实，又制出觿锥之类用于脱解。系扣不牢，衣冠不整。系之过牢，又解之不易。所以发明了钩扣之属，用在那些可用的地方。不适用钩扣之处，仍用璎珞维系，不易解脱时取大觿小觿助手。钩与觿的发明，目的同一，均为便利衣着。

到了一定时期，当礼仪制度趋于成熟，无论觿与钩都造出了礼仪用器，慢慢脱离实用的目的，出现了一些玉制品，于是就有了玉觿与玉钩。既为礼器，无论是玉质的觿还是钩，就不会是人人都能拥有的东西，它们也就成了社会更高阶层的象征。在江南地区的良渚文化中，考古工作者已经发现了一些玉觿与玉钩，数量虽不多，但却很重要。目前能确认的良渚文化玉觿数量更少，有许多问题还不便展开讨论。良渚文化玉带钩已有至少 10 件公诸于世，我想对这些玉带钩可以做一点初步研究了。我在本文中想要讨论的，是良渚玉带钩的制法、形制，还要涉及它们的原始形态，讨论它们的起源与用途。

中国古代束带佩饰，在东周秦汉盛行用带钩，以后则主要用带扣。带钩多为长体造型，前有钩首，背后的中尾部有圆形的纽，钩和纽是连接腰带两端的接点。带钩一般以铜铸成，也有用玉制钩的（图一：1、2）。我曾对古代带钩作过全面探讨，也涉及到玉带钩的较多资料[1]。以当时所获资料论定，带钩的使用最早不过春秋时代，而玉带钩最早出现也当此时，春秋时代的秦墓中见到用玉带钩随葬的例子[2]。汉代以后，带钩逐渐退出，带扣成为束带用具的主流，出现了一些精致的玉"带扣"，其实它们还是带钩，以钩扣环、两相组配，无论造型与用法都同带钩相去不远（图一：3）。

在 10 多年前，当良渚文化的玉带钩初见报道时，真让人不能置信，中国带钩的创始年代怎么会有这样早，会早到新石器时代？待仔细研究了报告后，特别是相关资料又陆续面世后，我们不得不认定这是事实，带钩在史前时代的中国就已经问世了。20 年前我还曾为赵武灵王非为使用带钩的提倡者进行过辩说，这样说来，当初所做的努力也就没有太多的意义了。江南一带在 4000 多年前，带钩就已经开始使用，时代晚出那么多的北方的赵武灵王与带钩的流行还能有什么干系呢？

良渚文化玉带钩最早是 1972 年在浙江桐乡金星村遗址发现的（图二：6），但这个发现并没有及时公布，图片要晚到 20 年后才在《中国玉器全集》"原始社会"卷中见到[3]。在正式发掘中最早见到的良渚文化玉带钩，是 1984 年在上海青浦县

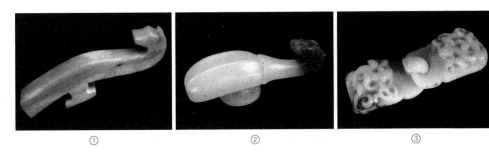

图一　中国历代玉带钩举例

❶ 战国　❷ 汉代　❸ 明代

福泉山遗址60号墓中出土的[4]。因为当时玉带钩仅发现1件，还令人将信将疑（图二：4、5）。等到1988年浙江余杭反山和瑶山墓地的发掘报告问世时[5]，又见到3座墓中各发现有1件玉带钩（图二：1～3），于是相信带钩在良渚文化中是铁定存在的。后来陆续又有新资料公布，于是让人越来越觉得这些发现应当引起重视，对这些史前玉带钩的用途及起源问题需要进行一些研究了。

　　根据公布的资料，良渚文化玉带钩至今已出土不下10件，即上面已提到的反山3件，金星村、瑶山、福泉山各1件，还有余杭汇观山和横山各出1件[6]，江苏武进寺墩出土2件[7]。比起其他类型的玉器，在良渚文化中这些玉带钩的数量算是相当少的，但已有10件，我们现在来对它进行初步研究已是足够了（表一，图二）。

表一　良渚文化玉带钩一览

序号	出土地点	质地与色泽	规格（长 × 宽 × 厚 cm）	发现时间	备注
1	上海青浦福泉山60号墓	透闪石，青白色	3.0 × 2.1 × 1.8	1984	出土在死者腰部
2	浙江桐乡金星村遗址	黄褐色	5.9 × 3.5 × 1.8	1972	
3	浙江余杭反山20号墓	青色	7.7 × 3.2 × 2.4	1986	出土在死者腰部
4	浙江余杭反山16号墓	浅黄色	6.4 × 3.9 × 2.5	1986	出土在死者腰部
5	浙江余杭反山14号墓	粉白色	7.5 × 4.5 × 3.6	1986	出土在死者腰部
6	浙江余杭瑶山7号墓	白色	5.0 × 2.75 × 2.2	1987	横置在死者腰部
7	浙江余杭汇观山4号墓	黄白色	5.3 × 2.4 × 1.8	1991	出土在死者腰部
8	浙江余杭横山1号墓	黄白色	9.2 × 5.1 × 2.8	1993	
9	江苏武进寺墩5号墓	乳白色	4.6 × 2.4 × 1.8	1993 —	两枚均出土
10	江苏武进寺墩5号墓		?	1995	在死者腰部

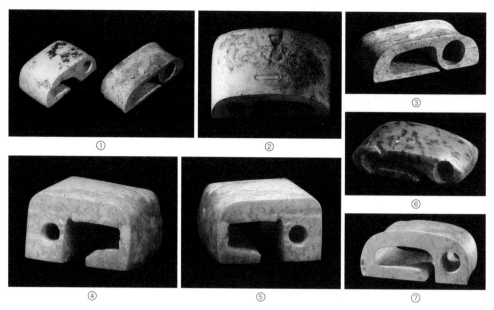

图二 良渚文化玉带钩

❶、❷、❸ 反山　❹、❺ 福泉山　❻ 金星村　❼ 瑶山

　　良渚文化玉带钩的形制基本一致，整体呈方块状，系以事先修整好的长方玉块钻琢切磨而成。它的制作程序应当是这样的：

　　1. 将玉料切割成长方块形；

　　2. 在两端用对钻法各钻通一孔；

　　3. 以一端的孔为起点，用线割法剜去中部而成钩首；

　　4. 钩面作变形细加工，磨光；

　　5. 雕刻纹饰。刻纹工序只见于个别带钩。

　　在玉带钩的这些制作程序中，线割方法受到许多研究者的关注，因为这是一种比较先进的玉工技术。如桐乡金星村发现的那一件，便可非常明显地看出钩体两端都有孔，其中的一孔是为下一步线切而钻透的。在史前玉料切割技术的求证上，刀割和砣割方法都不难认证，而线割方法的证据见到的并不多。在带钩的钩体和钩首的内侧一般都见有明显的线割痕迹，这样的部位是砣、刀无法用力之处，这是良渚人掌握了高超线割琢玉技术的重要证据（图三）。

　　由玉带钩的形制看，整体造型比较规整，它的一端为穿绳的孔，另一端为勾系的弯钩，钩首较长。不同地点出土的带钩在外形上并无明显不同，区别主要在大小。

良渚文化的这些玉带钩的规格一般较小，以长度而论，最短的不过3厘米，最长的也只有9厘米多，一般在5～7厘米上下。长宽比一般不小于3：2，厚度多在2厘米左右。最大的一件玉带钩出自横山1号墓，长9.2、宽5.1、厚2.8厘米。最小的一件出自福泉山60号墓，长仅3.0厘米。在良渚文化的玉器中，带钩属于形体较小的一种，是实用性较强的轻型玉器之一。

在全部10件带钩中，只有反山14号墓出土的1件刻有兽面纹饰，其他均为素钩。反山14号墓的带钩由于保存不佳，它的纹饰从图片上看得不是太清晰。根据相关文字资料的描述我们知道，横在钩面上用不粗的线条雕有一个比较简略的兽面纹，兽面为单圆圈双眼，眼外刻椭圆形眼睑。在这双眼之间用桥形凸面联结，下有扁方形宽鼻（抑或是嘴）。这样的纹饰，据称在其他良渚玉器上还不曾见到过，其实它还是一尊十分简略的神面纹（图四）。大约是因为这件带钩保存不佳，发掘者在演示文稿中并没有提到它，它的照片和纹饰介绍我们是在后来的其他图录中见到的[8]。

对于良渚文化玉带钩的名称，至今在学界并无歧义，一致称之为带钩。关于它的用途，还没有专门的文字进行讨论。当然既名之为带钩，它与后来的带钩在用法上自应无大不同，本也用不着细论。正因为如此，人们只是在一些谈论良渚玉器的文章中偶尔论及玉带钩的用法，有说它是用于束带的，也有推测它也可能是穿系在腰带上用于钩挂佩饰的，并无定说。但不论是束带或是佩饰，良渚人带钩的用途都与后来的带钩没有什么区别。

我们可以由良渚文化玉带钩出土的位置来进一步考定它的具体用法。在福泉山遗址60号墓中出土的玉带钩，整体为长方形，长3.0、宽2.1、厚1.8厘米。一端由

① ② ③

图三　良渚玉带钩玉作工艺举例

❶ 反山　❷ 福泉山　❸ 金星村

图四 反山 14 号墓玉带钩上的神面纹

两侧对钻一孔，另一端以孔钻和线割法制成弯钩，底面平整，正面弧角并作抛光处理。这件带钩发现于死者腰部，为束带用钩无疑[9]。反山墓地的 3 件带钩，也都出自死者腰部或附近位置。瑶山 7 号墓出土的 1 件，则更是横置在死者腰部。反山 14 号墓带兽面纹的带钩，是比较厚重的一枚，长 7.5、宽 4.5、厚 3.6 厘米。它正面的兽面在带钩上也是作横向布局，由这一点看表明它也应当是横着使用的。良渚文化的玉带钩应是随腰带横在腰间，钩首向左，使用者是以右手握钩，钩挂在绳套上即可。钩上的带，以钩尾的绳孔看，应属不太粗的丝麻绳之类，一端拴在钩孔上，另一端依腰围大小做成环套，使用时套挂在钩首上。值得特别注意的是，带钩使用时是钩首向内，因为它的光洁面和纹饰都是在弯钩的相反方向，而光洁面和纹饰显然是出露在外的一面。这样看来，良渚文化玉带钩的用法，与周汉带钩存在一定区别，后者是钩首向外，纹饰都装饰在弯钩一侧。而前者使用时钩首向里，向外的是一略呈弓弧的长方形，这样束带用钩但不见钩，束带牢实不易脱钩（图五）。

还有一点要提到的是，良渚玉带钩通常在一座墓中只发现 1 件，说明一人用一钩也就够了。但在武进寺墩遗址的 5 号墓中，却例外地见到 2 件玉带钩，而且也都出自死者的腰部位置，似乎表明带钩在当时也有同时使用 2 件的。当然具体的用法还不知其详，有待进一步研究。带钩在良渚文化时期已经制成，已是没有什么疑问了，不过它是否为良渚人的首创，却还不能确定。我们知道，良渚文化的玉器很多都是其他质料器具的礼器化，玉带钩似乎也不能例外。更多的良渚人平时束带应当也用带钩，因为大量的带钩并不是用玉制成，而其他质料的带钩又没能保存下来，我们今天所能见到的，也就只是极有限的几件玉带钩了。从这个角度推测，良渚文化的方形玉带钩显然不会是带钩的最原始的形态，以钩系带的方式在史前时期应当还要出现得更早。

带钩是一种以钩体为主要特征的器具，我们可以由出土的钩形器中寻找更古老的带钩。我曾在一篇探讨新石器时代骨器的论文中，涉及到一种比较特别的钩形骨角质器具，因为多以鹿角制成，发掘者有的名之为鹿角靴形器，有的则名之为鹿角钩形器（图六）。当时只是对它的特别形态表示了关注，弄清了它的大致分布范围，但并没有展开讨论用途问题[10]。

所谓鹿角靴形器，是一种取用鹿角勾叉部位制成的外形有些像靴子的钩形器，整体近 L 形，有柄有钩，柄长一般不超过 10 厘米，柄尾通常见有穿孔或沟槽。鹿角靴形器主要见于河南的大河村文化，山东的北辛文化、大汶口文化，江浙的河姆渡文化、马家浜文化。由分布的地域看，它集中发现在东部地

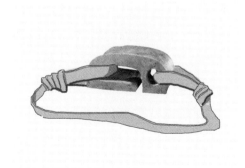

图五　良渚文化玉带钩使用示意图

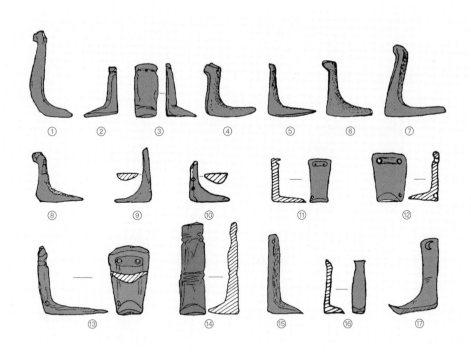

图六　新石器时代的鹿角靴形器

❶ 山东滕县北辛(北辛文化)　❷、❸ 山东胶县三里河(大汶口文化)　❹～❽ 河南郑州大河村(仰韶文化)
❾、❿ 江苏吴县草鞋山(马家浜文化)　⓫～⓭ 江苏常州圩墩(马家浜文化)　⓮ 浙江余姚河姆渡(河姆渡文化)
⓯ 河南淅川黄楝树(屈家岭文化)　⓰ 河南淅川下集(龙山文化)　⓱ 山西柳林高红(商代)

区，西限到达河南地区。由所属文化的时代看，北辛和河姆渡文化可以早到距今约7000年前，而且一般都早于良渚文化。

在山东胶县三里河遗址的大汶口文化墓葬中，有19座出有一种鹿角钩形器，多数墓中见到2件同出，共发现38件之多（图六：2、3）。"全器呈曲尺形，柄部有穿孔，孔两侧有凹槽，刃部呈鸭嘴形，……少数使用后呈光滑的浅黄色"。它们出土的具体位置并不确定，由报告所附插图看，有的放置在右膝附近（249、250号墓），有的在臂膀一侧（288号墓），也有的与其他器具一起放置在头或足端较远处，它应是一件常用的器具，而且是男子们的专用品，在19位拥有钩形器的死者中，只有1位的性别鉴定为女性（215号墓）[11]。更早的北辛文化中也有同类器具发现（图六：1），在几座灰坑中出土5件，发掘者称之为钩形器[12]。

在北辛和大汶口文化分布区域以西的河南地区，也有精致的鹿角靴形器发现，郑州大河村遗址就出土13件（图六：4～8），属于年代与庙底沟文化相当的大河村文化[13]。

在长江下游和江南地区的新石器文化中，许多遗址都发现了这种鹿角靴形器。较早的浙江余姚河姆渡遗址下层（图六：14），就见到4件靴形器[14]。在江苏吴县草鞋山遗址的马家浜文化墓葬中（图六：9、10），也见到用于随葬的靴形器，如38号墓就出土2件[15]。常州圩墩遗址的马家浜文化墓葬中（图六：11、13），发现16件用于随葬的靴形器，拥有这些靴形器的死者，能鉴定出性别的都属男性[16]。浙江余杭吴家埠遗址的马家浜文化墓葬中也见到成对的靴形器，在20号墓中出土2件靴形器[17]。时代大体相当的长江北岸高邮的龙虬庄遗址，也发现了1件鹿角靴形器[18]。

从这些发现可以看出，这种鹿角靴形器应当主要为男子所用。它的造型特点是背面较宽且平，有较长的钩首。造型基本同于后世的带钩，用法也应当类似，可以看作是比良渚玉带钩更早的带钩。它的柄尾有孔或刻槽，使用时应当是系在腰带的一端；腰带的另一端是一个套扣，直接套挂在钩首。由于靴形器背面宽平，与腰部服帖，加上钩首较长，系带时可能效果还可以，系解便利。我试以相似的钩子做实验，将绳索系于腰间，绳套钩挂在钩首，勾带与解系还比较方便。有一点值得注意的是，凡见于墓葬的鹿角靴形器，往往在一座墓中成对出土，如在大汶口文化的三里河遗址、马家浜文化的圩墩遗址、草鞋山遗址，都见到这种例证，不知这是否意味着当时人们习惯上是同时用两个鹿角靴形器。也可能在是腰带的两端各系一枚靴形器，使用时另用一个小绳套将两枚靴形器的钩底对底地固定在一起。具体情形究竟如何，还需要进一步研究。

上面提及的上海福泉山遗址的 74 号墓中，还出土 1 件曲尺形玉器，发掘报告特别指出它与更早的骨角质的靴形器相似，这是一个很有意义的线索，也许带钩与所谓的靴形器之间在用途上真能画等号。

还有一点需要提到的是，这种靴形器在商代还见到青铜制品，在山西柳林县的高红发现一座商代墓葬[19]，墓中出土的铜器中就有 1 件靴形器，其形状与史前鹿角靴形器相同（图六：17）。这是一个很重要的线索，如果它真是束带用的，就可以将这个传统延续的时空连接起来。

与钩状靴形器类似的发现，值得提到的还有山东泰安大汶口遗址。在大汶口文化的 5 座墓葬中出土 8 件鸡骨钩，都是用鸡胫骨制成，一端为自然距钩，另一端关节处有一孔。葬有鸡骨钩的死者能确定的性别的也都属男性，鸡骨钩多与其他随葬品混置在一起，只有在 1 号墓中是放在离腰部稍近的地方[20]。这种鸡骨钩无疑是作一种器具随葬的，它的作用点是在钩上，我以为应为男性衣带钩之一种，与上述靴形器用途相同。像大汶口遗址的鸡骨钩，在其他地点还没有发现过，所以它的分布范围尚不清楚。

就形制而论，史前时代的玉器有些应当是源自石器和骨角器，尤其是工具类更是如此。我们由玉钩与玉觿形态的讨论也证明了这一点，其实对其他玉器用途的研究，也可以由此得到一些讯息，还可以进行一些深入的探讨。

值得引起我们注意的是，不论是良渚文化的玉带钩，还是大汶口文化的鸡骨钩和见于许多新石器文化的鹿角靴形钩，它们都主要分布在东部地区。我们是否可以据此推测，束腰的带钩最早是起源于东部地区的，它在良渚文化之前的马家浜文化与大汶口文化中就有了。中国早期的带钩，是东方文化的一个独特的风景，它后来在周汉文化中曾扮演过重要角色。《庄子·胠箧》中将窃钩与窃国相提并论，有"窃钩者诛"的喻说，在一定意义上可以看出古人对带钩看重的程度，对于偷窃带钩的人是要处以极刑的。

虽然可以确定带钩最早是东方居民的创造，但良渚带钩与周汉带钩之间，还有形制上的差异，更有时代上的空环，我们不知道在这个足有 1000 多年长的时段里，古中国人是不是普遍用带钩束带，如用，又是什么样子，这也许是中国考古上的一个新的未解之谜。我在《带钩概论》中讨论带钩起源时，曾举出当时认为较早的两种类型的初始型带钩为例，其中有一种为较小的无纽钩。现在看来，那种小型无纽带钩与史前玉带钩还真有接近之处，我们从中隐约可见它们之间应当存在一种内在的联系，只是目前还没有找到处于中间阶段的带钩类型，我们一时还不能确定两者之间是否存在演变关系。

在良渚文化时期，用这种玉带钩的死者生前可能具有相当高地位，它已经具有了礼器性质，不会为一般人所有，所以出土不多。现在所知出土玉带钩的墓葬，规模都比较大，随葬品数量多，出有大量玉器。作为一种着装习惯，当时使用带钩当已成为普遍的风尚，至少在男子是如此。更多的人当是使用其他质料带钩，因为没有保存下来，所以我们见不到它们的样子了。

钩与觿，都是为系解方便而完成的发明。它们的基本构形并不复杂，区别主要在一为直锥一为曲钩，这一直一曲解决了日常的许多烦恼。而且它们的发明都是在史前时代，玉觿与玉钩是钩觿中的上品，应当为地位较高的阶层所有，一般大众也许用的是角觿木钩之属。虽然这两桩发明都已成为历史，对于现代人来说早已不属随身必备之物，但它们存在过的价值却是非常重要，不能想象没有它们，我们的先人们怎会有楚楚衣冠。

注释：

[1] 王仁湘：《带钩概论》，《考古学报》1985 年第 3 期；王仁湘：《古代带钩用途考实》，《文物》1982 年第 10 期。

[2] 吴镇锋等：《陕西凤翔高庄秦墓地发掘简报》，《考古与文物》1981 年第 1 期。

[3] 中国玉器全集编辑委员会：《中国玉器全集 1. 原始社会》，石家庄：河北美术出版社，1993 年，图 209。

[4] 上海市文管会：《上海青浦福泉山良渚文化墓地》，《文物》1986 年第 10 期。

[5] 浙江省文物考古研究所反山考古队：《浙江余杭反山良渚墓地发掘简报》；《余杭瑶山良渚文化祭坛遗址发掘简报》，《文物》1988 年第 1 期。

[6] 浙江省文物考古研究所等：《浙江余杭汇观山良渚文化祭坛与墓地发掘简报》，《文物》1997 年第 7 期；浙江省余杭县文管会：《浙江余杭横山良渚文化墓葬清理简报》，《东方文明之光》，海口：海南国际新闻出版中心，1996 年。

[7] 江苏省寺墩考古队：《江苏武进寺墩遗址第四、第五次发掘》，《东方文明之光》，海口：海南国际新闻出版中心，1996 年。

[8] 浙江省文物考古研究所等：《良渚文化玉器》，北京：文物出版社，香港：两木出版社，1989 年，图 190。

[9] 上海市文物管理委员会:《福泉山——新石器时代遗址发掘报告》,北京:文物出版社,2000 年。

[10] 王仁湘:《黄河流域新石器时代的骨制生产工具》,《中国考古学论丛》,北京:科学出版社,1993 年。

[11] 中国社会科学院考古研究所:《胶县三里河》,北京:文物出版社,1988 年。

[12] 中国社会科学院考古研究所山东队:《山东滕县北辛遗址发掘报告》,《考古学报》1984 年第 2 期。

[13] 郑州市博物馆:《郑州大河村遗址发掘报告》,《考古学报》1979 年第 3 期。

[14] 浙江省文物管理委员会:《河姆渡遗址第一期发掘报告》,《考古学报》1978 年第 1 期。

[15] 南京博物院:《江苏吴县草鞋山遗址》,《文物资料丛刊》3,1980 年。

[16] 常州市博物馆:《江苏常州圩墩村新石器时代遗址试掘》,《考古》1974 年第 2 期;吴苏:《圩墩新石器时代遗址发掘简报》,《考古》1978 年 4 期;常州市博物馆:《常州圩墩村新石器时代遗址第三次发掘简报》,《史前研究》1984 年第 2 期。

[17] 浙江省文物考古研究所:《浙江省文物考古研究所学刊》,北京:科学出版社,1993 年。

[18] 龙虬庄遗址考古队:《龙虬庄》,北京:科学出版社,1999 年。

[19] 杨绍舜:《山西柳林县高红发现商代铜器》,《考古》1981 年第 3 期。

[20] 山东省文物管理处等:《大汶口》,北京:文物出版社,1974 年。

第
四
章

出土玉带钩
散论

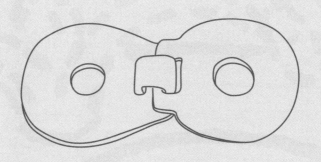

一 玉带钩的发现

考古发现的中国古代带钩，如果以质料划分，数量上以铜带钩最多，是使用最为普遍的一种带钩。带钩中还有一类玉质制品，因为出土数量较少，延续的年代也比较长，一般不大为研究者所注意。玉带钩的实用性虽不及铜带钩，但就艺术价值而论，多数玉带钩都在铜带钩之上，无论造型与工艺都有特别的表现。

玉带钩在古代使用虽然并不普遍，但是它的艺术价值却引起了较多的关注。不过以往由考古资料出发对玉带钩所做的研究并不充分，主要是因为资料较为零散，论者的注意力多倾向于大量的传世品。本文拟就出土玉带钩的相关问题作一些讨论，这也是对我过去所做的带钩研究的一个简单的补充。

1. 新石器时代的玉带钩

玉带钩最早出现在新石器时代。在江南地区的良渚文化中，考古发现了一些玉带钩，数量不多，但非常重要。良渚文化玉带钩已有至少 10 件公诸于世，数年前我曾经对它们做过初步讨论[1]。

良渚文化玉带钩最初在浙江桐乡金星村遗址被发现[2]，后来在上海青浦县福泉山遗址 60 号墓中也出土了玉带钩[3]。接着在浙江余杭反山和瑶山墓地的发掘中[4]，也都发现有玉带钩。

根据统计，良渚文化玉带钩至今已出土不下 10 件，反山 3 件，金星村、瑶山、福泉山各 1 件，还有余杭汇观山和横山各出 1 件[5]，江苏武进寺墩出土 2 件[6]。

良渚文化玉带钩的形制基本一致，整体呈方块状，是以修整好的长方玉块钻琢切磨而成。它的制作程序先是将玉料切割成长方块形，再在两端用对钻法各钻通一孔，然后以一端的孔为起点，用线割法剜去中部而成钩首。最后在钩面做变形细加工，磨光，有时还雕刻纹饰。

由玉带钩的形制看，整体造型比较规整，它的一端为穿绳的孔，另一端为勾系的弯钩，钩首较长。不同地点出土的带钩在外形上并无明显不同，区别主要在大小。良渚文化的这些玉带钩的形体一般较小，以长度而论，最短的不过 3 厘米，最长的也只有 9 厘米多，一般在 5 ~ 7 厘米上下，厚度多在 2 厘米左右。最大的一件玉带钩出自横山 1 号墓，长 9.2、宽 5.1、厚 2.8 厘米。最小的一件出自福泉山 60 号墓，长仅 3.0 厘米。在良渚文化的玉器中，带钩属于形体较小的一种，是实用性较强的轻型玉器之一（图一）。

在全部 10 件带钩中，只有反山 14 号墓出土的 1 件刻有兽面纹饰，其他均为素钩。这件带钩的钩面上用不粗的线条雕有一个比较简略的兽面纹，兽面为单圆圈双眼，眼外刻椭圆形眼睑。在这双眼之间用桥形凸面联结，下有扁方形宽鼻。这样的纹饰，据称在其他良渚玉器上还不曾见到过，其实它还是一尊十分简略的神面纹[7]。

由良渚文化玉带钩出土的位置，可以确定它的用法。在福泉山遗址 60 号墓中出土的玉带钩，发现于死者腰部[8]。反山墓地的 3 件带钩，也都出自死者腰部或附近位置。瑶山 7 号墓出土的 1 件，横置在死者腰部。良渚文化的玉带钩应是随腰带横在腰间，钩首向左，使用者是以右手握钩，钩挂在绳套上。钩上的带，是不太粗的丝麻绳之类，一端拴在钩孔上，另一端依腰围大小做成环套，使用时套挂在钩首上。

在良渚文化时期，用这种玉带钩的死者生前具有较高地位。出土玉带钩的墓葬，规模都比较大，随葬品数量多，出有大量玉器。

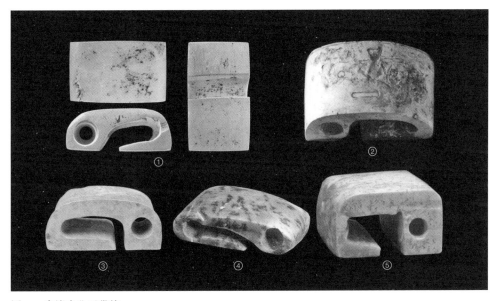

图一　良渚文化玉带钩

❶、❷ 浙江余杭反山　❸ 余杭瑶山　❹ 浙江桐乡金星　❺ 上海青浦

玉带钩在史前仅见于良渚文化，其他同期新石器文化中还没有见到。

2. 东周时期的玉带钩

经过了三代的空缺，到了春秋时期带钩重新出现，玉带钩也自然是不能缺少的类型，当然数量并不多，形制与后来的带钩也有明显区别。早期带钩一般都有钩首，但不一定有钩纽，形态不一，处于未完全定型的阶段。如陕西宝鸡和河南固始出土的玉钩[9]，虽然钩体有了繁复的纹饰，但却并不具备钩纽，有的与史前玉钩之间存在一定的联系。

到了战国时代，随着带钩的大量使用，玉带钩的形制确立，从钩首、钩体到钩纽，一般都仿照铜带钩的样式。玉带钩的类型多为素方体形和饰有勾云纹等几何形纹饰的琵琶形，钩体较小，长度在 5 ~ 6 厘米上下，少有超过 10 厘米的。一般制作比较简练，钩首多数比较短小，有素首、龙首、兽首、禽首等。有方形纽或圆形纽，钩身与钩纽等宽。少数牌形钩制作精致，采用了透雕工艺，这样的带钩为社会上层所拥有。

战国时期也见到类似春秋时代那样精致的玉带钩，如江苏无锡越国贵族墓和山东曲阜鲁故城出土的牌形玉钩（图二）[10]，虽然钩体并不大，但都采用了镂雕工艺，制作非常精致，为诸侯王一级所拥有的名贵玉钩。

春秋时期的玉带钩仅见于黄河中游地区，到了战国时期，长江中下游以至江南地区都有发现。

3. 两汉时代的玉带钩

秦代时带钩使用普遍，秦俑腰部常见附塑的各式带钩，不过玉带钩出土数量并不多，见到了较细长的曲棒形玉钩，如河南泌阳官庄北岗出土一件白玉质钩，为 10 节铁芯合体，长达 19 厘米（图三）。

图二　山东曲阜鲁故城出土战国牌型玉钩

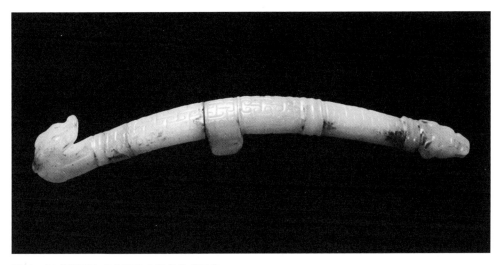

图三　河南泌阳官庄北岗出土秦代多节玉钩

西汉时期的玉带钩出土数量多，形体变化多样，制作工艺更加精致。除了数量不少的体现明显战国传统的方体形和琵琶形素钩，也有一些战国及秦时的曲棒形钩，以及相当多的异形钩，钩体变化多端，附加雕饰非常精美。钩首较战国多数大且长，也是以龙首和禽首为主。钩体装饰除阴刻几何纹饰，开始出现浅浮雕与透雕蟠螭和凤鸟等纹饰。在广州南越王墓和河北满城汉墓中[11]，都发现多件精致玉钩，是汉代玉钩中的上品（图四）。

东汉时期玉带钩发现不多，曲棒形和琵琶形钩与西汉时期没有明显区别，精致的带钩极少见到。

两汉玉带钩的分布地域比战国时已有明显扩大，除黄河与长江中下游地区外，华北、西北和岭南地区也都有出土。

4. 东晋与南朝的玉带钩

东汉时玉带钩已渐衰落，数量少，类型也简单。到魏晋南北朝更甚，北方地区基本没有玉带钩发现。带钩正是这个时期被带扣全面取代的，所以玉带钩发现较少也是很自然的。

考古发现东晋和南朝不多的玉带钩，造型与汉代相似，多为琵琶形。如安徽当涂青山六朝墓出白玉钩，钩体为琵琶形，凤首凤身，长7厘米（图五）。

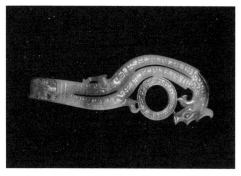

图四 广州南越王墓出土西汉玉钩

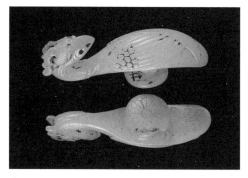

图五 安徽当涂青山出土六朝白玉钩

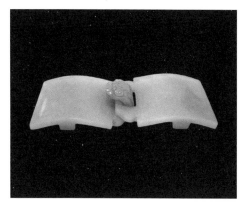

图六 四川绵阳出土宋代扣式钩

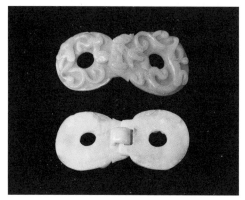

图七 江苏溧水柳家村出土元代扣式钩

东晋和南朝的玉带钩仅见于江苏南京及附近地区，可能当其时带钩只是上流社会的玩好而已，实用价值并不看好了。

5. 宋元时代的玉带钩

经过了隋唐五代的空缺，玉带钩在宋代又重新出现，这是宋人鉴古之风影响的结果，也应是当时复古思潮的产物。

宋代玉带钩，以琵琶形钩多见，造型与汉代相近，装饰也较为朴素。值得注意的是，新出现了周汉所不见的扣式钩。这是一种组合式带钩，以钩扣环，如四川绵阳出土的扣式钩，青玉质，虎形钩首，钩体和环体为对称的素面方牌形，背有扣隼，长 12.7 厘米（图六）。

宋代玉带钩多发现在南方，带钩的再度兴起，应当是江南人用心的结果。在湖南黔阳发现过琢有"宣和"年号的玉带钩[12]，指示了宋代带钩出现的上限。

元代玉带钩的实用性可能有很大增加，出土数量渐多，北方乃至西北地区也都有些发现。元钩形制主要源于战国两汉的造型，常见琵琶形，有素体，也有雕饰，纹饰有仿古的蟠螭纹、勾云纹，浮雕与透雕并用。蟠螭多紧贴钩面，头向钩首或钩尾，或作衔芝状。多见龙形钩首，龙唇少数微张。纽多椭圆形和鼻形，鼻纽是元钩的典型特征。

宋代出现的扣式钩，到元代有了变化。对称的钩牌与环牌有的为圆形，如江苏溧水柳家村发现的扣式钩，牌面高雕蟠螭衔芝纹，长 7.6 厘米（图七）。

宋元时代开始重新出现在历史上的玉带钩，所配用的带应当是丝带。甘肃漳县元代汪家坟出土青白玉质一件[13]，龙形钩首，浮雕小螭。出土时纽上尚存黄丝带，钩长 12 厘米（图八）。

6. 明清两朝的玉带钩

到了明清两朝，玉带钩的制作工艺有很大提升，造型大都非常优美，玲珑剔透。

明代玉带钩造型多变，有琵琶形、棒形及各类异形带钩，加饰琵琶形钩为主流。钩首多作龙头形，还有禽首、羊首和马首等。明代龙形钩首比元时略大，头形稍短，

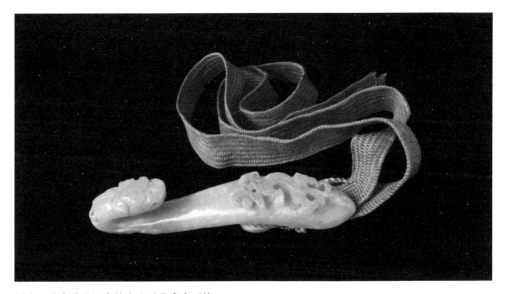

图八　甘肃漳县汪家坟出土元代青白玉钩

图九　北京定陵出土明代嵌宝石玉钩

开唇露齿。琵琶形钩上透雕蟠螭立起于钩面，呈腾越之势。螭或衔芝，螭头均向着钩首。明定陵出土几件嵌宝石玉钩[14]，钩体为素琵琶形（图九）。

　　清代玉钩继承明代风格，造型上变化不大，加饰的琵琶形钩仍是主流形态。有些钩身雕鸟兽、虫、鱼等图形。龙形钩首较大，所附高雕螭龙多为大头粗颈。清代玉钩腾越的蟠螭纹饰显图案化，年代越晚近，蟠螭形象越显得没有先前的神韵。钩体纹饰变化较多，有花卉吉祥图案等。

　　明清两朝都还能见到扣式钩，基本样式或方或圆，一般也都高雕蟠螭衔芝图形。

　　明清玉钩的流布范围很广，除长江与黄河流域，大东北和大西南都能见到它的踪影。

二 玉带钩的类型与演变

我曾在《带钩概论》中将铜带钩分为这样几类：水禽形、兽面形、耜形、曲棒形、琵琶形、长牌形、全兽形、异形等[15]。参照对铜带钩的分类，我们将玉带钩分为方牌形、方体形、曲棒形、琵琶形和异形几类。就出土的数量而言，以琵琶形钩最多，方牌形最少。从工艺的精度而言，以方体形最简，其他各类都是精工巧作，难分高下。

我们将历史时期的玉带钩，就以这样一个粗略的型式划分为基础，进行初步的讨论，以期对玉带钩的发展脉络有一个把握。关于史前的玉带钩，前文已经列举，不拟在此复述。

1. 方牌形玉带钩

方牌形玉带钩发现数量不多，但却很有特点。形体一般不大，钩体为方形或圆角方形，钩面饰纹，有带孔或钩纽。

典型的方牌形带钩可以列举4件，分别出自陕西、河南、江苏和山东（图一〇）。

陕西宝鸡益门村2号墓出土的一件方牌形玉带钩[16]，为黄玉质，整体为长方的空筒形，蛇首形方折钩，两面饰浮雕螭虺纹，无纽，有固定革带的卯孔。形体不大，长仅2.8厘米。这件玉钩时代较早，属春秋时期。

河南固始侯古堆一号墓出土的一件[17]，羊脂白玉质，禽首形扁状钩首，短颈。钩体浮雕方折云纹和螭虺纹，尾端穿孔与纽相通。形体较小，长仅2.1厘米，时代为春秋晚期。这与前述陕西宝鸡益门村出土金带钩中的一件形制相同，它们谁仿谁一时不能论定。

江苏无锡的一件出自越国贵族墓[18]，青白玉质，钩体镂雕纠结四蛇纹，兽首，颈稍长，背有扣纽。长5.8厘米。时代属战国早期。

山东曲阜鲁故城58号墓出土一件[19]，黄玉质，钩体外形圆弧，饰大兽面纹。兽首，圆纽。形体稍大，长8.3厘米，属战国时期。

这些方牌形玉带钩仅见于东周时代，而且多属春秋至战国早期，可以认为它是带钩的一种比较原始的形态。以陕西宝鸡的那件观察，形态更接近史前玉带钩，这可以作为探讨早期带钩发展脉络的一个重要线索。

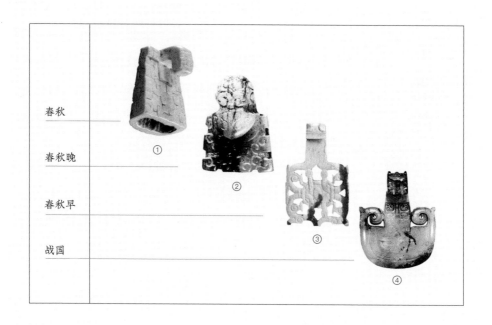

图一〇　牌式玉带钩

❶ 陕西宝鸡　❷ 河南固始　❸ 江苏无锡　❹ 山东曲阜

2. 方体形玉带钩

玉带钩中有一种体方有棱，有四棱形，也有少数为多棱形，多数为方纽，归为方体形钩。这类带钩工艺相对较为简省，一般不加琢其他纹饰（图一一）。

方体形玉钩从战国早期开始见到，战国至两汉多见，到明清时期仍有使用。山西侯马 138 号墓发现一件青灰色玉钩[20]，多棱方体形，素身，长 4.4 厘米，属战国早期。战国时期的方体玉钩，在河南、湖北和浙江都有发现。河南淮阳平粮台出土一件为四棱方体白玉钩，马头形钩首，钩体较粗壮，长 5.7 厘米。浙江安吉县吟诗村发现的一件较为细长，略近琵琶形，龙首，体刻勾云纹，长 5.6 厘米。湖北江陵望山 2 号墓出土一件青玉钩，鸭首素体，长 4.8 厘米。

汉代的方体玉钩，造型与战国相去不远。安徽巢湖放王岗墓葬出土多棱体青白玉钩，龙首，钩体窄长，长 11.8 厘米。广东肇庆松山出土四棱方体灰白玉钩[21]，鸭首，极似战国同类玉钩风格，长 4.4 厘米。在广州石头岗出土的另一件四棱方体青玉钩，鸭首（残）弓体，面起两台，长 8 厘米。

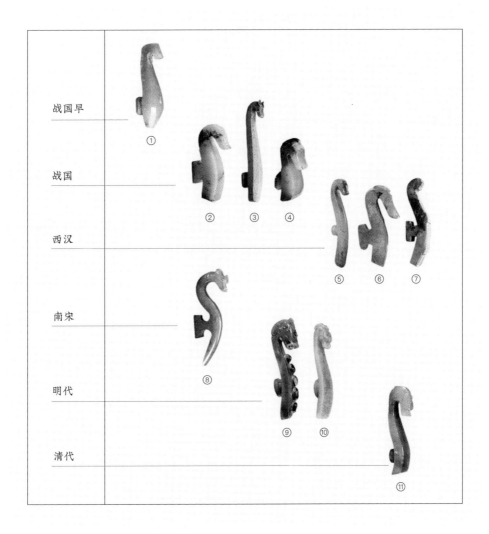

战国早 ——①

战国 ——②③④

西汉 ——⑤⑥⑦

南宋 ——⑧

明代 ——⑨⑩

清代 ——⑪

图一一　方体形玉带钩

❶ 山西侯马　❷ 河南淮阳平粮台　❸ 浙江安吉县吟诗村　❹ 湖北江陵望山　❺ 安徽巢湖放王岗　❻ 广东肇庆松山

❼ 广州石头岗　❽ 四川广汉联合村　❾ 北京昌平十三陵　❿ 安徽灵璧高楼　⓫ 贵州贵阳

　　属于南宋时期的方体玉钩，在四川广汉联合村发现一件，鹿首素体，钩面圆弧，方纽较大，长8.1厘米。明代的方体钩见于北京昌平十三陵，一件为碧玉质，形体较大，龙首圆纽，素体嵌红黄蓝宝石，长 14.2 厘米。另有安徽灵璧高楼窖藏中出土方体青白玉钩一件，龙首圆纽，钩面线刻花朵纹，长 15.4 厘米。

清代的方体玉钩在贵州贵阳的一座清墓中发现一件，青玉质，龙首圆纽，长10.8厘米。

3.曲棒形玉带钩

与铜带钩一样，玉带钩中也有一种曲棒形钩，钩体细长，首尾径相差不大。一般见于两汉，个别的可早到秦代，西汉时期比较流行。铜质曲棒形带钩最早见于战国时期，同类玉带钩完全可以看作是它的仿制品。曲棒形玉钩中有一种为多节串连型，分节制作，中间贯以铁芯，起到增加强度的作用（图一二）。

属于秦代的曲棒形玉钩，在河南泌阳官庄北岗出土一件，白玉质，半圆体，首尾均为龙头形，通体饰勾连云纹。为10节铁芯合体，长19厘米。

西汉时期的曲棒形玉钩发现于安徽、广东、陕西和河北等地，形制多仿秦曲棒

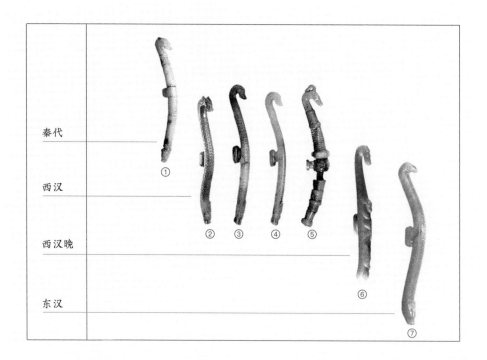

图一二　曲棒形玉带钩

❶ 河南泌阳官庄北岗　❷ 安徽巢湖北山头　❸、❹ 广州象岗南越王墓　❺ 西安建章宫遗址
❻ 河北邢台陈村刘迁墓　❼ 河北定县北庄中山简王刘焉墓

形钩，一般也都是双龙首。安徽巢湖北山头墓葬中出土青白玉钩，两端饰龙首，体饰勾连谷纹，长 17.8 厘米。广州象岗南越王墓出土 2 件曲棒形玉钩，一青一白，首尾饰龙虎头。一件体饰勾连云纹，纽在中部，长 15 厘米。一件为 8 节铁芯合体，长达 19.2 厘米。在西安建章宫遗址发现的青白玉钩，马首圆体，分节贯以铁芯，中有圆雕兔形，长 19.4 厘米。另在河北邢台陈村刘迁墓出白玉钩一件，龙首，钩体浮雕双螭，长 16.4 厘米，属于西汉晚期。

东汉时期的曲棒形玉钩发现不多，河北定县北庄中山简王刘焉墓出土一件，以和田白玉制成，细体，龙首，尾为虎首，体饰勾连云纹。长 21.8 厘米，这是同类玉钩中所见最长的一件。

曲棒形玉钩一般出土自等级很高的遗址和墓葬，看来多属王族专用品。

4. 琵琶形玉带钩

玉带钩中最多的一种是琵琶形，整体如琵琶，有的稍为宽扁，有的略为窄长。这类玉带钩明显仿自铜带钩，使用较为普遍。

琵琶形又可细分为素体和雕饰两型，出土数量都不少。

素体琵琶形玉带钩，自战国早期开始出现，两汉时期的出土较多。宋元时期再度出现，明清两朝也很流行。这类带钩的钩体光素无纹，有的或带瓦棱线条，或在钩首部位有所雕琢（图一三）。

属于战国早期的素体琵琶形玉钩，在湖北随州曾侯乙墓出土几件[22]。其中一件为灰白玉质，鹅首形钩，长 5.5 厘米。

两汉琵琶形素钩各地均有发现。属于西汉时期的可举三例。一例出自江苏铜山小龟山[23]，青白玉质，鹅首形钩，长 6.2 厘米。第二例出自陕西长安杜陵陪葬墓，青白玉质，龙首形钩，瓦棱体，长 6 厘米。第三例出自云南晋宁石寨山 4 号墓，青灰玉质，长 4.7 厘米。东汉时期的这类玉钩发现较少，出自甘肃武威雷台的一件，龙形钩首，钩体略长，纽居钩体中部，长 10 厘米。

南京仙鹤山东晋 2 号墓出土 2 件相似的琵琶形素钩，均白玉质，体饰瓦棱纹，龙形钩首，长 5.9、6.5 厘米。在江西南昌京山南朝墓中，出土一件琵琶形素钩为灰白玉质，为六方体，龙形钩首，长 9.5 厘米。

宋代时带钩又开始使用，琵琶形素钩也随之重新出现。江西吉水金滩南宋张宣

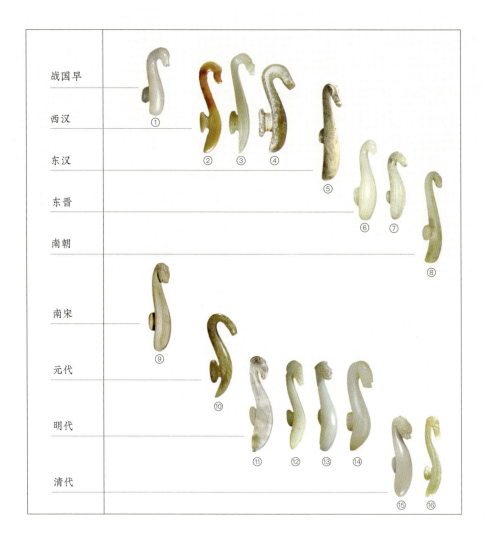

图一三　琵琶形玉带钩（素面）

❶ 湖北随州曾侯乙墓　❷ 江苏铜山小龟山　❸ 长安杜陵陪葬墓　❹ 云南晋宁石寨山 4 号墓　❺ 甘肃武威雷台

❻、❼ 南京仙鹤山 2 号墓　❽ 南昌京山　❾ 江西吉水金滩张宣义墓　❿ 陕西户县张良寨贺胜墓　⓫ 北京昌平十三陵

⓬ 河南浚县东环城路　⓭ 江西宜春市　⓮ 杭州半山　⓯ 安徽安庆民主　⓰ 上海浦东

义墓出土一件，青玉质，表面灰白色，体饰瓦棱纹，龙形钩首，长 12 厘米。属于元代的有陕西户县张良寨贺胜墓出土的一件，青玉质，龙首形长钩，长 5.8 厘米。

在明清两朝，琵琶形素钩既见于帝王墓，也见于一般的富贵人家墓葬。北京昌平明万历帝陵出土一件，玛瑙质，羊头形钩首。钩出万历帝棺内，长 11.6 厘米。

河南浚县东环城路出土一件，龙头形钩首，长 9.7 厘米。江西宜春市出土一件，白玉质，龙头形钩首，长 9 厘米。出自杭州半山的一件，白玉质，龙头形钩首，长 6.5 厘米。

清代制作的琵琶形素钩，与明代相比并无明显变化，这里列举两例。安徽安庆民主出土的一件，青玉质，龙头形钩首，长 9 厘米。上海浦东道光年墓出土一件，钩体较为扁平，龙形钩首，长 9.1 厘米。

雕饰琵琶形玉钩，是玉带钩中的精品。钩体作琵琶形，钩面一般有浮雕和透雕纹饰。这种带钩在战国早期就已出现，以后各代都有制作，渐为精致。至明清两代最为常见，出土标本较多（图一四）。

战国时期的雕饰琵琶形玉钩，钩体只见有几何形纹饰。湖北随州曾侯乙墓出土一件，灰白玉质，鹅头形钩首，体饰圆体云纹，钩体较小，长 5.2 厘米，属战国早期。湖南长沙五里牌 5 号墓出土一件，灰白玉质，马头形钩首，钩体饰勾连云纹，长 6.9 厘米。

汉代的雕饰琵琶形玉钩，钩体仍以几何纹饰多见。安徽天长三角圩西汉墓出土一件[24]，白玉质，鸭形钩首，钩体饰云气纹，长 7 厘米。福建武夷山新园亭出土一件，白玉质，龙头形钩首，钩体饰高浮雕云气纹，长 7.4 厘米。河北满城刘胜墓出土一件，白玉质，龙头形钩首，钩体浮雕变形凤鸟，长 5.8 厘米。值得注意的是，这所谓的凤鸟，形态并不全像凤，更像是兽，与后来带钩上见到的螭龙比较接近。

晋代开始，雕饰琵琶形玉钩出现了高雕纹饰，钩体上见到了全形螭龙。这个风格对后世玉带钩的形制影响很大，甚至影响到元明清三代玉带钩的主流形态。属东晋的南京仙鹤山 6 号墓出土一件，墨绿玉质，钩体浮雕全形螭龙，长 9.5 厘米。属于六朝的安徽当涂青山墓，发现一件白玉质钩，钩首作凤头形，钩体作凤身形，长 7 厘米。这种装饰前朝不见，后代无有。

元明清三代，雕饰琵琶形玉钩较多见到螭龙装饰。如西安元代刘逵墓出土的青玉质钩，龙形钩首，钩体高雕小螭衔芝纹，螭首向着钩尾，长 11.5 厘米。西安瓦胡同村出土的另一件元代白玉质钩，龙形钩首，高雕小螭衔芝，螭首向着钩首，长 14 厘米。

到明清两代，这种高雕小螭的玉钩，螭首无不向着钩首，风格非常接近。安徽灵璧高楼明代窖藏出一件青白玉质钩，龙形钩首，钩体高雕全螭形，是同类钩中形

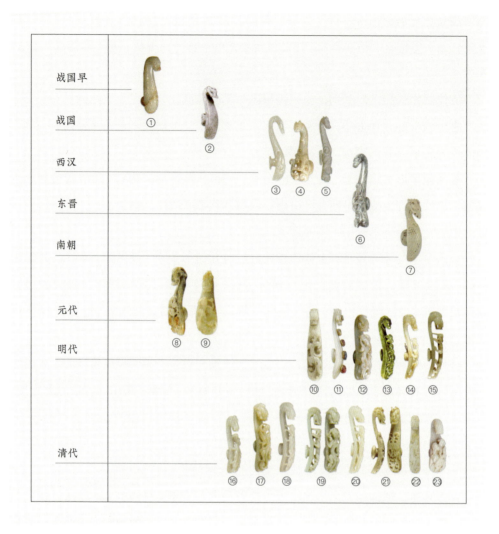

图一四　琵琶形玉带钩（雕饰）

❶ 湖北随州曾侯乙墓　❷ 湖南长沙五里牌 5 号墓　❸ 安徽天长三角圩　❹ 河北满城刘胜墓　❺ 福建武夷山新园亭
❻ 南京仙鹤山 6 号墓　❼ 安徽当涂青山　❽ 西安刘逵墓　❾ 西安瓦胡同村　❿ 安徽灵璧高楼　⓫ 北京昌平十三陵
⓬ 福建宁德金涵水库　⓭ 江西樟树观上　⓮ 上海龙华　⓯ 昆明刘家山　⓰ 安徽安庆民主　⓱ 安徽岳西李畈村
⓲ 河北献县陈璲墓　⓳ 南昌湖坊村　⓴ 上海浦东　㉑ 昆明刘家山　㉒ 黑龙江讷河清河乡　㉓ 江西上饶黄土弄张希渊墓

体较大的一件，长 15.7 厘米。福建宁德金涵水库出土一件青玉质钩，带红土沁，龙形钩首，钩体雕全螭形，形体较小，长 8.1 厘米。上海龙华嘉靖年墓出土一件玉质钩，龙形钩首，钩体高雕全龙形，长 15.5 厘米。云南昆明刘家山出土青白玉钩一件，龙形钩首，立雕一螭，长 11.8 厘米。

明代琵琶形玉钩也有素体另加装饰的，如北京昌平十三陵定陵出白玉质钩一件，龙形钩首，素体嵌红黄蓝宝石，长 11 厘米。另外也有作其他装饰的，如江西樟树观上出碧玉质钩一件，鹿头形钩首，圆雕折枝桃，蝙蝠，寓意福禄寿，长 13.5 厘米。

清代高雕小螭琵琶形玉钩发现较多，雕工都很精湛。安徽安庆民主清墓出土一件白玉质钩，龙形钩首，高雕全龙形，长 8.3 厘米。安徽岳西李畈村清墓随葬的一件白玉质钩相似，也是龙形钩首，高雕全龙形，钩体较长，长 12.5 厘米。河北献县陈瓒墓出土白玉质带钩，龙形钩首，体雕螭纹，长 12.3 厘米。江西南昌湖坊村出土一件青白玉质钩，龙形钩首，高雕螭龙衔芝，长 13.3 厘米。上海浦东道光年墓出土一件白玉质钩，龙形钩首，高雕全龙形，长 11.3 厘米。黑龙江讷河清河乡出土一件白玉质钩，龙形钩首，高雕小龙，钩体略小，长 7.5 厘米。当然在有些玉钩上，雕饰的图形也有变化，如云南昆明刘家山出土的一件黄白玉钩，龙形钩首，高雕凤鸟，长 13.3 厘米。而江西上饶黄土弄张希渊墓随葬的一件青白玉钩，龙形钩首，高雕小螭与莲花同在，钩体略小，长 8.5 厘米。

高雕小螭琵琶形玉带钩，明清风格完全一致，一部分是清仿明的结果，也应当有相当一部分带钩的使用是由明代延到了清代，所以这两朝的雕饰琵琶形玉带钩并不容易判断时代，相当多的带钩原本可能是属于明代的作品。

5. 异形玉带钩

还有一些造型特别的玉带钩，出土数量不多，也不容易观察它们的演变序列，我们将它们勉强归为一类，统称为异形带钩。这些带钩，在造型上有的是仿自同类的铜带钩，有的则发挥了玉材的表现优势，变化多样（图一五）。

属于战国早期的湖北随州曾侯乙墓出土带钩中，有一件为灰白玉质，鹅形钩首，钩体小巧，长 5.5 厘米。安徽巢湖北山头西汉墓葬出土一件白玉质钩，首尾均作龙首形，钩体两侧各浮雕一小龙形，钩体较长，长 14.4 厘米。北京石景山老山汉墓出土一件白玉质钩，方形素钩首，钩体圆雕兽面，长 4.6 厘米。广州象岗南越王墓出土一件青玉质钩造型特别，虎形钩首，钩尾作龙首衔环，龙虎合体，长 11.8 厘米。南越王墓另有一件青白玉质钩，龙形钩首，钩尾虎面形，钩体 8 块以铁芯合体。钩体较大，长 19.2 厘米。江苏铜山小龟山西汉墓出土灰白玉质钩，兽形钩首，钩体三叉尾形。钩体较小，长 4.4 厘米。

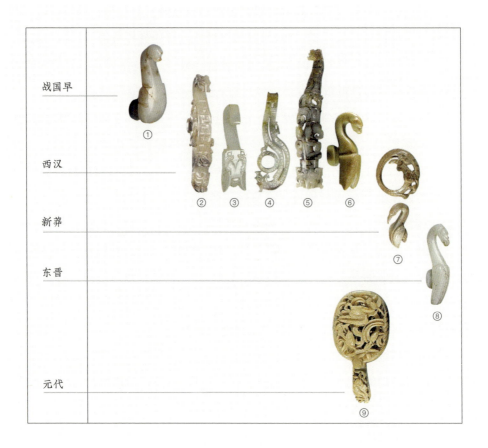

战国早

西汉

新莽

东晋

元代

①

② ③ ④ ⑤ ⑥

⑦

⑧

⑨

图一五　异形玉带钩

❶ 湖北随州曾侯乙墓　❷ 安徽巢湖北山头　❸ 北京石景山老山　❹、❺ 广州象岗南越王墓
❻ 江苏铜山小龟山　❼ 广西合浦黄泥岗　❽ 南京仙鹤山　❾ 江苏无锡钱裕夫妇合葬墓

　　还有值得注意的一个发现，广西合浦黄泥岗新莽时期钩环一套，雁形钩与蟠龙
环出土时钩挂在一起。又有江苏无锡元代钱裕夫妇合葬墓出土钩环一组，钩与环都
有高雕的花鸟图形，环长 8.3、钩长 7.4 厘米。

　　另外南京仙鹤山 6 号东晋墓出土一件白玉质钩也较为特别，造型很简洁，龙形
钩首，钩体两旁如翅，长 5.8 厘米。

三 关于玉带钩中的扣形钩

玉带钩中还有一种别致的样式，钩与环体均呈相同的牌形，两两相扣。在一般著述中都将这种带钩名之为带扣，其实由用法看，它还是属于带钩一类，更接近那种钩环组合使用的带钩，可以称为扣形带钩（图一六）。我们常说的带扣，必定有活动的或固定的舌针，这舌针是直接卡入带孔，但是扣形钩不同，它是钩挂在钩孔中。

这类扣形钩，由考古出土的资料看，它最早出现在宋代，明清两代沿用。四川绵阳的宋代墓中出土一套扣形钩，纯净的青玉质材，虎形钩首，钩体与环体为对称的素面方牌形，背有扣隼，全长 12.7 厘米，属于较大的一套。江苏溧水柳家村元代墓葬出土一套，钩与环均为圆璧形，器面浮雕衔芝螭纹。器体小巧，全长 7.6 厘米。贵州贵阳明代墓中，出土一套白玉扣形钩，龙形钩首，钩体左右对称透雕夔衔芝草纹，

宋代　①

元代　②　③

明代　④　⑤

清代　⑥　⑦

图一六　扣形玉带钩

❶ 四川绵阳(宋代)　❷ 江苏溧水柳家村(元代)　❸ 江苏无锡(元代)　❹ 贵州贵阳(明代)
❺ 江西樟树(明代)　❻ 黑龙江依兰(清代)　❼ 黑龙江讷河双发村(清代)

图一七　明代玉扣（江西南城县女冠山）

这接近元代扣形钩风格。背面圆形纽，全长 10.5 厘米。江西樟树市也出土明代扣形钩一套，羊脂白玉质材，钩与环体分雕衔芝螭纹，长 11 厘米。

　　清代继续见到扣形钩，多为规整的方牌形，器表纹饰有了一些变化。黑龙江依兰县出土一套白玉质扣形钩，龙形钩首，为对称的方牌形，左右浮雕龙纹，长 12.3 厘米，器体较大。在黑龙江的讷河双发村墓葬中，出土一套青白玉扣形钩，也是龙形钩首，方牌形器表不见游龙，左右浮雕大朵盛开的菊，长 10.1 厘米。

　　两牌相扣的扣形钩最早出现于宋代，起初一定是宋人的拟古制作。它的基本形状，可能是仿造东周时期的那种方牌形带钩。宋人在搜集古物的过程中，应当见到过这种带钩。不过早期的牌式钩可能是直接钩挂于革带孔中，是否还有配套的环牌，并不能确定，至今还没有发现过。

　　扣形钩在考古中发现虽然不多，但传世品数量不少。

　　与扣形钩相关的发现，还有一种玉扣，它的形态及使用方法，与扣形钩完全相同，但它并不是用于系带，而是用于扣衣，样子要小巧一些，可以直称为"扣"。这种玉扣，也不能称作带扣。在江西南城县女冠山明益宣王朱翊铕元妃李氏墓出土 4 件玉扣[25]，其中 1 件羊脂白玉质，扣合时中间为莲花形，有鸳鸯分列两边，长 4.1 厘米。另有两件为青白玉质，扣合时中间为菊花形，有蜜蜂分列两边，长 3 厘米。玉扣出土时，置头部左侧（图一七）。

四

带钩与带环组合使用新证

过去在讨论带钩的使用方法时，我曾经提到，古代在有的时候，带钩需与带环组合使用。在战国楚简中，有时钩与环并提，觉得它们应当是一对组合器物。在墓葬中也见到带钩与环共存的例证，有时带钩直接钩挂在环上，这种环应当是带环，是与带钩一起使用的带具，我们可以称之为"钩环配"。

一般来说，在出土物中带环的确认有一些困难，因为环的用途并不只是作带环。不过在考论玉带钩时，带环的确认似乎要简单得多。在一些地点发现了玉带钩与玉带环共存的例证，而且有时带钩直接钩挂在带环上（图一八）。

如在广西合浦黄泥岗出土的一组钩环配就非常典型，钩与环用同一玉材制成，出土时钩挂在一起。带环作蟠龙形，方体屈回，首尾相接；钩为雁首形，长喙短体，体侧附双翅，圆纽。这对钩环配属新莽时期的作品，制作精工细巧。

又如江苏无锡元代钱裕夫妇合葬墓出土的玉钩玉环牌[26]，也是一套少见的钩环配。钩体接近琵琶形，背具纽；环体为椭圆牌形，整体看不出环形特点，一侧有小钩孔。钩与环牌正面均透雕写实的花鸟形状，雕工精细。环牌长8.3、钩长7.4厘米。这种变体的钩环配是介于典型钩环配与扣形钩之间的形态，也可归入扣形钩之列。钱裕夫妇合葬墓出土的玉钩玉环牌组合的确认，是徐琳首先发现的[27]。

从现在发现的玉带环看，它与玉带钩不仅在取材上一致，而且在雕琢风格上也完全相同，这些都是确凿的带环。

还需要特别强调的是，古代带环的存在虽然是确定的事实，但却并非所有的带钩都要使用带环钩挂。我们在包括秦俑在内的一些人物雕像上，发现带钩一般都是直接钩挂在革带孔中，多数带钩应当是采用的这种直接钩挂的方式。

图一八　钩环配

❶ 广西合浦黄泥岗（新莽）　❷ 江苏无锡（元代）

五 余论

中国古代束带佩饰，在东周秦汉盛行用带钩，以后则主要用带扣。带钩和带扣一般以铜铸成，也有部分为玉制。我曾对古代带钩作过全面探讨，涉及到一些玉带钩资料[28]。以当时所获资料论定，带钩的使用最早不过春秋时代，玉带钩最早出现也当此时，春秋时代的秦墓中见到用玉带钩随葬的例子[29]。汉代以后，带钩逐渐退出，带扣成为束带用具的主流。

但以玉带钩而论，它的上下限却并不是起于春秋而止于汉后。在新石器时代的良渚文化中，就见到了非常别致的玉带钩，它的年代要早出春秋早期 2000 多年。后来经历了隋唐五代约 500 年时光，从宋代开始，带钩重又出现在男子们的腰际。一直到明清两朝，带钩仍是贵族乃至帝王们的心爱之物。这带钩的使用又经历了近 1000 年的光景，当然并没有周汉之时那样普遍，也没有可能取代便捷的带扣而成为带具的主流。而且这些带钩基本都是美玉琢成的美器，周汉样式的铜带钩却是极少见到了。

战国迄两汉的玉带钩与大量的铜带钩一样，都属实用的带具。但宋以后重又出现的玉带钩，玩赏则重于实用，也更重艺术雕琢。明清时代并不流行使用带钩束带，但出土与传世的玉带钩却比较多[30]，可见上流社会有这样的偏好，精美的玉带钩也就自然成了身份的一个象征。连帝王都有这样的喜好，富贵人家也就有理由当作时尚追求了，这也是明清两朝玉带钩流布很广的一个原因。

良渚文化—东周秦汉—宋元明清，玉带钩经历了这三部曲式的发展演变。其间的起伏，有深刻的文化背景，个中原由还值得深入探讨。

注释：

[1] 王仁湘：《4000 年前的系衣束带方式——良渚文化玉带钩》，《文物天地》2001 年第 6 期。

[2] 中国玉器全集编辑委员会：《中国玉器全集 1. 原始社会》，石家庄：河北美术出版社，1993 年，图 209。

[3] 上海市文管会：《上海青浦福泉山良渚文化墓地》，《文物》1986 年第 10 期。

[4] 浙江省文物考古研究所反山考古队：《浙江余杭反山良渚墓地发掘简报》；《余杭瑶山良渚文化祭坛遗址发掘简报》，《文物》1988 年第 1 期。

[5] 浙江省文物考古研究所等：《浙江余杭汇观山良渚文化祭坛与墓地发掘简报》，《文物》1997 年第 7 期；浙江省余杭县文管会：《浙江余杭横山良渚文化墓葬清理简报》，《东方文明之光》，海口：海南国际新闻出版中心，1996 年。

［6］江苏省寺墩考古队:《江苏武进寺墩遗址第四、第五次发掘》,《东方文明之光》,海口:海南国际新闻出版中心,
　　1996 年。

［7］浙江省文物考古研究所等:《良渚文化玉器》,北京:文物出版社,香港:两木出版社,1989 年,图 190。

［8］上海市文物管理委员会:《福泉山——新石器时代遗址发掘报告》,北京:文物出版社,2000 年。

［9］宝鸡市考古工作队:《宝鸡市益门村二号春秋墓发掘简报》,《文物》1993 年第 10 期;河南省文物考古研究所:《固
　　始侯古堆一号墓》,郑州:大象出版社,2004 年。

［10］山东省文物考古研究所、山东省博物馆等:《曲阜鲁国故城》,济南:齐鲁书社,1982 年;南京市博物院考古研
　　究所、无锡市锡山区文物管理委员会:《无锡鸿山越国贵族墓发掘简报》,《文物》2006 年第 1 期。

［11］广州市文物管理委员会、中国社会科学院考古研究所、广东省博物馆:《西汉南越王墓》,北京:文物出版社,
　　1991 年;中国社会科学院考古研究所:《满城汉墓发掘报告》,北京:文物出版社,1980 年。

［12］向开旺:《琢有宣和年号的玉带钩》,《文物》1982 年第 8 期。

［13］甘肃省博物馆、漳县文化馆:《甘肃漳县元代汪世显家族墓葬》,《文物》1982 年第 2 期。

［14］中国社会科学院考古研究所、定陵博物馆:《定陵》,北京:文物出版社,1990 年。

［15］王仁湘:《带钩概论》,《考古学报》1985 年第 3 期。

［16］宝鸡市考古工作队:《宝鸡市益门村二号春秋墓发掘简报》,《文物》1993 年第 10 期。

［17］河南省文物考古研究所:《固始侯古堆一号墓》,郑州:大象出版社,2004 年。

［18］南京市博物院考古研究所、无锡市锡山区文物管理委员会:《无锡鸿山越国贵族墓发掘简报》,《文物》2006 年
　　第 1 期。

［19］山东省文物考古研究所、山东省博物馆等:《曲阜鲁国故城》,齐鲁书社,1982 年。

［20］古方:《中国出土玉器全集》,北京:科学出版社,2005 年。本文所述相关资料及图片,凡未加注者,均出自本书。

［21］广东省博物馆、肇庆市文物局:《广东肇庆市北岭松山古墓发掘简报》,《文物》1974 年第 11 期。

［22］河北省博物馆:《曾侯乙墓》,北京:文物出版社,1989 年。

［23］南京博物院:《江苏铜山小龟山崖洞墓》,《文物》1973 年第 4 期。

［24］安徽省文物考古研究所、天长县文物管理所:《安徽天长县三角圩战国西汉墓出土文物》,《文物》1993 年第 9 期。

［25］江西省文物工作队:《江西南城明益宣王朱翊铟夫妇合葬墓》,《文物》1982 年第 8 期。

［26］无锡市博物馆:《江苏无锡市元墓中出土一批文物》,《文物》1964 年第 12 期。

［27］徐琳:《钱裕墓出土的"春水"玉和白玉带钩》,《无锡文博》1999 年第 1 期;《对钱裕墓出土的"春水"玉和白
　　玉带钩的再认识》,《无锡文博》2000 年第 2 期。

［28］王仁湘:《带钩概论》,《考古学报》1985 年第 3 期;《古代带钩用途考实》,《文物》1982 年第 10 期。

［29］吴镇锋等:《陕西凤翔高庄秦墓地发掘简报》,《考古与文物》1981 年第 1 期。

［30］周晓晶:《玉带钩的类型学研究》,《传世古玉辨伪与鉴考》,北京:紫禁城出版社,1998 年。

（原载于《四川文物》2006 年第 5 期）

临潼秦始皇陵俑坑出土配钩束带陶俑 　　　　　　成都天回山东汉墓出土陶俑

中国历代玉带钩举例

良渚文化玉带钩

良渚玉带钩玉作工艺举例

良渚文化玉带钩使用示意图

山东曲阜鲁故城出土战国牌型玉钩

良渚文化玉带钩

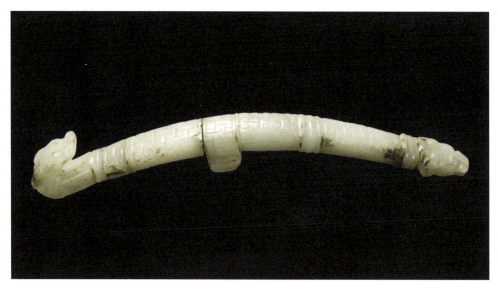

河南泌阳官庄北岗出土秦代多节玉钩

广州南越王墓出土西汉玉钩

安徽当涂青山出土六朝白玉钩

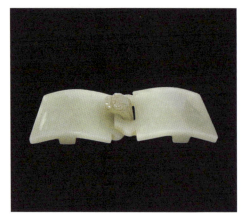

四川绵阳出土宋代扣式钩

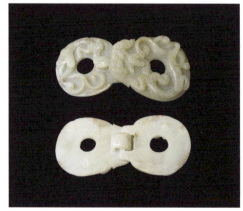

江苏溧水柳家村出土元代扣式钩

甘肃漳县汪家坟出土元代青白玉钩

北京定陵出土明代嵌宝石玉钩

第
五
章

带扣略论

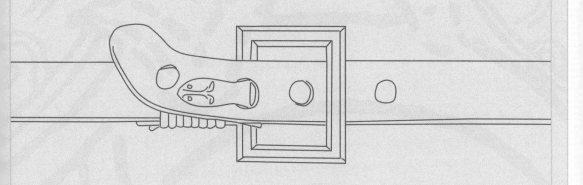

一 带扣的分类与分布

带扣出土数量很多，以往研究却做得不够。专门的研究文字只见一篇，就是冯汉骥先生所作的《王建墓内出土"大带"考》[1]。我近年因为进行带钩的综合研究，自然涉及到了带扣的一些问题，因此草成此篇，冀识者指教。

带扣是一种通称，从构造上看，它主要有环孔和舌针两部分，功用是装于带头，便于解结。带扣可以用不同材料制成，珍贵的有金、银，尤以铜、铁质的为多，考古还发现过骨质带扣。

我国古代带扣最早出现约当春秋时期，经过漫长的发展演变过程，一直延续使用到当今，成为我们几乎是人人必不可少的一件用具。对古代带扣进行分类研究，寻找它的演进脉络，这是本文的主要目的。此外，关于带扣的实用以及它同带钩的关系也准备进行初步探讨，对于带扣的起源、传播和名称等问题也将进行粗略的讨论。

考古发现的带扣从构造特征上看，大致可以分为两大类，主要区别在扣舌上。不论带扣环孔的形状如何，扣舌都分死舌和活舌两种，死舌固定在扣环一侧，活舌则可以转动自如。考虑到扣舌所在位置的不同，以及扣环形状的差别，可以将带扣划分为六型，具体表述如下。

I 型 死舌，扣舌固定在扣环外侧，舌尖向外。扣环有圆形、方形和牌形几种，分四式。

A 式 扣环为扁圆形。在陕西凤翔马家庄一号建筑群遗址的车坑内出有十一件[2]，其中一件为金质（图一：1），其时代早到春秋中晚期。

B 式 扣环为方框形，扣舌较长。目前所见最早的一件出自安徽寿县蔡侯墓[3]，规格为 7.3×6 厘米（图一：2）。这种带扣在战国时期比较流行，赵国墓中也有出土（图一：3）[4]。最晚的时代为西汉中期，河北满城汉墓中就有发现（图一：4）[5]。在战国楚墓中还出土有双舌带柄扣[6]，这种带柄扣在安徽春秋晚期的墓葬中就有发现[7]，可能在南方较为流行（图一：5）。河北滦平县相当于战国早期的山戎墓中也见到带柄扣[8]，显然不是当地所作。这些山戎墓带有明显的燕文化色彩，受到中原文化较深的影响。

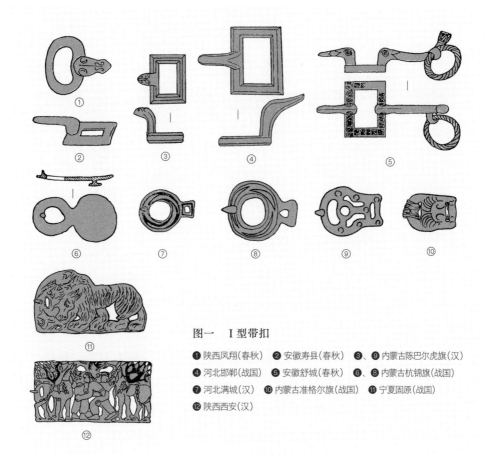

图一　Ⅰ型带扣

① 陕西凤翔(春秋)　② 安徽寿县(春秋)　③、⑨ 内蒙古陈巴尔虎旗(汉)

④ 河北邯郸(战国)　⑤ 安徽舒城(春秋)　⑥、⑧ 内蒙古杭锦旗(战国)

⑦ 河北满城(汉)　⑩ 内蒙古准格尔旗(战国)　⑪ 宁夏固原(战国)

⑫ 陕西西安(汉)

C式　扣环为圆形，扣舌短而小，与扣舌相对的另一侧一般铸有带孔纽。有的地点还发现了柱状纽带扣[9]，纽的特点与带钩相同（图一：6）。这种圆形死舌扣为北方匈奴人所特有，时代从春秋晚期开始一直延用到整个战国时期（图一：7、8）[10]。

D式　扣身为牌形，扣孔较小，呈扁长形，扣面一般铸有复杂的纹饰。宁夏固原战国时期的匈奴墓出土一件[11]，扣面铸成猛虎噬驴的图案，制作极精（图一：11）。在陕西长安客省庄也曾出土一件牌形带扣，扣面饰双马和枝叶纹，两马之间还有一对光臂摔跤的武士（图一：12）。同墓中还出有一带有古代北方民族风格的铜器，人们认定墓主为匈奴人，这种带扣显然为匈奴人所制，时代推定在西汉早期[12]。过去的研究者一般都将此类带扣归入透雕牌饰之列，乌恩同志曾指出

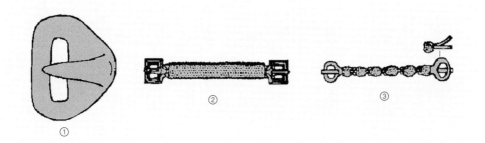

图二　II型带扣

❶ 山西侯马(春秋)　❷ 河北邯郸(战国)　❸ 陕西临潼(秦)

这类牌饰"不仅具有装饰意义，而且具有同带扣一样的实用功能"[13]，此说十分精到。

此外，在内蒙古陈巴尔虎旗完工鲜卑墓地也出土过牌形带扣，纹饰比较简单（图一：8、9），时代属东汉[14]。汉末以后，这种带扣就不再使用了。

II型　死舌，扣舌固定在扣环一侧，舌尖横跨扣孔至扣环另一侧（图二：1）。这种带扣在山西侯马春秋审晚期墓中有出土[15]，其他地方还不曾发现。虽然如此，我们后面将提到，这种带扣的类同物还有发现。

III型　扣身较长，活舌。扣舌根部有一个附加的极短转轴，这种转轴一般都不与扣身处于同一平面上。此类带扣最早见于河北满城汉墓（图三：1、2）[16]，北方鲜卑族墓中也有出土[17]，不过一般都是用兽骨做成（图三：3）。此类带扣仅限在两汉时期使用，汉代以后未见出土。

IV型　以双孔为主要特征，除了穿带的扣孔，后面还有固定带头的略小的带孔。活舌，扣舌较长，扣身一般没有纹饰，根据扣舌的区别，可分二式。

A式　中轴固定，舌在轴上活动。这种带扣最早出现在东汉初期（图三：8），在河南温县招贤发掘的这个时期的烘范窑中，出有这种带扣的套范。一套范有十四箱，可铸带扣五十六件[18]。在中原地区，这种带扣一直延用到唐代（图三：9）[19]。在北方，在相当于汉末的遗址里见到了这种带扣（图三：7）[20]，一直到金代遗址里也都有发现（图三：6），使用时间较长[21]。

B式　扣舌与转轴一体，呈丁字形，轴两端插入扣环两侧。仅见于东北地区，流行于 4 ~ 6 世纪的高句丽时期，以吉林集安地区出土最多（图三：4、5），具有强烈的地方色彩[22]。

V型　扣孔较大，扣环形状变化较多，扣舌较长，以扣环后侧代轴。使用相当广泛，出土数量很多。以扣环形状不同为准，分为四式。

A式　扣环略为方形。在北方见于匈奴、鲜卑和高句丽墓中（图三：11 ~ 13）[23]，中原及南方地区仅在东汉时期的墓葬中有少量发现（图三：10）[24]，可见其本来可能主要为北方民族所用。

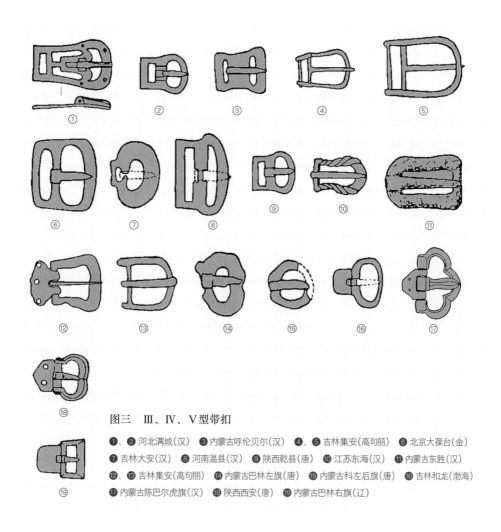

图三　Ⅲ、Ⅳ、Ⅴ型带扣

❶、❷ 河北满城(汉)　❸ 内蒙古呼伦贝尔(汉)　❹、❺ 吉林集安(高句丽)　❻ 北京大葆台(金)
❼ 吉林大安(汉)　❽ 河南温县(汉)　❾ 陕西乾县(唐)　❿ 江苏东海(汉)　⓫ 内蒙古东胜(汉)
⓬、⓭ 吉林集安(高句丽)　⓮ 内蒙古巴林左旗(唐)　⓯ 内蒙古科左后旗(唐)　⓰ 吉林和龙(渤海)
⓱ 内蒙古陈巴尔虎旗(汉)　⓲ 陕西西安(唐)　⓳ 内蒙古巴林右旗(辽)

B式　扣环为扁圆形。多为北方出土，从东汉（鲜卑）时代起，一直到辽金时期都有发现（图三：14～16）[25]。

C式　扣环为花瓣形，有的在扣环上还饰有几何形纹饰。中原自唐代起直到宋元时期都较为流行这种带扣（图三：18）[26]，北方在渤海和辽金时期也有使用（图三：17）[27]。

D式　扣环为方形。仅见于内蒙古巴林右旗友爱大队的一座辽代晚期的窖藏（图三：19），一次出土两件[28]。

Ⅵ型　活舌，扣身如牌形，有的接近ⅠD式，有的扣身铸有动物与几何形纹饰。根据扣环大小和扣舌长短，分为二式。

A式　扣孔窄小，扣舌较短。从汉代起直到明代以后一直都在使用，流行于中原地区，南方也有发现（图四：1～3）[29]。在云南晋宁石寨山M7出土一件错金镶嵌银带扣，规格为10.1×6.1厘米，扣孔为窄弧条形，铸有翼飞虎纹。发掘者认为这种带扣可能是由希腊传来的，纹饰与"亚述式"翼兽相似[30]。这恐怕也不尽然，因为这件带扣的纹饰及造型与晋代所见的同类器十分接近，也可能是中国本土所产。

B式　扣孔较为宽大，呈扁圆形和略方形两种。河南安阳孝民屯晋墓出土的这类带扣年代较早[31]，扣环略为方形，扣舌较长，扣身有钉孔而无纹饰（图四：7）。

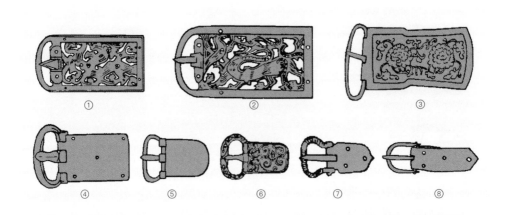

图四　Ⅵ型带扣

❶ 江苏宜兴(晋)　❷ 广东广州(晋)　❸ 陕西西安(唐)　❹ 安徽安庆(元)
❺ 山西平鲁陆(唐)　❻ 辽宁朝阳(辽)　❼ 河南安阳(晋)　❽ 辽宁北票(北燕)

表一　各式带扣流行时代和地域分布

中原及南方	春秋	战国	西汉	东汉	魏晋南北朝	隋唐	宋
I A							
I B							
I C							
I D							
II							
III							
IVA							
IVB							
VA							
VB							
VC							
VD							
VIA							
VIB							
北方		匈奴		鲜卑	高句丽	渤海	辽金

在以后，唐代墓葬里也时有发现[32]，扣身也没有什么纹饰（图四：4、5）。在北方，这类带扣较早见于北燕时期（图四：8）[33]。辽宁朝阳前窗户村辽墓出土的此类铜带扣为扁圆环，扣身鎏金，饰流畅的卷云纹，制作相当精美（图四：6）[34]。

以上对各类带扣流行的时代和地域已经有了初步说明，大体可以归纳为以下几点：

一方面我们可以看出，带扣的种类虽然比较多，它们起讫的时代却并不相同，各个时代的带扣都有其特定的样式。如在汉代和汉代以前，主要有 I 、 II 、 III 三型，以后比较常见的IV 、 V 、 VI 三型部分式样的带扣在汉代也开始见到。另一方面可以看出，带扣的分布也很有规律，在中原和南方所见的 I A 、 I B 、 II 、 V A 等型式的带扣不见于北方，而北方流行的 I C 、 I D 、 IVB 、 V B 、 V D 等型式一般也不见于中原地区。中原地区有时发现个别北方样式的带扣，原本带有特定的背景，不能认为中原也使用这种带扣，这一点必须区别清楚。中原和北方也有共见的相同样式的带扣，如III 、 IV A 、 V A 、 V C 、 IVB 等型式，说明它们之间不仅存在着一定区别，也同样存在不可分割的联系（表一）。

二
带
扣
发
展
演
变
分
析

在六型带扣中，最早见到的是Ⅰ型和Ⅱ型。它们的扣舌都固定在扣孔边上，不能活动，可同视为带扣的原始型。原始型带扣的"舌位"有内外之别，外侧舌（即Ⅰ型）具有更原始的特征，内侧舌（即Ⅱ型）的"舌位"与活舌扣相同，可以看作是死舌向活舌过渡的中间形态。当然这种过渡形态的带扣发现太少，目前对这种过渡过程是否是事实，还难以遽下结论。虽然如此，在战国中期的河北邯郸赵王陵[35]和陕西临潼秦始皇陵铜车马坑都发现了一种刺状镝衔[36]，其两端均作死舌带扣形，与Ⅱ型带扣相同，这说明Ⅱ型带扣的运用还是有一定普遍意义的（图二：2、3）。

还有一点值得注意的是，Ⅱ型与Ⅰ型带扣目前的始见年代基本接近，都在春秋中晚期。可以推想，Ⅰ型带扣的始出年代一定还会更早一些，或可提到春秋早期之时。

在中原，Ⅰ型（ⅠB式）带扣一直使用到西汉中期，继之而起的是Ⅲ型带扣，在满城汉墓中ⅠB与Ⅲ型两种同出。Ⅲ型为附加轴带扣，制作工艺比较复杂，在使用上也不一定很坚固，所以它流行的时间不可能太长，现在仅在西汉中期的墓中有少量发现。从某种意义上说，Ⅲ型是活舌带扣的初型，也是一种具有过渡特征的中间形态产品。

在北方，Ⅰ型带扣一直使用到东汉（鲜卑）时期，继之而起的也是Ⅲ型带扣，Ⅲ型也只见于这个时期。除此而外，还出现了ⅤA、ⅤB式，这个时期带扣的种类较多，表现出一种交替过程。这个交替过程的完成较之中原要晚得多，大约有一百年上下。

Ⅵ型带扣是一种标准型带扣，可以说是一种定型产品，使用起来方便得多了。Ⅵ型带扣在中原最早见于西汉与东汉之交，从此以后便较为流行。与此同时，又出现了一些新型带扣，完全淘汰了原始型（Ⅰ、Ⅱ型）带扣，连Ⅲ型在内的初型活舌扣也一并被淘汰。

在北方，Ⅵ型带扣较为晚出，而且仅见ⅥB式，属辽金时期。至于Ⅳ式带扣，由于它仅为高句丽所用，因此在整个带扣演化史上没有什么决定意义。

Ⅵ型带扣有一个牌形扣身，扣身往往饰有各种纹饰。从工艺上说，它是带扣中

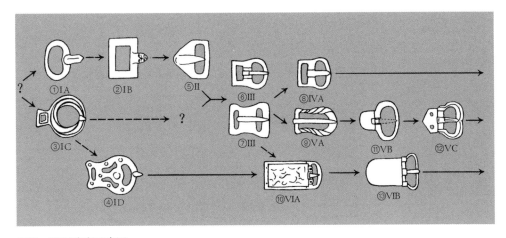

图五　带扣演变示意图

❶ 陕西凤翔(春秋)　　❷ 河南洛阳(春秋)　　❸ 内蒙古准格尔(战国)　　❹ 内蒙古陈巴尔虎旗(汉)　　❺ 山西侯马(春秋)

❻ 河北满城(汉)　　❼ 内蒙古呼伦贝尔(汉)　　❽ 陕西乾县(唐)　　❾ 辽宁朝阳(唐)　　❿ 江苏宜兴 (晋)

⓫ 内蒙古科左后旗(唐)　　⓬ 陕西西安(唐)　　⓭ 辽宁朝阳(辽)

最为华贵的一种，恐怕不会太普及，一般可能为社会上层人士所用。Ⅳ A 式和 V 型也属标准型，为普及型产品，制作更为简便，可能为社会下层通用。V A 式及 Ⅳ A 式与Ⅵ A 式的始作年代大体接近，都是在西汉晚期或略早，它们都一直延用了相当长的时间。其中 V A 式消失稍早，大约在唐代以后便不见流行了，逐渐代之而起的是 V B 式，而后又有 V C 式等。宋辽以后，比较多见到的带扣主要只有 V B、V C、Ⅵ A、Ⅵ B 几种了。

　　归纳上面的分析，可知带扣的发展演变基本上是沿着 Ⅰ 型—Ⅱ 型—Ⅲ 型—Ⅳ 型这样一条线索进行的，它所表现出的正是由低级向高级逐渐进步这样一条规律（图五）。

三 带扣『北来说』质疑

∞

过去不仅有带钩北来之说，也有带扣北来说。在否定了带钩由北方传入的传统认识以后[37]，我曾经以为由北方来的是带扣而不是带钩，正因为这样，带扣逐渐取代了带钩。

带扣北来说至迟清代时便已出现，阮元所说"师比之制创自赵武灵王"就是这个意思[38]。近人陈仁涛也说"带扣之用同于带钩而尤为便利，其始亦为胡人之服制，而创作较带钩稍晚，唯汉魏以降，用者渐多，遂寝取带钩之地位而代之。"[39]这无异也是说带扣也是北方传播过来的。

通过对带扣形制及时代的全面考察，可以看出带扣北来说并没有什么坚实的证据，那种传播过程可能并没有发生过。

带扣在中原和北方的始出年代基本接近，这是根据现有材料得出的结论，现在还不好判明孰早孰晚。从以后的发展中可以看到，中原带扣的演进有一个比较完整的序列，即ⅠA—Ⅱ—Ⅲ—ⅣA、ⅤA，在北方也约莫可以看出ⅠC—? —Ⅲ—ⅣA、Ⅴ这样的演进序列，尽管现在还没有见到Ⅰc和Ⅲ型之间的中间环节。

我们注意到，在这两套相似的演进序列中，一些对应的演进环节在时间上几乎都以中原为早，特别是相同的具有中间过渡形态的Ⅲ型带扣在中原见于西汉中期，而北方则是在西汉晚到东汉初才见到。我们隐约可以看出，北方带扣的发展实际上受到中原的制约。可以认为，中原带扣的发展占有主导地位，北方受到中原一定的影响。当然北方也有自己明显的地方特色，一直到魏晋南北朝，两地都还存在着不少明显的区别。从隋唐起，中原和北方带扣的形制基本划一，一般很难区别。

说到传播，当然就要涉及到起源及起源地的问题。由于中原和北方的原始型带扣（ⅠA、ⅠC）结构相同，它们的渊源很可能是同一个。又由于它们的造型并不全同，也不排除各有源头的可能性，所以关于带扣的最初起源地现在还不好完全确定。早期带扣在北方是并不用于马具的，中原地区正相反，带扣的使用恰恰是从马具开始的。服马至迟起于商代，饰马亦然。从这个意义上看，带扣极可能起源于中原地区，起源于驾车马以及坐骑的装备改革，这至晚是发生在春秋时期，是那种频繁的兼并战争带来的一个小小的、也是一个重要的结果。

总之，北来说根据不足。问题的最后解决，还有待关键性的资料。

四 带扣的实用范围及其与带钩的关系

在中原地区，带扣在起初几乎全都是用于马具，无论在墓葬中和车马坑中，带扣一般都与马具共存。如山西侯马上马村春秋中晚期的M13，一件Ⅱ式带扣与马衔等马具同出[40]；洛阳中州路一座战国车马坑，带扣出在马骨颈部，为系辔所用[41]；秦始皇陵铜车马所见骖马靷绳等，也都是用带扣系结的[42]。当然也有个别迹象表明带扣在东周时期似乎已经用于人体束带，洛阳中州路M264有一件ⅠB式带扣出在人骨胸部，M2737棺内也发现了带扣[43]，发掘者认为这样的带扣"可能是带钩的一种"。值得注意的是，M264同时还出土一枚钩纽组合体的真正带钩，这似乎可以排除带扣作人体束带之带钩的可能性。洛阳中州路这两座墓人骨上及附近见到带扣也许是偶然现象，还不好拿来作为带扣在那个时候已经用于人身的证据。

在北方古代少数民族地区，带扣一开始便用于人身束带。在内蒙古凉城县毛庆沟发掘的春秋晚期匈奴墓[44]，可以看到ⅠC式带扣十分端正地放置在腰间，M43、60不仅出土了带扣，而且还有成组的带饰（图六）。在杭锦旗桃红巴拉战国时期的匈奴墓中[45]，这种带扣也都出在人骨腰部。内蒙古东胜县汉代匈奴墓所见的ⅤA式带扣，也是出在人骨腰部[46]。后来，北方地区的带扣也同时被用作马具，吉林集安公元四世纪的高句丽积石墓中带扣就与马具同出[47]，这大概是北方将带扣用于马具的最早的证据。

大约从西汉中期开始，带扣在中原及南方地区开始用于人体束带。在西汉中期带扣用于人身的似乎还只限于佩带刀剑，如河北满城汉墓所见的Ⅲ型金带扣便出在刀鞘上[48]。唐代也有类似的例子，西安就发现有用带扣佩带武器的石刻造像（图七）[49]。从两晋时代开始，带扣的使用逐渐形成为一套完整的制度，不同规格和不同质料的带扣分别为不同阶层的人士所用。《新唐书·舆服志》记载唐代带扣分几等，三品以上服用金玉，以下分金、银、石、铜、铁几类，铜铁带扣为流外官员和庶人所用。

在南北朝时期，带扣不仅用于腰中束带，还常常用于武士披甲挂铠[50]。这些

图六　带扣实用举例之一

（内蒙古凉城县毛庆沟M60、M43，春秋）

图七　带扣实用举例之二

（陕西西安，唐）

图八　带扣实用举例之三

（左:河南洛阳,北魏;中、右:湖北武昌,隋）

武士肩部左右各有一带，用扣提扎（图八：左）。后经隋唐[51]，此习一直相沿不改，到10世纪以后仍然盛极（图八：中、右）。

　　关于带扣的用法，可以找到不少直观的例子。ⅠA和ⅠB式带扣的用法是，将带头一端固定在扣环有舌的一侧，另一端打孔若干，用时将带头从扣孔下边往上穿入，扣舌入于带孔即可（图九：下）。ⅠC式则有所不同，使用时带头一端不是固定在扣舌一侧，而是相反，固定在扣舌相对的那一侧，那一侧有专做的用于固定带头的孔、纽以及铆孔等。带头另一端也打孔若干，使用时从扣舌一侧由下穿进扣孔，再往回拉套入扣舌（图九：上）。内蒙古陈巴尔虎旗完工鲜卑墓出土的ⅠD式带扣上还留有革带的残段，可以作为它如此使用的一个证明[52]。这样看来，ⅠB和

ⅠC、ⅠD式带扣的力作用是不同的，一顺一逆，这是它们的明显区别之一。

图九　Ⅰ型带扣用法复原

其他普通型活舌带扣的使用方法与死舌带扣既有联系，又有区别。活舌带扣使用时，带头一端也是固定在扣舌同侧，另一端从扣舌下面穿入，套入扣舌。由于扣舌是活的，拉力将舌尖拉到扣环另一侧阻住，使用起来较之死舌要方便多了。

古代束腰用的革带在穿入扣环的一端还装有不同质料做的带尾，通称为"铊尾"，或为"鱼尾""獭尾"等。考古发现的铊尾在北方古代少数民族中较早见于渤海（唐）时期[53]，实际上北方地区东晋墓就有出土，见于辽宁朝阳袁台子壁画墓[54]。在中原和南方地区，铊尾始见于两晋时期，江苏宜兴周处墓就有出土[55]。

有趣的是，在不少古代墓葬内发掘出土的成套带具，其铊尾往往大于带扣环径，穿不进去。如著名的四川成都五代王建墓[56]，还有安徽安庆[57]和江苏苏州的元墓等[58]，所见铊尾都不能从配套的扣环中穿过。这样的带具可能是专为埋葬死者制作的，不是实用品。

这里还要简单谈谈带扣和带钩的关系问题。带钩和带扣具有同样古老的历史，其时代双双都早到了春秋时期。从功用上讲，它们是一致的，都是用于束带。

带扣用于人体束带，北方比中原有更久远的历史，中原传统是用带钩。从汉代开始到魏晋时代，中原大量采用带扣束带，逐渐取代了原有的带钩。这时正好是在带扣的标准构造定型以后。这种替换过程的发生极其自然，也许是受到北方民族的影响。令人不解的是，这种影响早在春秋时代便已存在，为何在汉代才表现出来？看来这种影响即便有，那也是次要的，关键还是带扣成为定型产品，其优势超过带钩，所以带钩才让位于带扣。

从考古发掘可以看出，带扣的造型与它的用途具有密切的关系。特定样式的带扣有它特定的用途，当然也有一部分带扣的使用并没有固定的范围。一般来说，ⅠA、ⅠB、Ⅱ三种带扣大概是专门用于马具的，ⅠC、ⅠD、ⅤC、ⅥA四种则是专用于人体束带的，其他各式带扣或做马具、或束腰、或佩器，区分不是太明显。

五 关于带扣的名称

"带扣"一名，始于当代，究竟是谁定下的这个名称，一时还不易查考。带扣在古代另有名称，如"师比""带鐍""钩䚢"等，随着时代的不同常有更迭。

1. 师比 这是现在所知带扣最早的名称，见于《战国策·赵策》"赐周绍胡服衣冠具带黄金师比"一语。延笃云："师比，胡革带钩也。"意即带扣。与师比相近的还有"犀比"一名，如《楚辞·招魂》的"晋制犀比"和班固《与窦宪笺》的"复赐固犀比金头带"。师比在《史记·匈奴列传》记作"胥纰"，在《汉书·匈奴传》写成"犀毗"，在《楚辞·大招》别作"鲜卑"。唐人以为这几个名字所指均为一物，即为"胡带之钩"，这是非常正确的。后人把师比认作中原流行的带钩，实在是一个误会。汉代将中原带钩径称带钩，师比应是北方对带扣的称呼。与此有关的还有高诱注《淮南子》所说的"私纰头"、王逸注《楚辞》所说的"绲带头"，实际指的也都是带扣。

2. 带鐍 《后汉书·舆服志下》记"自公主封君以上皆带绶，以采组为绲带，各如其绶色，黄金辟邪，首为带鐍，饰以白珠"，并云"紫绶以上，縌绶之间得施玉环鐍"。《注》引《通俗文》说"缺环曰鐍"，这显然指的是玦，《御览》也直书为"玦"。这里说的是绲带之首，应当就是带扣，非为玦。《隋书·礼仪志》记萧梁时的带制亦与此同："革带，带剑，绲带以组为之，如绶色。黄金辟邪首为带鐍。"在《说文》中说"鐍，鐍或从金矞"，而鐍为"环之有舌者"，其为带扣无疑。

从东汉到南朝，带扣称作带鐍，这是中原王朝对带扣所取的第一个正规名称。这里还要重提汉高诱注《淮南子》，他说"私纰头"为"郭落带系铫镝"，前人多以为此语不道，我以为镝为鐍之误，高诱的意思即是说师比就是带鐍，只是异地不同名而已。

带鐍的名称应是源于马具，鐍为系辔之环，通作觼，音义均与鐍相同。

3. 钩䚢 《晋书·舆服志》记皇太子"革带，玉钩䚢"；《隋书·礼仪志》记陈制为"皇太子……素革带，玉钩䚢"，所说钩䚢就是带扣。此名与带鐍虽同时存在，不过使用的时间可能不长，大约止于南朝以后不久。

4. 钩䚢 由《隋书·礼仪志》看，从北齐开始才有此名，所谓"钩䚢，为具服"。这个名称历经隋唐—元明，一直不变。陈祥道《礼书》说，"革带有钩以拘之，后世谓之钩䚢"，这种拘带的钩就是带扣。

由上所述，带扣从师比、带鐍（钩燮）到钩䚢，名称上经历了几个大的变化。由它的名称我们也可看到中原束腰带扣原本是取自马具，王国维在《胡服考》中说"带具之名皆取诸马鞍具"，事实正是如此。

我们现在虽然没有必要恢复带扣的古称，但对它的名称问题也应当有一个统一的认识。通常在考古报告中把死舌的扣称作"方策"或"策"，也有将一部分活舌的扣称作"策"的，或唤作"铰具""带头""带卡"等，更有将带扣称作"銙"的。《胡服考》说汉末"其带之饰则于革带上列置金玉，名曰校具，亦谓之銙，亦谓之环"，并云"校者即《朝野金载》之铰具"，"唐中叶以后，不谓之环而谓之銙"。这里所说的校具、鞊、环、銙实质都是一个东西，就是指革带上的装饰，并非指带扣，将带扣称作銙和铰具都是不恰当的。"铰"为装饰之意，《广韵》释铰为"装铰"，李善注颜延之《赭白马赋》之"宝铰星缠"的铰亦为"装饰"。"铰具"就是施饰之器，《续齐谐记》载"汉宣帝以皂盖车一乘赐霍光，悉以金铰具"一事，所谓"以金铰具"就是以金为饰之意，"铰具"并非具体指什么物件。

排除以往对带扣的种种误名和别名是必要的，像"策""带卡"等虽然也都可取，但复名过多就显得烦琐。当然也不必起用古名，可以通称为带扣便了。至于束腰、挂甲的带扣和马具是否分别称呼，还可以从长计议。

前后达二千五百年之久，带扣的发展经历了由简单到复杂再到成熟的漫长过程，它的作用也由单一的马带具扩展到人身束带及带佩等。虽然带扣在古代中国以外的地区也广为流行，但中国作为带扣的发明地区之一则是可以肯定的。古代中国的带扣和其他地区尤其是北亚地区的关系问题，是还需要深入探索的课题之一，这只有留待来日了。

附注：稿成递交编辑部后不久，见到山东临淄西汉齐王墓发掘资料，报道随葬器物坑出土二十五件活舌带扣（原定为Ⅰ式）。其扣环同本文ⅠB式，但又为活舌，是迄今所见的一种新类型的带扣。现在虽然还不便将它归入到本文划定的哪一式带扣，但它本是由ⅠB式演进而成的线索是显而易见的（见山东省淄博市博物馆：《西汉齐王墓随葬器物坑》，《考古学报》1985年第2期，图二五：4）。

注释:

[1] 冯汉骥:《王建墓内出土"大带"考》,《考古》1959 年第 8 期。

[2] 陕西省雍城考古队:《凤翔马家庄一号建筑群遗址发掘简报》,《文物》1985 年第 2 期。

[3] 安徽省文管会等:《寿县蔡侯墓出土遗物》,北京:科学出版社,1956 年,图版二一:7。

[4] 河北省文管处等:《河北邯郸赵王陵》,《考古》1982 年第 6 期,图一二。

[5] 中国社会科学院考古研究所等:《满城汉墓发掘报告》,北京:文物出版社,1980 年,图一三八:17。

[6] 湖北省鄂城县博物馆:《鄂城楚墓》,《考古学报》1983 年第 2 期,图版二五:4。

[7] 安徽文物工作队:《安徽舒城九里墩春秋墓》,《考古学报》1982 年第 2 期,图一一:6。

[8] 河北省文物研究所等:《滦平县虎什哈炮台山山戎墓地的发现》,《文物资料丛刊》7,1983 年,图五:7。

[9] 内蒙古自治区博物馆:《内蒙古准格尔旗玉隆太的匈奴墓》,《考古》1977 年第 2 期,图二:4。

[10] 伊克昭盟文物工作站、内蒙古文物工作队:《西沟畔匈奴墓》,《文物》1980 年第 7 期,图七:1;田广金:《桃红巴拉的匈奴墓》,《考古学报》1976 年第 1 期,图版二:12。

[11] 钟侃:《宁夏固原县出土文物》,《文物》1978 年第 12 期,图一。

[12] 中国科学院考古研究所:《沣西发掘报告》,北京:文物出版社,1962 年,图九三:1。

[13] 乌恩:《中国北方青铜透雕带饰》,《考古学报》1983 年第 1 期。

[14] 内蒙古自治区文物工作队:《内蒙古陈巴尔虎旗完工古墓清理简报》,《考古》1965 年第 6 期,图八:3、6。

[15] 西省文管会侯马工作站:《山西侯马上马村东局墓葬》,《考古》1963 年第 5 期,图版四:21。

[16] 同 [6],图八一:7,二二四:2。

[17] 内蒙古文物工作队:《内蒙古扎赉诺尔古墓群发掘简报》,《考古》1961 年第 12 期,图版六:4、5。

[18] 河南省博物馆等:《河南省温县汉代烘范窑发掘简报》,《文物》1976 年第 9 期,图一二、二二。

[19] 陕西省文物管理委员会:《唐永泰公主墓发掘简报》,《文物》1964 年第 1 期,图三〇。

[20] 吉林省博物馆文物队等:《吉林大安渔场古代墓地》,《考古》1975 年第 6 期,图六:14。

[21] 北京市文物工作队:《北京大葆台金代遗址发掘简报》,《考古》1980 年第 5 期,图四:7。

[22] 集安县文物保管所:《集安县两座高句丽积石墓的清理》,《考古》1979 年第 1 期,图六:7、15、18;吉林省博物馆辑安考古队:《吉林辑安麻线沟一号壁画墓》,《考古》1964 年第 10 期,图七:5、12。

[23] 伊盟文物工作站:《伊克昭盟补洞沟匈奴墓清理简报》,《内蒙古文物考古》1981 年第 1 期,图七:2;同 [14],图九:5;集安县文物保管所:《集安高句丽墓葬发掘简报》,《考古》1982 年第 4 期,图九:2;《集安万宝汀墓区 242 号古墓清理简报》,《考古与文物》1982 年第 6 期,图四:7。

[24] 南京博物院:《昌梨水库汉墓群发掘简报》,《文物参考资料》1957 年第 12 期。

[25] 同 [14],图九:6;中国科学院考古研究所内蒙古工作队:《内蒙古巴林左旗南杨家营子的遗址和墓葬》,《考古》1964 年第 1 期,图四。

[26] 中国科学院考古研究所:《西安郊区隋唐墓》,北京:科学出版社,1966 年,图四一:11。

[27] 郭文魁:《和龙渤海古墓出土的几件金饰》,《文物》1973 年第 8 期,图五;前热河省博物馆筹备组:《赤峰县大营子辽墓发掘报告》,《考古学报》1956 年第 3 期,图八、九。

[28] 巴右文等:《内蒙古昭乌达盟巴林右旗发现辽代银器窖藏》,《文物》1980 年第 5 期,图一 七。

[29] 罗宗真:《江苏宜兴晋墓发掘报告》,《考古学报》1957 年第 4 期;夏鼐:《晋周处墓出土的金属带饰的重新鉴定》,《考古》1972 年第 4 期,图一;白冠西:《安庆市棋盘山发现的元墓介绍》,《文物参考资料》1957 年第 5 期,图一一。

[30] 云南省博物馆:《云南晋宁石寨山古墓群发掘报告》,北京:文物出版社,1959 年,图版六:3。

[31] 中国社会科学院考古研究所安阳工作队：《安阳孝民屯晋墓发掘报告》，图五，4，《考古》1983 年第 6 期。

[32] 同 [26]，图四一，6；陶正刚：《山西平鲁出土一批唐代金铤》，《文物》1981 年第 4 期，图八。

[33] 黎瑶渤：《辽宁北票县西官营子北燕冯素弗墓》，《文物》1973 年第 3 期，图一五：3。

[34] 靳枫毅：《辽宁朝阳前窗户村辽墓》，《文物》1980 年第 12 期，图二二：4。

[35] 河北省文管处等：《河北邯郸赵王陵》，《考古》1982 年第 6 期，图一二：12。

[36] 秦俑考古队：《秦始皇陵二号铜车马清理简报》，《文物》1983 年第 7 期，图一三。

[37] 王仁湘：《古代带钩用途考实》，《文物》1982 年第 10 期。

[38]（清）阮元：《积古斋钟鼎彝器款识》卷十。

[39] 陈仁涛：《金匮论古初集》，香港亚洲石印局，1952 年，第 89 页。

[40] 山西省文管会侯马工作站：《山西侯马上马村东局墓葬》，《考古》1963 年第 5 期，图版四：21。

[41] 洛阳博物馆：《洛阳中州路战国车马坑》，《考古》1974 年第 3 期。

[42] 秦俑考古队：《秦始皇陵二号铜车马清理简报》，《文物》1983 年第 7 期，图一九。

[43] 中国科学院考古研究所：《洛阳中州路》，北京：科学出版社，1959 年。

[44] 田广金：《近年来内蒙古地区的匈奴考古》，《考古学报》1983 年第 1 期，图三。

[45] 伊克昭盟文物工作站、内蒙古文物工作队：《西沟畔匈奴墓》，《文物》1980 年第 7 期，图七：1；田广金：《桃红巴拉的匈奴墓》，《考古学报》1976 年第 1 期，图版二：12，田广金文。

[46] 伊盟文物工作站：《伊克昭盟补洞沟匈奴墓清理简报》，《内蒙古文物考古》1981 年第 1 期，图七：2；同 [14]，图九：5；集安县文物保管所：《集安高句丽墓葬发掘简报》，《考古》1982 年第 4 期，图九：2；《集安万宝汀墓区 242 号古墓清理简报》，《考古与文物》1982 年第 6 期，图四：7，伊盟文物工作站文。

[47] 集安县文物保管所：《集安两座高句丽积石墓的清理》，《考古》1979 年第 1 期，图六：7、15、18；吉林省博物馆辑安考古队：《吉林辑安麻线沟一号壁画墓》，《考古》1964 年第 10 期，图七：5、12，集安县文物保管所文。

[48] 同 [5]。

[49] 中国社会科学院考古研究所：《唐长安城郊隋唐墓》，北京：文物出版社，1980 年，图四七～四九。

[50] 洛阳博物馆：《洛阳北魏画像石棺》，《考古》1980 年第 3 期，图二。

[51] 沈从文：《中国古代服饰研究》，香港：商务印书馆香港分馆，1981 年，图 55。

[52] 靳枫毅：《辽宁朝阳前窗户村辽墓》，《文物》1980 年第 12 期，图八：6。

[53] 郭文魁：《和龙渤海古墓出土的几件金饰》，《文物》1973 年第 8 期，图五；前热河省博物馆筹备组：《赤峰县大营子辽墓发掘报告》，《考古学报》1956 年第 3 期，图八、九，郭文魁文，图四：2。

[54] 辽宁省博物馆文物队等：《朝阳袁台子东晋壁画墓》，《文物》1984 年第 6 期，图三〇：2。

[55] 罗宗真：《江苏宜兴晋墓发掘报告》，《考古学报》1957 年第 4 期；夏鼐：《晋周处墓出土的金属带饰的重新鉴定》，《考古》1972 年第 4 期，图一；白冠西：《安庆市棋盘山发现的元墓介绍》，《文物参考资料》1957 年第 5 期，图一一，罗宗真文。

[56] 冯汉骥：《王建墓内出土"大带"考》，《考古》1959 年第 8 期。

[57] 白冠西文。

[58] 苏州市文物保管委员会：《苏州吴张士诚母曹氏墓清理简报》，《考古》1965 年第 6 期。

（原载于《考古》1986 年第 1 期）

第六章

鄂尔多斯带扣平论

一 带扣分类

∞

鄂尔多斯青铜器中，有大量的带扣。这些带扣大多都带有浓厚的草原文化色彩，既是一种普遍的实用器具，也具有非常高的艺术价值。这是不同于古代中原的带饰系统，具有浓郁的时代与地域风格。这些带扣也是构成鄂尔多斯青铜器总体风格的主要代表性器型之一，历来很受研究者关注。鄂尔多斯带扣中也有一些金带扣，与青铜带扣一样制作非常精美，也很有特点。

鄂尔多斯铜带扣虽然发现很多，但研究工作却一直比较薄弱，过去较多的是从"牌饰"角度进行探讨，偏重于它的艺术性研究，一般都不大注意考察它的用途与用法。鄂尔多斯带扣分作两个大类，可以分别称作环式扣和牌式扣，两类带扣各有特点，其中牌式扣的艺术造型更为丰富，也更受关注。环式扣中，又分为固定扣舌和活动扣舌两种，数量以前者为多。本文准备分类讨论这些带扣的特点，对于不同带扣的使用方法及扣系的方向，也会在过去研究的基础上做出进一步的推论。

关于古代鄂尔多斯带扣的资料，除了一些发掘出土品以外，更多见到的是征集所得。一些重要的带扣标本，在先后出版的《鄂尔多斯式青铜器》[1]和《鄂尔多斯青铜器》[2]都有著录，也有一些论文涉及到相关研究。由于在一些墓葬的发掘中也获得一定数量的标准器，所以关于这些带扣的时代推断，大体也没有什么问题，大多应当是在春秋至汉代之际。对于那些时代更晚的带扣，即晚到汉代以后的带扣，不是本文讨论的范围。

我们首先通过分类研究，将鄂尔多斯带扣分为环式扣和牌式扣两个大类。两类带扣尽管在外形轮廓上区分明显，但它们都有两个共同点，一是有带孔，一是带孔一侧有扣舌。环孔有大小方圆的不同，扣舌也有大与小的区别。环式扣比较明确，带孔不论方圆，孔径都比较大，扣舌也略显粗大。牌式扣则不然，虽然整体器形并不小，但带孔较小而容易被忽略，扣舌显得也要小一些。

牌式扣的带孔一般是在长牌的一端，少数是在长牌的中心位置。过去的研究者一般都将牌式带扣定名为铜牌饰，人们更多地注意了题材丰富的装饰图案的研究，忽略了扣舌的存在，也是忽略了它的用途。环式扣具有一个较大的带孔，一侧固定带头，相对的另一侧铸有扣舌，整体较少附加装饰[3]（图一）。

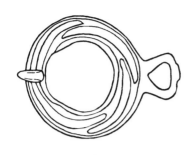

图一　环式带扣和牌式带扣比较

　　带扣中还有一种比较特别的形式，它虽然以动物形态作为扣身的造型，却并没有牌式带扣那样的完整轮廓；它虽然有较大的扣舌和扣环，但扣环却并没有封闭成完的环形。这类带扣发现并不多，但造型非常独特，我们以它的扣环不封闭这个特点为依据，称之为"半环式带扣"。

　　此外，在鄂尔多斯带扣中还见到有少量的活舌式环形带扣，它可能并不是鄂尔多斯青铜器中固有的器形，明显是由外部传入的。也会有某些活舌扣带有草原文化风格，不排除它们有可能是在当地制作的。

　　以下将以这四种分类为基础，对鄂尔多斯带扣的特征作一个粗略的分析。因为牌式扣的数量较多，造型与纹饰最为复杂，特点最为突出，分析是以这一类带扣为主，其他几类带扣的分析相对会简略一些。

　　过去的研究者也建立过一些分类系统，有的可能显得繁杂一些，不便作进一步的研究。相比而言，我们觉得本文提出的分类原则更为简单明了，运用起来也比较方便一些。

二　牌式带扣

鄂尔多斯牌式带扣有许多不同的类型，面对几乎很少有两件带扣完全相同的事实，学者们不知该如何来进行分类研究。人们常常以带扣上的装饰进行分类，或直接以动物题材作区分，分类系统显得比较繁杂。我们在这里要建立的分类原则主要有两条，一是带扣上扣孔与扣舌的位置，二是带扣的外形。这样分类可以兼顾到带扣的造型与装饰，以造型上的结构不同为主要的分类标准，这样似乎脉络要更加清晰一些。

以牌式带扣造型上结构的不同进行分类，我们选择扣孔与扣舌位置的不同进行归类，可分为 A、B、C 三型。A 型是扣孔与扣舌位于带扣一侧，B 型是扣孔与扣舌位于带扣中心，C 型是扣孔与扣舌位于带扣外侧。

A 型　扣孔与扣舌位于带扣一侧，这是牌式带扣的主要形式，也是标准形式，发现的数量也最多。扣孔一般为不规则扁长形，扣舌也比较小。

B 型　扣孔与扣舌在带扣中心或中心略偏的位置，这是一种比较特别的形式。扣孔一般为正圆形，孔径并不大，但较之 A 型还是要大出不少。发现数量虽然不多，也见到若干例，也是不可忽略的。

C 型　扣孔与扣舌位于带扣外侧，这是一种少有的例外。前两型的扣舌扣孔都是在带扣的整体造型以内，而这一型的扣舌与扣孔却是突出于带扣的整体造型之外，扣孔与扣舌都不大。C 型带扣发现数量虽然较少，却也不能忽略。

牌式带扣外形虽然有许多的不同，但大体可以归为 a、b 两式。a 式外形为方框形，不论有多么复杂的图案与装饰，它都有一个方形的边框，外形轮廓一样，这是最标准的牌式带扣。b 式则明显不同，它是以图案中的动物外形为牌形的主体造型，外围不再有封闭的边框，外形依动物轮廓变化，这类带扣纹饰最为丰富。

通过这样的归类，我们将牌式带扣分为以下几式：

Aa 式　带扣孔舌在一侧，外形为方框形，小扣舌，扁长形小扣孔。方框之内，为透雕的各种纹饰，多数饰动物纹（图二），少数为几何形纹饰（图三）。也有部分图案中人与动物同在，表现出一定的情节。在动物纹中，有时见到的是单体动物，有时则是成双对称的动物，动态都非常生动。

图二　Aa 式长方形动物纹牌式带扣

图三　Aa 式长方形几何纹牌式带扣

图四　Ab 式动物造型牌式带扣

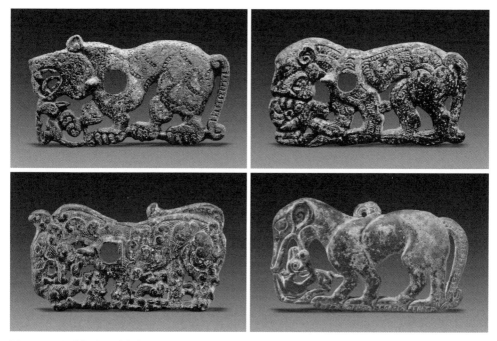

图五　Bb 式动物造型牌式带扣

　　Ab 式　带扣孔舌在一侧，外形不规则，以动物造型为轮廓。多数表现的是弱肉强食的题材，是猛兽捕食小动物的造型。主体动物似乎有固定的方向，依使用时的方向看，一般都是头右尾左，扣舌和扣孔与动物的大头在同一方向（图四）。

　　Ba 式　带扣孔舌在中心位置，外形为方框形。这一式带扣至今还基本没有发现，它的有无似乎还不能确定。不过，宁夏固原的杨郎墓地，出土过一件大体为方牌形的带扣，中间是不大的方孔，孔边有一较大的扣舌。以理度之，有下面的 Bb 式带扣，就应当有 Ba 式带扣，是否一定如此，还要等待更多新的发现来证明。

　　Bb 式　带扣孔舌在中心位置，外形不规则，以动物造型为轮廓。动物还是弱肉强食的造型，头右尾左，扣舌也在扣孔的右位。让人特别注意的是，中部的扣孔在设计时没有太多顾及纹饰的构成，它穿透了动物的身体。这样的设计，也许是为着提高带扣的强度（图五）。

Ca式　带扣孔舌在带扣主体造型之外，外形大体为方框形。这一式带扣至今也还没有发现，它的有无也不能确定。这当然也是依据下面的 Cb 式带扣推断出来的，也要等待新的发现来证明。

Cb式　带扣孔舌在带扣造型之外，外形不规则，以动物造型为轮廓。扣孔较小，略为圆形，扣舌也不大。这类带扣与上述 Ab 式比较接近，区别在于它有一个相对明显突出的扣环。发现虽然很少，特点却很突出，值得注意。宁夏固原杨郎墓地就出土过这一式的带扣[4]，带孔很小，扣舌也不大（图六）。

图六　Cb式动物造型牌式带扣

　　这样分类以后，我们知道现在所见的牌式带扣大体可分为四式，另外有两式推测有可能存在，但至今发现极少或基本没有发现。现在我们为还没有发现的两式牌式带扣确定了它们在分类系统中的位置，如果今后真有发现，可以很容易地为它们归位。

　　有了这样一个分类体系，虽然解决了大部分问题，但我们也知道它并不能完全将牌式带扣的各种类型包括进来，也还是有极少的带扣要作特别的处理，这方面的讨论可以留待以后进行。

　　上列四式牌式带扣的带孔不论长圆，几乎都是小孔，这也是值得注意的（图七）。

图七　小孔带扣

因为带孔大小可能涉及穿带的方式与腰带的规格问题，所以不应当忽略它，这个问题在后文还要作些讨论。

三　环式带扣

鄂尔多斯带扣中的环式带扣虽然没有牌式带扣华美，但是也很有特色，造型简约，附加装饰比较少。它的主体特征是扣环的环体基本为圆环形，一侧环体上有或大或小固定的舌，相对的一侧有系带尾的小环孔，小环孔略作梯形样式。需要特别注意的是，环式带扣的扣舌一般都比较大，形如鸟首，有时铸有明确的双目。这样的扣舌，在牌式带扣上一般是见不到的。

环式带扣按带环不同，分圆环型、方环型和不规则型三大类，圆环类归入 A 型，方环类归入 B 型，不规则类归入 C 型。

A 型带扣造型上比较统一，以圆环形为基本特征，区别常常表现在装饰上，有素环形、几何纹环形和动物纹环形的不同。B 型发现数量较少，，时代也可能要晚一些，形式分类也不多，大体可区分为素体和有装饰两式。C 型比较特别，基本是变体动物的造型，并没有规整的环孔，其实它是介于牌式与环式带扣之间的一种样式，因为在形体上更接近环式，所以并入环式叙述。C 型可以不看作是严格的分类，在资料更多以后，也许可以在牌式与环式带扣之间再单独划出一种来。

环式带扣与牌式带扣最大的不同，是它大多属于大孔带扣。环式带扣可细分为以下几种形式：

Aa 式　扣体为圆环形，环体分无纹和饰几何纹两种。真正素体无纹的环式带扣很少见到，北京延庆军都山玉皇庙基地出土的 3 件环式扣中 [5]，只有一件为素体（图八）。环式带扣一般都饰有几何纹，几何纹在扣体上作二方连续式布列（图九～一一）。其中比较有特点是一种以三条或四条首尾交叠的圆弧形作装饰的带扣（图一〇），这类纹饰同样也会装饰在一些铜环上，可能表示着一时还不能知晓的什么意义。此外还见到个别环式带扣构造略有区别，带体的大环与系带的小环孔连作一体，中间没有隔断。这样的带扣或许只是一个特例，也可能中间的隔断是损坏了，我们暂时归入 Aa 式中，今后如果还有发现时再作区分（图一二）。

Ab 式　扣体大致为圆环形，以动物造型为轮廓，或以各种动物纹为装饰，有的仅见动物头部，有的则为简略的全形动物。与 Aa 式的不同之处，主要是系带的小孔变化较大，更富于装饰性。有一种是以动物的头耳为系带的小环孔，构

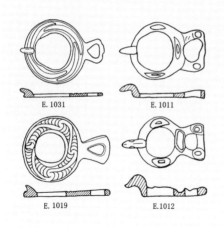

图八　北京延庆玉皇庙出土带扣

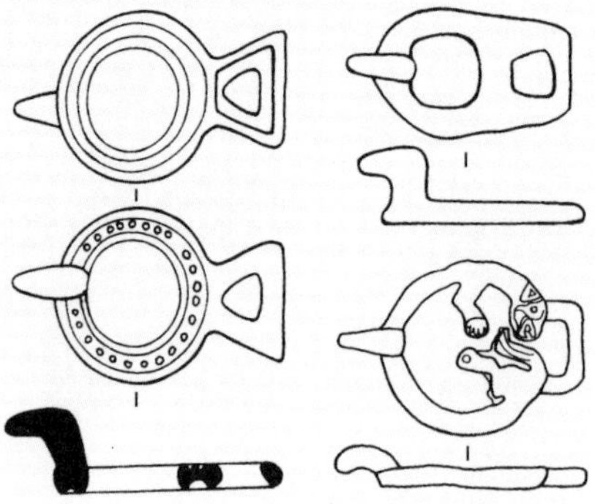

图九　Aa 式环式带扣

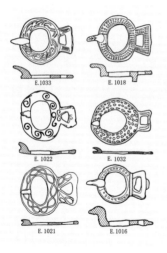

图十　Aa 式环式带扣

图一一　Aa 式环式带扣

图一二　Aa 式环式带扣

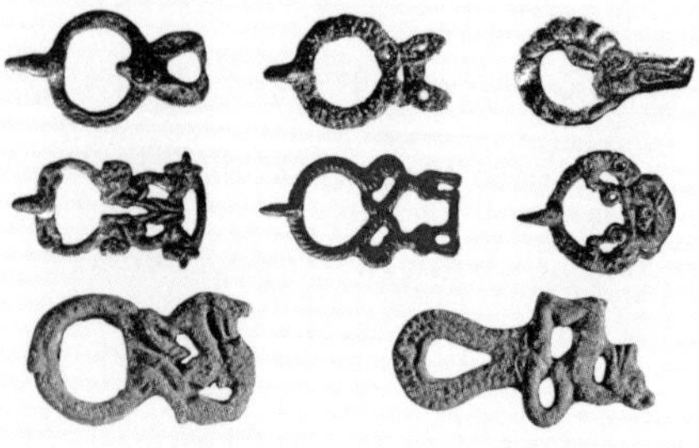

图一三　Ab 式环式带扣

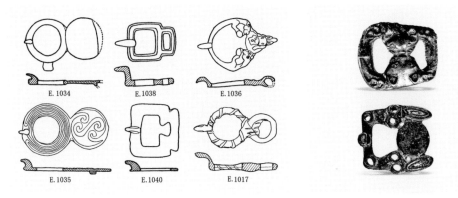

图一四　环式带扣

图一五　Ba 式方体带扣

图一六　Bb 式带扣

思巧妙（图一三）。

　　Ac 式　扣体为环形，后面系带的位置改带环为实心的圆体形，在这个实圆的背面加铸带纽以系带（图一四）。

　　Ba 式　扣体大致呈方形，以动物头面为装饰，扣孔稍大（图一四、一五）。

　　Bb 式　扣体大致为方形，扣舌与扣孔一端为半圆形，扣舌不大，扣孔有的小有的大。扣体饰透雕图案，有全形的动物，有动物头形，也有人与动物同在的构图，都有封闭的边框，器形比较规整（图一六、一七）。

　　Bc 式　扣体外形不规则，以动物造型为轮廓。主体动物呈蜷曲形，身体围成环状，扣孔较大但不规则，扣舌略小（图一七、一八）。

　　值得注意的是，还发现有带扣与带钩共体的全铜带器，而且是以带钩为主体，带扣成了附属的挂件（图一九）。这类带器当是受带钩影响下创造的新品，是不同文化汇流的结果。

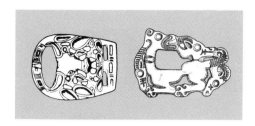

图一七　Bb和Bc式方体带扣

图一八　Bc式方体带扣

图一九　带扣与带钩共体

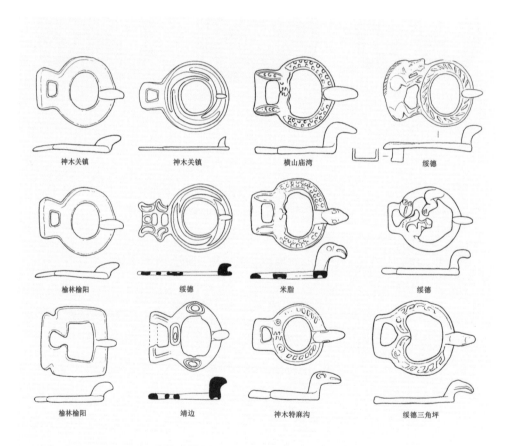

图二○　陕北地区发现的各类环式带扣

新近发表的一批在紧邻鄂尔多斯南部的陕北地区神木、横山、榆林、米脂、靖边和绥德一带征集的环式带扣[6]，大都属于鄂尔多斯环式带扣，也基本可以归属于A、B两型之内（图二〇）。

四 半环式带扣

半环式带扣以动物形态作为扣身的造型，是一种形式比较特别的带扣，扣环没有封闭成完全的环形。这类带扣发现并不多，但造型非常独特，值得特别关注。

半环式带扣的扣体是一个全形动物的造型，动物为回首屈肢跪立式，动物颈部是稍大的扣舌。扣体的尾部有系带的圆环，有的在下方也有圆环（图二一）。陕西志丹县碾树村出土的一件半环式带扣[7]，下方也有圆环，扣尾北部有一个固定革带的圆纽（图二二）。目前见到的半环式带扣在造型上和结构上基本一致，没有再划分类型的必要。

此外还有一种与半环式类似的带扣，造型与半环式带扣相同，扣体也是回首跪立的动物形，稍有不同的是，回首的动物嘴中还衔着一个小动物，两个动物一起构成了封闭的环孔，构思显得非常巧妙（图二三）。

半环式带扣可以看作是环式带扣的一种特别的形式，带环没有封闭不仅不会影响带扣的使用，而且可能会感觉更为便利，因为在束带时不须再将带首穿过环内，而是直接将革带由带环的缺口处挂入就可以了。

虽然使用时会感觉更加便利，但这种半环式带扣发现并不多，说明使用也不是很普遍，也许它还有某些弱点影响了普及率。

图二一　半环式带扣

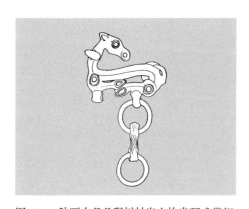

图二二　陕西志丹县碾树村出土的半环式带扣

图二三　与半环带扣造型类似的不规则环式带扣

五 活舌带扣

活舌带扣，是指那些安装着可旋转扣舌的带扣，与上述一般的牌式和环式固舌带扣不同。汉代以后，中原地区普遍使用活舌带扣系带，逐渐取代了传统的带钩。活舌带扣有了明显的变化，扣舌更大且更长（或称扣针），与活舌配套的还有一个舌轴。舌轴在扣孔的里侧，扣舌也生根在里侧，与固舌扣的扣舌在扣孔外侧不同。扣舌环抱在舌轴上，可旋转的角度在180°以内。系带时借助腰带的张力，带扣的带环阻住扣舌而达到紧束的目的。活舌带扣在北方发现不多，刊布得很少。这也许是因为这种带扣造型简单，一般附加装饰也少，人们觉得艺术价值不明显，所以在发表材料时并不在意。

活舌带扣也可分环式和牌式两类，A型为环形，B型为牌形。在北方地区与固舌带扣共存的活舌带扣并不常见，发现数量很有限。

Aa式 扣体大致为圆环形，素体，扣孔较大，舌轴较短（图二四：2）。

Ab式 扣体大致为方环形，与固舌式Ba式方体带扣类同，扣体中部有用兽首装饰的舌轴，扣舌已失（图二五）。内蒙古东胜补洞沟1号墓所出一件铁带扣[8]，方体长舌，没有专门的舌轴，扣舌直接挂在扣环上（图二四：4）。

Ba式 扣体为方形，素体无纹，扣孔较小，扣舌略长（图二四：1）。

Bb式 扣体为方牌形，与固舌牌形带扣Bb式类同。扣舌与扣孔一端为半圆形，扣舌不大，扣孔较小，舌轴也小。扣体饰透雕图案，器形比较规整（图二六）。

此外，在内蒙古准格尔旗西沟畔4号墓出土的两套包金带具[9]，带环与饰牌组配在一起，带环上原应有活舌与舌轴，出土时已失。这种黄金带饰，应当就是一种活舌带扣，时代可早到西汉早期（图二七）。

在鄂尔多斯带扣中，包括在整个北方地区，汉代及汉以前在大量使用固舌带扣的同时，也使用少量活舌带扣，固舌与活舌带扣及带钩，都是束带时的选择。虽然在中原地区流行活舌带扣，北方所见的这些活舌带扣也不一定是中原的样式，也不一定是中原的产品，中原在同期发现类似风格的带扣也并不多。这一类带扣来源不明，与上列鄂尔多斯式固舌带扣不属一个系统（图二四）。

中原从春秋至汉末，一直是用带钩束带，也有简约的固舌环式带扣，一般用于

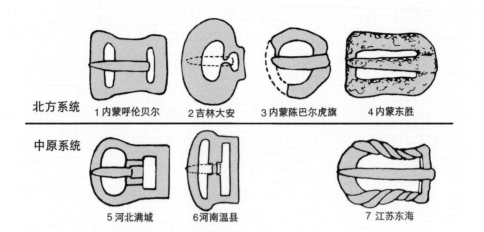

北方系统　1内蒙呼伦贝尔　2吉林大安　3内蒙陈巴尔虎旗　4内蒙东胜

中原系统　5河北满城　6河南温县　7江苏东海

图二四　汉代中原和北方系统的活舌带扣

图二五　Ａb式方体活舌带扣

图二六　Bb式方体活舌带扣

马带，这就是常说的"策"。汉代时起无论北方或中原，都开始见到活舌带扣，不过使用并不普遍，也有可能是外来品。到了晋唐时代，活舌带扣才真正成为了带扣的主流。二十多年前我在讨论活舌带扣的来源时曾经指出："由于中原和北方的原始型带扣结构相同，它们的渊源很可能是同一个。又由于它们的造型并不全同，也不排除各有源头的可能性。"当时对活舌带扣的起源究竟是在北方或是在中原，并没有最终论定[10]。

从出现的年代序列上看，活舌带扣可以看作是固舌带扣的改进型，它的最初来源虽然并不是太清楚，但这样一种改进意义非常，它不仅很快取代了固舌带扣，也

图二七　黄金活舌带扣

取代了带钩，而且它一直被沿用至现代，传播到了全世界。虽然当代的带扣已经出现了一些新型的样式，也有了一些完全不同于活舌带扣的结带方式，但活舌仍然还是带扣的主流形态。时间过去了 2000 年，虽然人类的服装出现过无数次的更改，也出现了不少新的束带方式，活舌带扣却似乎没有见到退出历史舞台的迹象，它还会有存在多少年代，还能有什么样的改进与变化，那就不得而知了。

六 带扣系带的方式

虽然现在直接称我们在这里讨论的对象为带扣,不过这样的认识得来并不容易。尤其是对于那些牌形带扣,最初它们或被认作是马具上的饰品,或者是与兵器相关的装饰,也有人认为是衣服上的饰物,甚至还曾被认为是棺木上的附件。到了 20 世纪 70 年代,由于明确发现饰牌出土于死者腰部,所以就有了腰带饰的说法。后来有些研究者明确指出不少饰牌应属带扣之类,研究有了深化[11]。

鄂尔多斯不同带扣系带的方式有所区别,我们这里准备分别作些讨论。

1.固舌牌式带扣的扣系方法

虽然许多的所谓带饰或牌饰都应当是带扣,现在不少研究者也都赞同这一点,但是将它们单独地归入带扣范畴进行研究,却做得很不够,人们更多地是关注它的艺术造型,甚至是分类都是以动物的种类与造型为依据。现在我们将所有带舌的牌形饰与环形饰都称作带扣,应当是没有什么问题了,不过关于它们的使用方法,还可以再做些讨论。

固舌牌式带扣的系带方式非常明确,因为有动物形象纹饰做参考,我们很容易判断它的扣舌是向着人体的右边。检索到的牌式带扣无一例外,扣舌都是朝着右边。乌恩先生的《中国北方青铜透雕带饰》一文,指出青铜透雕带饰时常成对发现,如宁夏固原杨郎公社、陕西长安客省庄 140 号墓,以及苏联外贝加尔德列斯堆 7、10、14 号墓,伊沃尔加 100 号墓等,均出土两件大小、纹饰完全相同的带饰。而且墓内同出的两件带饰中,"必有一件带饰左侧边缘有一喙形凸纽,纽旁有一圆角长方形或椭圆形镂孔。传世品中凡有这种凸纽者,也都在带饰的左侧。这就给我们以启示,这种带饰通常那是成对使用的,其中一件左侧有凸形纽,表明它不仅具有装饰意义,而且具有同带扣一样的实用功能。"[12] 当然他这里所说的"左侧",是以观者的角度而言,本文以使用者的角度看,固舌牌式带扣的扣舌是朝向右侧。

固舌牌式带扣确实常常成对出土,除了宁夏西吉陈阳川(图二八)与固原杨郎(图二九)[13]、陕西长安客省庄 140 号墓[14],还有吉林榆树老河深[15]等地的墓葬中(图三〇),也都见到成对出土的牌式带扣。在鄂尔多斯征集的牌式带扣,也常常是成

图二八　宁夏西吉陈阳川出土左右组合的牌式带扣

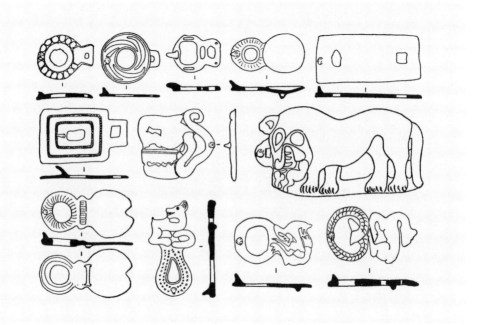

图二九　宁夏固原杨郎出土带扣

对出现（图三一）。在这成对的牌式带扣中，实际只有一件上有扣舌和扣孔，也即
是说只有一件是真正的带扣，另一件虽然大小形制与纹饰都相同，但它并不作带扣
使用，而是带扣的一个镜像，纹饰是反向的。几乎无一例外的是，使用者成对牌式
带扣左边的那件，扣舌都朝向右侧。那些单体见到的带扣，也都是如此，扣舌也都
是朝向右侧。这说明牌式带扣的束带方法是统一的，个体在使用时没有选择方向的
余地，否则带扣就会倒置。

图三〇 吉林榆树老河深出土左右组合的牌式带扣

图三〇 成对组合的牌式带扣

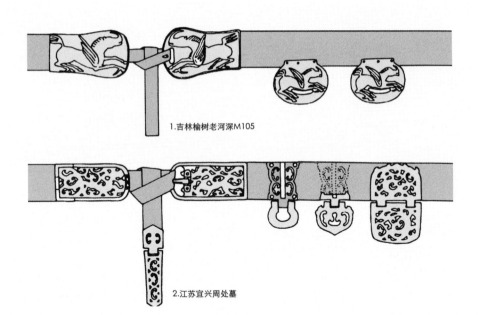

1.吉林榆树老河深M105

2.江苏宜兴周处墓

图三二　牌式带扣的扣系（据孙机图）

图三三　牌式带扣的扣系方法推测

　　牌式带扣一左一右两块，左边的带有环和舌，右边的则纯属装饰性质，无论造型和纹饰，都是对称的，风格完全相同。一般以动物纹为主要装饰，一左一右，主体动物头对着头。两块扣饰分别固定在腰带两端，调整好长度再行系结。之所以将真正的带扣安排在左边，主要可能是为着系的便利，一般应当是以左手握扣，右手穿带拉紧后系结，以右手的操作为主，这也符合一般的用力模式。

　　牌式带扣系结的方法，还有些特别之处。有一点要值得注意的是，牌式扣与环式扣由扣孔的大小看，两者的系结方法可能有明显的区别。由牌式带扣看，扣孔都

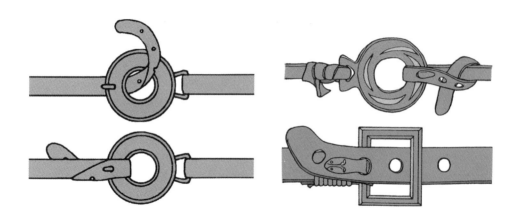

图三四　环式带扣的扣系方法（据孙机图）　　　图三五　环式固舌带扣的扣系方法（据王仁湘图）

比较小，少数扣孔甚至非常小，穿过扣孔的应当是一条窄带，不可能是腰带本身。依孙机先生的研究，牌式带扣不论是固舌还是活舌，束系的方法并无不同，都是要用一条辅助的小带通过扣孔拴系。孙先生认为："斯基泰人之遍装饰牌的腰带，其长度大致与腰围相等，两端在腰前会合对齐，再用窄带系结。我国装无穿孔的带头之腰带的系结法也只能如此。而装有穿孔的带头时，腰带一端的窄带可以通过另一枚带扣之穿孔，绕回来再系结。"[16] 为此孙先生还绘出了窄带方法系结图（图三二）。他的研究很有意义，对于固舌牌式带扣而言，这种系结方法可能是正确的，也非常有效（图三三）。

那些活舌扣是否也是采用同一种方式系结，却是还需要进一步研究的问题，也许还不能与固舌带扣一概而论。

2. 环式与半环式带扣的扣系方法

田广金先生将一种鸟首形的带钩断定为春秋早期，而在鄂尔多斯早期环式带扣中也见到了鸟形舌，而后者又晚于前者，所以他认为带扣的造型是受了带钩的影响[17]。其实这两种束带的器具系带的原理并不一样，它们应当是各有起源。春秋带钩中有一种小型带钩，初看它介于钩与扣之间，但细作分析，发现它更符合带钩的原理，而与带扣根本不同。它们的相似之处，是都有一个形似的钩或舌。它们的区别，是带钩的钩首向着钩体内，而带扣的扣舌却是向着扣体外。方向不同，也就决定了

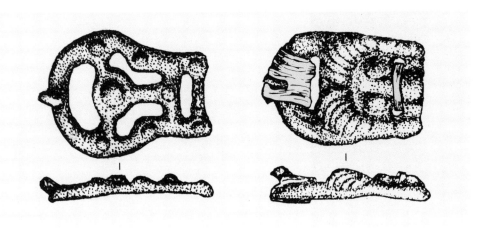

图三六　内蒙古陈巴尔虎旗完工出土带扣(扣孔穿有革带)

系带方式的不同，两者的用力方式是完全相反的。

　　环式带扣的扣舌比牌式带扣一般要大一些，带孔也大得多，这也许说明两者系带的方法有所区别。因为环孔较大，腰带可以直接穿入孔中，不必再借助小带。关于环式扣的具体系结方式，孙机先生和我几乎是同时发表过鄂尔多斯环式带扣系带方法研究的论文，我们也都绘出了束带方法的插图，插图惊人地相似（图三四、三五）。我们都认为系带是将带头自环孔穿入，调整好长度后将带孔扣入扣舌，然后将多余的带头回折扎入腰带内。在内蒙古陈巴尔虎旗完工出土的一件带扣上[18]，还残留有穿过扣孔的革带，而且革带有孔直接套在扣舌上（图三六），这是研究环式固舌带扣系结方法的第一手证据。

　　环式带扣的系带方向与牌式扣应当是大体相同，推测是以朝右方式为主，在不少地点发现人骨腰部的带扣，扣舌都是朝向右侧（图三七）。当然也有例外。在内蒙古凉城毛庆沟的墓葬中[19]，我们看到了向右系带的环式扣，也看到了向左系带的环式扣（见《伍　带扣略论》图六）。不过更多见到的是，扣舌一般是朝向右侧。

　　半环式带扣的系带方式，与环式应当完全相同，只是系结起来可能更为便利（图三九）。

3. 活舌带扣的扣系方法
活舌带扣，也有牌式和环式的区别，系带的方法也有一些区别。

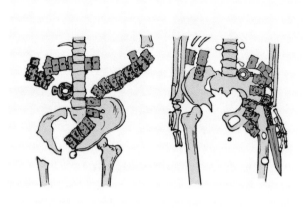

图三七　内蒙古凉城崞县窑子
　　　　M39 环式带扣出土位置
　　　　与方向

图三八　内蒙古凉城毛庆沟两座墓中环式带扣出土位置与方向
　　　　示意图

图三九　半环式带扣系带方法

　　依孙机先生的复原研究[20]，不论是固舌还是活舌，束系的方法并无不同，都
是用辅助小带通过扣孔拴系（图三二）。这样一来，带扣的活舌实际上失去了存在
的意义，所以我们在前面说，活舌带扣的系结方法还不能一概而论。

　　活舌带扣也分作两种，即小环孔与大环孔。小环孔要用辅助的小带，大环孔则
是直接穿系。不过在鄂尔多斯带扣中，活舌标本很少，而且在结构上与中原带扣也
没有明显不同，这个问题的讨论又并不容易，在此不拟展开研究。

七 余 论

在公元前后，当中原地区大量使用带钩系带的时候，北方草原地区的游牧民族主要是以带扣系带，这是两种不同的服饰传统。我们知道在欧亚大陆，包括罗马人在内有许多民族，当时是普遍以各式带扣系带。鄂尔多斯带扣应当受到了来自西亚地区带扣形制的影响，但也有自己鲜明的特点，就是以大量动物纹作为装饰的牌式扣。尽管鄂尔多斯带扣通过各种途径传播到了中原以至西南地区，但它并没有流行开来。汉代以后中原流行使用的带扣，与鄂尔多斯带扣本身也并没有必然的联系，前者是活舌带扣，后者是固舌带扣。汉代以后，带扣之所以取代带钩成为主流带饰，是因为带扣更为方便实用。宋元以后虽然又一度兴起使用玉带钩，却远不能与周汉时相提并论了。

带扣之名，是考古学上常用的物名，其实它并不是产生于古代使用它的那些年代，而是现代学者约定俗成的结果。古代还有一种以钩挂方式系带的器具带钩，带钩之名既见于文献，也见于器物的自铭。研究者兴用带扣之名，一定是受了带钩名称的启发。带扣在古代称为带鐍，鐍在古时又指锁，代指腰带之扣锁，鐍又专指有舌之环，这便是带扣。我与孙机先生于1986年几乎同时发表文章，指出带扣在古时有"带鐍"之名，纠正了以往一些不准确的说法[21]。当然带扣作为约定俗成的名称，在学术著作中仍然可以使用，也不必一定要用带鐍之名取而代之。

在过去的研究中，鄂尔多斯牌式带扣并没有被直指为束带用器，在名称上也是含糊其辞，多以"青铜牌饰"称之。带有明确的环与舌的铜牌饰，可以称为鄂尔多斯牌式带扣，无舌与环的铜牌虽然很多是与牌式带扣配合使用的，但它并不是带扣，仍然可以继续称为牌饰。那些环式带扣，则可以称为鄂尔多斯环式带扣。两种带扣可以分别简称为牌式带扣和环式带扣。

鄂尔多斯的环式带扣和牌式带扣都很有特点，无论环式和牌式带扣，都是固定的扣舌。从这一点说，两类扣的原理一样，扣系方式也相同。我们知道牌式带扣在中原以至南方地区也曾有发现，那些发现与鄂尔多斯带饰系统的关系，还需要进一步探讨。

就环式带扣而言，中原也有不少发现，不过多数与鄂尔多斯风格不同，不属于同一系统。北方以圆环为主，中原则以方环为多。中原虽然也有一些带扣为固定的扣舌，但更多的是活舌，这是与北方完全不同的带扣，两者的扣系方法完全不同。

鄂尔多斯铜器中也见到很少的环式活舌扣，它们的来源值得关注。

无论是带扣还是带钩，在古代都是勇武者的象征。虽然这两种带具并不一定纯为男性所用，但可以说多数是男性所用，是武士所用。对于鄂尔多斯带扣来说，更应当是兵士必备的装备之一，那些装饰着猛兽图形的牌式带扣既实用，也有鼓舞士气的作用。田广金先生曾经指出："凡出土成对青铜动物纹饰牌的，均是有较高身份的贵族墓；凡出土成对金饰牌的，身份更高，可能是部族酋长或王的墓；而出土小型带扣或带卡的，则是一般平民的墓。"[22] 同时代的西域各族包括更远的罗马军士，也都用带扣束腰，它们的带扣与鄂尔多斯风格又有不同。对于不同地区带扣的比较研究，对于不同带扣系统之间关系的研究，也都是值得关注的研究课题。

注释：

[1] 田广金、郭素新：《鄂尔多斯式青铜器》，北京：文物出版社，1986年。

[2] 鄂尔多斯博物馆：《鄂尔多斯青铜器》，北京：文物出版社，2006年。

[3] 本文所选带扣典型标本，多数取自田广金、郭素新《鄂尔多斯式青铜器》，北京：文物出版社，1986年；鄂尔多斯博物馆：《鄂尔多斯青铜器》，北京：文物出版社，2006年；中国内蒙古文物考古研究所、韩国高句丽研究财团：《内蒙古中南部的鄂尔多斯青铜器和文化》，Kaguryo research foundation，2006年。以下不再作注。

[4] 宁夏文物考古研究所：《宁夏固原杨郎青铜文化墓地》，《考古学报》1993年第1期。

[5] 北京市文物研究所：《军都山墓地（玉皇庙三）》，北京：文物出版社，2007年，图七二九。

[6] 曹玮：《陕北地区古代青铜器（带钩与带扣）》，成都：巴蜀书社，2008年。

[7] 曹玮：《陕北地区古代青铜器（带钩与带扣）》，成都：巴蜀书社，2008年。

[8] 伊克昭盟文物工作站：《补洞沟匈奴墓葬》，《鄂尔多斯式青铜器》，北京：文物出版社，1986年。

[9] 伊克昭盟文物工作站、内蒙古文物工作队：《西沟畔汉代匈奴墓地》，《鄂尔多斯式青铜器》，北京：文物出版社，1986年。

[10] 王仁湘：《带扣略论》，《考古》1986年第1期。

[11] 田广金、郭素新《鄂尔多斯式青铜器》，北京：文物出版社，1986年；乔梁：《中国北方动物牌饰研究》，《边疆考古研究》第1辑，北京：科学出版社，2002年；潘玲：《矩形动物纹饰牌的相关问题研究》，《边疆考古研究》第3辑，北京：科学出版社，2005年。

[12] 乌恩：《中国北方青铜透雕带饰》，《考古学报》1983年第1期。

[13] 宁夏文物考古研究所：《宁夏固原杨郎青铜文化墓地》，《考古学报》1993年第1期。

[14] 中国科学院考古研究所：《沣西发掘报告》，北京：文物出版社，1962年。

[15] 吉林省文物考古研究所：《榆树老河深》，北京：文物出版社，1987年。

[16] 孙机：《中国古代的带具》，《中国古舆服论丛》增订本，北京：文物出版社，2001年。

[17] 田广金、郭素新：《鄂尔多斯式青铜器》，北京：文物出版社，1986年。

［18］内蒙古自治区文物工作队:《内蒙古陈巴尔虎旗完工古墓清理简报》,《考古》1965 年第 6 期。

［19］内蒙古文物工作队:《毛庆沟墓地》,《鄂尔多斯式青铜器》,北京:文物出版社,1986 年。

［20］孙机:《中国古代的带具》,《中国古舆服论丛》增订本,北京:文物出版社,2001 年。

［21］孙机:《中国古代的带具》,《中国古舆服论丛》增订本,北京:文物出版社,2001 年;王仁湘:《带扣略论》,《考古》1986 年第 1 期。

［22］田广金、郭素新:《鄂尔多斯式青铜器》,北京:文物出版社,1986 年,第 103 页。

(原载于《鄂尔多斯青铜器国际学术研讨会论文集》,科学出版社,2009 年)

第

七

章

钩扣约束录（上）

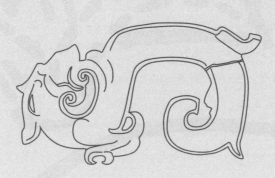

一 玉钩初出良渚

中国古代束带佩饰，在东周秦汉盛行用带钩，以后则主要用带扣。

古代带钩多为长体造型，前有钩首，背后的中尾部有圆形的纽，钩和纽是连接腰带两端的接点。过去发现带钩的使用最早不过春秋时代，而玉带钩最早出现也当此时，春秋时代的秦墓中见到随葬的玉带钩。当良渚文化的玉带钩初见报道时，我们才知道中国带钩的创始年代非常早，带钩在史前就已经问世。

考古发现的良渚文化的带钩，都属玉料制成。良渚玉带钩已发现有 10 多件，最早发现的一件是 1972 年在浙江桐乡金星村出土的，图片 20 多年后在《中国玉器全集》发表（图一）。在正式发掘中最早见到的良渚文化玉带钩，是 1984 年在上海青浦县福泉山遗址 60 号墓中出土的（图二）。到 1988 年浙江余杭反山和瑶山墓地的发掘报告问世时，又见到 3 座墓中各发现有 1 件玉带钩。后来陆续又有一些资料公布，人们开始越来越重视这些发现。

良渚文化玉带钩的形制基本一致，整体呈方块状，系以事先修整好的长方玉块钻琢切磨而成。它的制作过程推测是先将玉料切割成长方块形，然后在两端用对钻法各钻通一孔，接着以一端的孔为起点，用线割法剜去中部而成钩首。最后在钩面做变形细加工，再行磨光、雕刻纹饰。只有个别带钩雕刻有纹饰，多数为素体。

在玉带钩的这些制作程序中，线割方法受到研究者的关注，因为这是一种比较先进的玉工技术。如桐乡金星村发现的那件带钩，非常清楚地看到钩体两端都有孔，其中的一孔是为下一步线切而钻透的。在史前玉料切割技术的求证上，刀割和砣割方法都不难认证，而线割方法的证据见到的并不多。在带钩的钩体和钩首的内侧一般都见有明显的线割痕迹，这样的部位是砣、刀无法用力之处，这是良渚人掌握了高超线割琢玉技术的重要证据（图三）。

由玉带钩的形制看，整体造型比较规整，它的一端为穿绳的孔，另一端为勾系的弯钩，钩首较长。不同地点出土的带钩在外形上并无明显不同，区别主要在大小。

良渚文化玉带钩一般较小，以长度而论，最短的不过 3 厘米，最长的也只有 9 厘米多，一般在 5 ~ 7 厘米上下。长宽比一般不小于 3：2，厚度多在 2 厘米左右。

图一　浙江桐乡金星村出土良渚文化玉钩　　　图二　上海青浦福泉山出土良渚文化玉钩

图三　浙江余杭反山 M16 出土良渚文化玉钩的三面视图

最大的一件玉带钩出自横山 1 号墓，长 9.2、宽 5.1、厚 2.8 厘米。最小的一件出自福泉山 60 号墓，长仅 3 厘米。在良渚文化的玉器中，带钩属于形体较小的一种，是实用性较强的轻型玉器之一。

在良渚全部出土玉带钩中，只有反山 14 号墓出土的 1 件刻有兽面纹饰，其他均为素钩。这件刻纹带钩由于保存不佳，它的纹饰从图片上看得并不是太清晰。根据相关文字资料的描述，横在钩面上用不粗的线条雕有一个比较简略的兽面纹，兽面为单圆圈双眼，眼外刻椭圆形眼睑。在这双眼之间用桥形凸面联结，下有扁方形宽鼻（抑或是嘴）。这样的纹饰，据称在其他良渚玉器上还不曾见到过，其实它还是一尊十分简略的神面纹（图四）。

对于良渚文化玉带钩的名称，在学界并无异议，一致称之为带钩。关于它的用途，与后来的带钩在用法上应无不同。有人偶尔论及这些玉带钩的用法，有说它是用于束带的，也有推测可能是穿系在腰带上用于钩挂佩饰。不论是束带或是佩饰，良渚人带钩的用途都与后来的带钩没有什么明显区别。

由良渚文化玉带钩出土的位置，可以进一步考定它的具体用法。在福泉山 60

图四　浙江余杭反山出土良渚文化兽面玉钩

号墓中出土的玉带钩，发现于死者腰部，为束带用钩无疑。反山墓地的 3 件带钩，也都出自死者腰部或附近位置。瑶山 7 号墓出土的 1 件，则更是横置在死者腰部。反山 14 号墓带兽面纹的带钩，它正面的兽面在带钩上也是作横向布局，由这一点看表明它也应当是横着使用的。良渚文化的玉带钩应是随腰带横在腰间，钩首向左，使用者是以右手握钩，钩挂在绳套上即可。钩上的带，以钩尾的绳孔看，应属不太粗的丝麻绳之类，一端拴在钩孔上，另一端依腰围大小做成环套，使用时套挂在钩首上。

良渚玉带钩使用时应当是钩首向内，因为它的光洁面和纹饰都是在弯钩的相反方向，而光洁面和纹饰显然是出露在外的一面。这样的用法，又与后来和周汉带钩存在一定区别，后者是钩首向外，纹饰都装饰在弯钩一侧。而前者使用时钩首向里，束带用钩但不见钩，束带牢实不易脱钩。

还有一点要提到的是，良渚玉带钩通常在一座墓中只发现 1 件，说明一人用一钩也就够了。但在武进寺墩遗址的 5 号墓中，却例外地见到 2 件玉带钩，而且也都出自死者的腰部位置，似乎表明带钩在当时也有同时使用 2 件的。

带钩在良渚文化时期已经制成，已是没有什么疑问了，不过它是否为良渚人的首创，却还不能确定。良渚文化的玉器很多都是其他质料器具的礼器化，玉带钩也不例外。推测良渚文化的方形玉带钩不会是带钩的最原始的形态，以钩系带的方式在史前时期有可能出现更早。

良渚文化玉带钩与周汉带钩之间，还有形制上的差异，更有时代上的空环，不知道在这个足有 4000 多年长的时段里，古中国人是不是普遍用带钩束带，如果用带钩，又是什么样子，这是中国考古上的又一个未解之谜。我在《带钩概论》中讨论带钩起源时，曾举出当时认为较早的两种类型的初始型带钩为例，其中有一种为较小的无纽钩。现在看来，那种小型无纽带钩与史前玉带钩还真有接近之处，从中隐约可见它们之间应当存在一种内在的联系，只是目前还没有找到处于中间阶段的带钩类型，一时还不能确定两者之间是否存在演变关系。

在良渚文化时期，用这种玉带钩的死者生前可能具有相当高地位，它已经具有了礼器性质，不会为一般人所有，所以出土不多。现在所知出土玉带钩的墓葬，规模都比较大，随葬品数量多，出有大量玉器。作为一种着装习惯，当时使用带钩当已成为普遍的风尚，至少在男子是如此。更多的人当是使用其他质料带钩，只是没有能够保存下来。

二　一枚带钩写定了一段春秋史

从公元前 7 世纪末开始，齐国发生了一系列大事件。先是在位 33 年的齐僖公驾崩，太子诸儿继位，是为齐襄公。齐襄公有些荒唐，他喜欢自己的妹妹文姜，后来他将文姜嫁给了鲁桓公，可却派公子彭生杀死了来访的鲁桓公。

鲁国处在弱势，对于鲁桓公在齐国意外死亡也是莫奈何，不过还是要求齐国处死杀人嫌犯彭生。齐襄公不得已当众处死了彭生，不过却惊吓了襄公自己的两个兄弟，为着躲避可能的殃害，他们情急中想到了避难他国。

这两个兄弟一是公子纠，一是公子小白。他们各自都有一了不得的人物辅佐，纠有管仲，小白有鲍叔牙。管仲名夷吾，颍上（今安徽颍上县）人，祖先为姬姓后代，与周王室同宗。父亲管庄是齐国大夫，到管仲时家道中衰，管仲不得不以经商谋生。管仲的好友鲍叔牙，是在经商中认识的，情深意笃。管仲和鲍叔牙后来各归其主，离开商路开始一展政治才华。他们预感到齐国大乱来临，也都想到了避难一法。公子纠之母是鲁君的女儿，管仲保护公子纠逃到了鲁国。公子小白之母是卫君的女儿，卫国太远，所以鲍叔牙带着公子小白逃到南邻的莒国。

昏庸荒唐的襄公在位 12 年，被他的叔伯兄弟公孙无知杀死，无知自立为国君。无知在位不过一年多，又被齐国贵族渠丘大夫杀死。一时齐国没有了君上，举国哗然，情急中贵族大臣们做出了一个决定，请公子纠或小白归国，先到国都者为君。

两公子喜出望外，立即日夜兼程往齐都行进。管仲为了让公子纠先到即位，他先行亲率 30 乘兵车半路上去截击公子小白。过即墨不远遇见公子小白的车马，管仲弯弓搭箭瞄准公子小白射去，只见小白中箭倒下。管仲见小白已死，回马护卫他的主子去了。

不曾想这小白并没有被射死，管仲那一箭射中了他腰间的带钩。不过毫发未损的小白却秀了一回佯死，待管仲离去，又火速上路，终于提前到达齐都，坐上了王位，是为齐桓公。

齐桓公很快发兵攻鲁，欲杀管仲，要报一箭之仇。鲍叔牙不仅不赞成这样做，还向桓公推荐管仲，说"欲霸业，非管夷吾不可"。鲍叔牙举了许多理由说服桓公，桓公虽然有所动心，可是那一箭之仇怎么办？这个管夷吾拿箭射我，要不是带钩挡箭，我的命就没了，现在要起用这杀身的仇人怎么行？鲍叔牙说管仲也是为了自己的主子才这样做的，如果赦免了他，他回来同样会为新主效力的。

为着这王位之争，齐鲁交战于乾时，鲁军大败。齐国大军压境，鲁庄公不得不杀死公子纠，并将管仲送还齐国。鲍叔牙带着囚车里的管仲返齐，到了堂阜为管仲行消灾仪礼，郑重将他推荐给桓公。桓公厚礼相遇，以管仲为大夫，尊为仲父，任为国相。

管仲为相，行富国强兵之策，齐国国力大增，成为诸侯中的霸主，而且是春秋第一霸。公元前 651 年齐桓公在葵丘（今河南兰考）大会诸侯，已无力号令天下诸侯的周天子也派官员列席了盟会。司马迁在《史记·管晏列传》中说："齐桓公以霸，九合诸侯，一匡天下，管仲之谋也。"《论语·宪问》记孔子语也说："桓公九合诸侯，不以兵车，管仲之力也。"孔子甚至还说，自己如果能够为相，也会像管仲一样，三年之内让鲁国称霸，可见他是非常佩服管子的。

管仲之谋，当初谋射出的那一箭虽是失误，这失误却带来了他更大的成功，带来了齐国的霸业。这一段历史的定局，在一定意义上说也许要归功于桓公腰间的那枚带钩。管仲射桓公，并非子虚乌有，许多古籍都当大事记述：

《左传·僖公二十四年》："（齐桓公）置射钩而使管仲相。"
《国语·齐语》："夫管夷吾射寡人中钩。"
《史记·齐太公世家》："使管仲别将兵遮莒道，射中小白带钩。……桓公中钩佯死，以误管仲。"
《史记·晋世家》："管仲射钩，桓公以霸。"
《列子·力命》："齐无君，二公子争入。管夷吾与小白战于莒道，射中小白带钩。"
刘向《新序》："管仲射小白，中其带钩，小白佯死，遂先入，是为齐桓公。"
《越绝书》："管仲张弓射桓公，中其带钩。桓公受之，赦其大罪，立为齐相。"

图一　陕西宝鸡益门村出土春秋金带钩

图二　河南固始侯古堆出土春秋晚期羊
　　　脂玉带钩

图三　山东曲阜鲁故城出土战国玉带钩

我们知道，古代带钩多为条形，它怎么能正巧抵挡住飞射的利箭呢？其实春秋带钩的样式以宽体者为多，不似后来较细的圆棒形，如陕西宝鸡（图一）和河南固始侯古堆（图二）出土过春秋金钩玉钩，山东蓬莱村里集也有春秋铜带钩出土。春秋铜带钩在河南洛阳中州路西工段、淅川下寺，湖南湘乡韶山灌区和北京怀柔等地均有出土。金钩与玉钩一般都采用镶嵌雕刻工艺，装饰华丽。钩体多为方体形，长宽在 2~3 厘米之间。如陕西宝鸡益门村 2 号墓出土的一件方牌形玉带钩，整体为长方的空筒形，蛇首形钩，两面饰浮雕螭虺纹，有固定革带的铆孔，长 2.8 厘米。益门村出土金带钩大体也是方牌形，工艺极精致。战国时期也见到类似春秋一样精致的玉带钩，如江苏无锡越国贵族墓和山东曲阜鲁故城出土的牌形玉钩（图三），都采用了镂雕工艺，为诸侯王一级所拥有的名贵带钩。

春秋王者之钩，或金或玉，理当体略大工更精。重要的是它是扁平的方体形状，即便公子小白束带用的是玉带钩，相信它也是可以挡住利箭的。如果是金钩或铜钩，虽然不一定有很大的形体，阻挡飞箭更是不会有问题了。小白当时所服带钩，当为春秋流行样式，只可惜春秋齐王的带钩现在还没有发现。

史书上的故事让人相信有一枚带钩改写了历史，或者说是带钩写定了一段历史。这一枚带钩也许左右的不仅是齐国发达的进程，它挽救了一位霸主的性命，或者还可以说它决定了春秋历史前行的方向。如果不是那一枚小小的带钩，你能想象出齐国乃至于春秋的历史该会如何演进呢？

三 孔孟与带钩三题

关于带钩这样的话题要说到孔子和孟子，好像有点不着边际，圣人与带钩何干？

当然是有些干系，孔孟庄都曾经以带钩说事或被动地与带钩并提，都是以小见大，宣扬那时代的道理。庄子的名句"窃钩者诛，窃国者侯"，将带钩与国体并提，讲述了一番极易懂却极不可行的理。在《庄子·知北游》中，还说到一个制作带钩的故事，一个专以制作带钩为生的人，八十岁了，他制的带钩非常精致，人问他您有什么技巧有什么门道，老者说他二十岁开始喜爱制带钩，对于其他事情视而不见，专心于带钩一技，全部时间都用到这上面，按这位老钩匠的话说，是"于物无视也，非钩无察也"，所以才能做出细致精巧的带钩。这让人想到那个铁杵磨成针的比喻，劝人专心致志，说的是同一个道理。

孔子和孟子，确也曾以带钩说事，或被人借带钩说事，有时说的还是很大的事理呢。

1. 辞禄与盗钩

孔子生活的春秋时代，世人已经非常喜爱用带钩束带，钩带束腰，在当时是标准的装束。而齐鲁之地，礼仪之邦，带钩更是礼服必备的物件。孔子在生活中，大约也是取用带钩束过腰带，尽管他不是武士，那时节但凡束带，就有可能用到带钩。当然我们用不着较真孔夫子究竟用没用过带钩，也更不用操心他会喜爱什么样式的带钩，但有一件史事却实实在在地将他与带钩拉扯到了一起，这倒是一件值得说道的事情。

话头就从"孔子辞廪邱，终不盗带钩"一语说起。最初读到这话的出处，是明代杨慎《升庵诗话》"子书传记语似诗者"所引，即"孔子辞廪邱，终不盗带钩。许由让天下，终不利封侯"。又见明人王世贞《艺苑卮言》也引了这样四句，都注明语出《淮南子》。孔子如何辞廪邱，又如何有盗带钩之说？不考究这其中的一段史实，就很难明白这话里的道理。

在《淮南子·氾论训》中，读到的原文是这样的：

> 孔子辞廪丘，终不盗刀钩；许由让天子，终不利封侯。……由此观之，见者可以论未发也，而观小节可以知大体矣。故论人之道，贵则观其所举，富则观其所施，穷则观其所不受，贱则观其所不为，贫则观其所不取。视其更难，以知其勇；动以喜乐，以观其守；委以财货，以论其仁；振以恐惧，以知其节。

这里表达的意思，是如何判断人是人非，能根据人的行为，知其贤与不贤。孔子连齐景公送他的廪丘封邑都推辞了，他绝不可能会去做偷刀钩一类小物件的小盗贼；许由连天子都不要做，他也绝不会稀罕封侯之类的事。由此看来，从已发生的事情中可推知还未发生的事，从观察小节可推知大体。所以认识评判人的方法是，对尊贵者观察他怎样行事，对富有者观察他如何施舍，对穷困者观察他不受什么，对卑贱者观察他不做什么，对贫穷者观察他不取什么。将他处于危难以观察勇气，赠他喜好的东西以观察操守，送他钱财以观察仁心，让他感觉恐怖以观察气节。用不同的方法观察不同的人，这些办法行之有效。

《淮南子》在这里列举了两个圣人为强证，许由与孔子。先说许由，传说他推辞了尧帝的禅让，洗耳颍水，隐居山林。许姓部落的发祥地在颍水流域的豫中一带，后来是为许国的封地。在《庄子·逍遥游》中，我们读到"尧让天下，许由不受"的故事。尧为让天下，诚恳地比许由为日月，比自己为小火炬。许由拒绝得也很坦率，说自己决不越俎代庖。又说后来尧还想让许由做九州之长，同样也被推辞了。连君王都不愿意做的许由，还有什么样的功名利禄能对他有所动摇呢？这大概就是《淮南子》中"许由让天下，终不利封侯"的意思了。孔子辞廪丘，见载于《吕氏春秋·离俗·高义》。说的是孔子游齐国见到齐景公，景公赠廪丘与他，以此作为他的供养之地，孔子当即拒绝不受。回到住处，孔子对弟子说："吾闻君子当功以受禄。今说景公，景公未之行而赐之廪丘，其不知丘亦甚矣。"说他游说景公，景公并没有接受他的主意，却赐给他廪丘，景公是太不了解他的为人了。他让弟子赶着车子，辞别景公而去。《吕氏春秋》赞扬孔子的高行，说"孔子布衣也，官在鲁司寇。万乘难与比行，三王之佐不显焉，取舍不苟也夫！"意思是孔子虽是地位不高，但万乘之君品行难与他比肩，三王辅臣名节没有他显扬，孔子对待取舍的态度一点也不含糊啊！

这个故事后来在汉刘向《说苑·立即》中又被引用，文句类同。从《吕氏春秋》的文字看，《淮南子》所说"孔子辞廪丘"当是可信的史实。廪丘或廪邱，也是实有其地，当今山东郓城地界。不过淮南接着说的"终不盗刀钩"，指孔子不会对小刀与带钩之类的物件动心，又是引申的文字了。想一想，孔子连那么大的一块地盘都不要，还会去做盗窃刀钩的勾当么？

到了《升庵诗话》中，"终不盗刀钩"直接写成了"终不盗带钩"，由"刀钩"改作"带钩"，也许有更早的版本。这样一来，辞禄与盗钩，就成了比较经典的文字了，也就将孔子与带钩接上了联系。

2. 以钩注者惮

以瓦注者巧，以钩注者惮。这是古语，也是当代比较常用的语句，原出《庄子·达生》，当然这也许是庄子假托孔子讲出的一个道理。

有一次学生颜渊对孔子说，他曾经渡过一个深渊，见摆渡的人划船技术十分高明，操舟若神。颜渊很羡慕，问操舟可不可以学，回答说是可以，还说如果要是会游泳学划船就特别容易，要是会潜水就是从没见过船也会划船的。颜渊问孔子其中的道理，孔子说真正会游泳的人不会怕水，甚至把水都忘记了，他划船的时候不会害怕，即使船翻了，对他的生命也没有威胁。会潜水的人把波浪看成是陆地山丘，把深渊看成是高冈，他连水底都可以下潜，还会怕翻船吗？所以说，会水之人，学习划船会特别容易。孔子还说，人有大见识去学一件技巧会容易得多，没有阅历心中志忑就很难学好。

听孔子这番话，让人觉得他应当会游泳，他讲的道理太透彻了。为着进一步教导颜渊，孔子还举了一个赌场上的例子。他说赌博有的下注大，有的下注小，用陶罐当赌注的人赌得自在，用带钩当赌注的人赌得战战兢兢，用黄金当赌注的人甚至于会神志昏乱，正所谓"以瓦注者巧，以钩注者惮，以黄金注者殙"。孔子还说，其中的道理是一样的，做事要专心一志，如果心有顾忌，就会分散注意力，分心他顾思维必然混乱。

孔子的"以瓦注者巧，以钩注者惮"，这是心理学范畴的道理，倒是不难理解。

图一　战国小型带钩　　　　　图二　江苏涟水出土战国金钩

他说的钩应当是带钩，但他说到的瓦可不是今日说的瓦片，应是指的陶器，古称陶器为瓦器。所谓"弄瓦"也与陶器相关，不是砖瓦之类，这是题外话了。

3. 钩金舆羽论轻重

钩金舆羽，典出《孟子》。读《孟子·告子下》，有一节议论礼仪的重要性，以礼仪比饮食比色欲,觉得还不单单是讨论精神与物质的要义,议论生动,值得一读。

议论先以一个任国人与屋庐子的对话入手，任国人问屋庐子说礼仪与饮食哪个重要，屋庐子说礼仪重要。又问色欲与礼仪哪个重要，屋庐子说还是礼仪重要。任国人于是说，依礼谋食就要饿死，不依礼谋食就能得到食物，那一定要遵守礼仪吗？依礼迎亲娶不到妻，不依礼能娶妻，一定要依礼迎亲吗？

屋庐子回答不出来，第二天专程去邹国告诉老师孟子，孟子说回答这个问题并不难呢，不明白问题的实质而由表面说事，说金子重于羽毛，难道可以用一枚带钩大小的金子与一满车的羽毛去比较吗？取不得食即死这样重的事与礼仪上轻微的细节相比，那能不是饮食重要吗！用娶妻这样大的事与礼仪上的细枝末节相比，那能不是娶妻重要吗！孟子还教屋庐子去答复任国人的问题，就说"扭折兄长的胳膊去抢夺他的食物就得食，不扭就不得食，你会去扭吗？翻越东邻的墙头去搂抢他家的少女就能娶妻，不搂抢就娶不到妻，你会去搂抢吗？"

孟子这最后的原话是："逾东家墙而搂其处子，则得妻，不搂则不得妻，则将

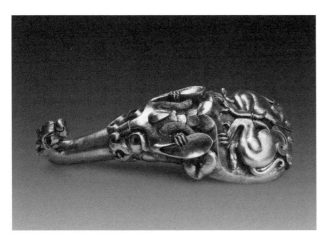

图三　山东曲阜鲁故城战国嵌金银钩

搂之乎？"孟子这话说得精彩，不知那任国人又会生出怎样的问话来。孟子的意思，是不能用不恰当的对比去怀疑礼仪的重要性，用现下的话说，不能钻牛角尖。

一钩金不能与一车羽比较重量，是以带钩喻小喻轻，孟子一定说的是常人所用带钩。在孟子所处的战国时代，流行的带钩形体小者居多（图一～三），但有些王者之钩、贵族之钩，也有形体很大的，当然重量也不会大出很多，一钩之重也不会重过一车羽毛吧。

带钩因其小而进入诸子的议论，诸子因带钩之小之轻阐述他们的大道理，带钩也正因了诸子的议论而辗转进入到现代人的记忆之中。

四 窃国者侯，窃钩者——诛！

⌀⌀

窃玉盗钩，在古时是用于表述梁上君子的作为的。以现代词替换，则是小偷小摸之谓也。不过这样的小偷确实只是小打小闹，原本有一个寻常勾当，就是盗窃带钩。也因为带钩在那会儿是寻常之物，虽然是细小之物，却是有用之物，行窃时当然不会放过。

其实这窃玉盗钩，词源是出在庄子的著作中。我们一般并不知道，古时又有称盗窃为"肢箧儿"的，箧是一类小箱子，所谓大曰箱，小曰箧，肢箧就是撬开箱子，而且还是从旁边打开，是为之肢。庄子的大作中，专有一篇谈论盗窃的文字，篇名便是《肢箧》，列在《庄子·内篇·逍遥游第一》。

一般人不大去通读这篇《肢箧》，不过其中有一句"窃钩者诛，窃国者为诸侯"的话，倒是并不怎么陌生。这话已经演成了一个成语，就是"窃钩者诛，窃国者侯"，窃玉盗钩的词义正是这成语半意的表达。全意的省略说法，则是"窃钩盗国"。我们常常以为庄子要表达的意思，是说他那个时代那些小偷小摸的人要按律治罪，严重的甚至要处以极刑；可是那些窃国大盗却并不会被认为有罪，反而还有可能成为诸侯称霸一方。这似乎体现了社会法制的一种不公平，其实庄子的本意并不在于此。

庄子的"窃钩者诛，窃国者侯"，将带钩与国家并提，让我们感到这其中所包含的道理，也许不一定是通常理解的那样。庄子原文的大意是这样的：圣人不死，大盗就不会中止。重用圣人治理天下，结果也是让盗跖得益。圣人制定度量衡计量物品，结果度量衡被盗用了；制定符玺取信于人，符玺被盗用了；制定仁义规范道德行为，仁义也会被盗用。那些偷窃带钩之类的人受到刑诛，而窃夺了国家的人却成为诸侯。这样的诸侯之门，也还存有盗窃来的仁义。

庄子说，为着防备肢箧探囊发匮之盗，人们要上封加锁，可要是大盗来了，他连你的箱子袋子全都拿走了，还怕你锁得不结实呢。你觉着自己做得聪明，其实不是在为大盗积累财宝吗？包括仁义与智巧，都可能被大盗所用，所以庄子主张摒弃智慧，大盗就能中止；抛弃玉器珠宝，小的盗贼就会消失。社会不需要圣人，人人都以本色出现，就不会有大小盗窃，也不会出现纷争。庄子的"至德之世"是没有贵贱尊卑的隔阂，没有仁义礼乐的束缚，没有功名利禄的争逐，人人过着无忧无虑、安闲自在的平等生活，身心自由舒展。

庄子这样的说法，在我们今天看来明显有些偏激，不过他列举的例证却又是确凿无疑。他所谓"窃国者侯"，那是讲的"田氏代齐"的故事。

田成子名恒，汉代时为避讳汉文帝刘恒，改称为田常。他原本是齐国田氏家族的第八任首领，祖先是逃亡的陈国公子。田成子唆使齐国大夫鲍息弑杀齐悼公，立了简公。他自己任了齐相，几年之后又发动政变，杀了简公，立简公之弟为国君，是为平公。田恒独揽齐国大权，尽诛鲍、晏诸族。田成子的封邑，竟比齐平公能管辖的地区还要大。田成子通过"修公行赏"等亲民政策，使齐王变成了傀儡。后来田氏将齐康公放逐到海上，只留一城之地作为食邑。不久周室居然册命相国田和为齐侯，正式将他列为诸侯，史称"田氏代齐"。

好端端的齐国被田氏窃到了手，而田氏所窃的，还不止是齐国，还有齐国几百年来实践的治国方略。田成子是窃国大盗，田氏被正式封了齐侯，这便是庄子慨叹的"窃国者侯"。庄子于是还这样发问：那些治国有道的圣人们，不就是在为窃国大盗创造条件吗？

说罢窃国者侯，才知庄子的意思是以带钩之小衬托国家之大，并不是为了大盗无罪小偷遭殃鸣不平。

田氏代齐，发生的时间是在春秋末季至战国之初。庄子所处的时代，也正当战国之际。庄子要以带钩做比喻，是因为带钩在当时已是常用常见之物。战国时代的带钩，用庄子自己的话说，是"满堂之座，视钩各异"。在战国时代的艺术品

图一　河南三门峡上村岭出土战国跽坐佩钩人形灯

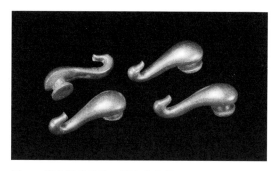
图二　湖北随州曾侯乙墓出土金钩

图三　河南辉县固围村出土战国鎏金嵌玉镶琉璃银钩

图四　山东曲阜鲁故城战国鎏金猿形钩

上，我们也发现一些佩有带钩的雕像，其中有一件出自河南三门峡上村岭战国墓的跽坐人形灯，擎灯人的腰间佩有带钩（图一）。庄子之所以用带钩与国家相提并论，大约他是很注重这类小物件的。

春秋战国之际带钩以小型为主，水禽形、曲棒形和琵琶形带钩较多，多素体无纹。如湖北随州曾侯乙墓出土金质和铜质带钩，多数都是素朴的水禽形（图二）。战国中晚期，琵琶形带钩最多，出现了一种长牌形带钩，还有一些造型特别的带钩。带钩的长度有了明显变化，一般都在 10 厘米以上，少数长过 20 厘米。带钩有了精美的装饰，金银宝石镶嵌技术也应用到了带钩的装饰上。

战国时期的带钩，合乎那个时代的精神，也是百花齐放。带钩材质各异，有金银、铜铁和玉石，工艺精美，制作考究。精品有河南辉县固围村 5 号战国墓出土一件鎏金嵌玉镶琉璃银带钩，长 18.4 厘米，琵琶形钩体，鎏金兽首，禽首玉钩，钩身嵌玉玦与琉璃珠，纹饰华美异常（图三）。山东曲阜鲁故城出土猿形银带钩，长 16.7 厘米，猿作振臂回首跳跃状，眼中嵌蓝色料珠，通体贴金，是少见的像生形带钩（图四）。能够确定的王者之钩，则有河北平山战国中山王墓出土的鎏金牌式钩，通体浮雕云龙纹，气韵生动（图五）。

带钩虽小，不过那些精美的带钩价值也许并不低。更重要的是，排除地位与财富的因素以外，战国时的带钩对使用者而言是各有所爱，所以它的造型与装饰才会有那样多的花色，所以满堂之座主宾的带钩才会各不相同。带钩对于所有者而言应当是非常重要的，窃玉盗钩比起窃国来自然是小罪，但窃钩者被逮住后却要遭诛杀，可见这罪过并不算小。

再回头想一想，庄子那会儿将窃玉盗钩比喻小偷小摸的行径，也是有一定道理的。常见与常用，精巧的带钩与玉件招人喜爱。说不定那时的旧货市场上就有不少带钩与玉器，如果没有这样的市场，小盗们的钩与玉就不大容易出手了。

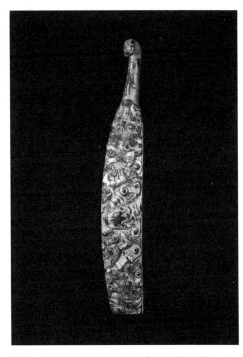

图五　河北平山战国中山王墓出土鎏金钩

五 钩弋夫人：荣辱系一钩

古代带钩一般为男子所佩，不过有一个与带钩相关的故事，却发生在一位少女身上，而且故事还非常悲情，这悲情也写就了一段重要的历史篇章。

这一段历史与汉武帝有关。武帝驾崩前一年，他预感到自己来日已经不多，于是命画工画了"周公背成王朝诸侯图"，将这图画送给了霍光，希望霍光一帮大臣辅佐他最小的儿子刘弗陵当皇帝。因太子刘据在"巫蛊之祸"中身亡，太子位虚悬未定，武帝在三个儿子中选定只有七岁的小儿子弗陵为太子，这也是很无奈的决策。可是那局面是"子幼母壮"，为着防备太子不过20多岁年轻母亲钩弋夫人重演祖上吕后称制的历史，武帝找借口狠下心处死了这未来的皇太后。

就在这血腥的摧残下，小小的太子刘弗陵继承了皇位，成为西汉第八位皇帝，就是汉昭帝。

昭帝的母亲钩弋夫人，本为河间人氏，赵姓。当年武帝巡狩经过河间，有望气者说此地有奇女子。武帝急令寻找，使者带来一个美貌非凡却一手握拳的二八女子。女子这收起的拳头从来就不曾打开过，武帝并未费力就为她展开了指掌，女子由是得幸，号曰"拳夫人"。

又传说女子拳开后掌中握有一枚玉带钩（图一），因此又称"钩弋夫人"。拳夫人入宫进为婕妤，称赵婕妤，居钩弋宫，大受武帝宠爱。大约是因拳夫人也称为钩弋夫人，所以就有了钩弋宫这个怪异的宫名。

太始三年钩弋夫人生皇子刘弗陵，又号"钩弋子"，说是怀孕足有十四个月。武帝说古时帝尧也是十四个月才出生，钩弋子同帝尧一样，于是决意将钩弋宫的宫门改名为"尧母门"。这后世的尧母钩弋夫人，因子而贵，那会儿一定是风光无限。

一次意外的相遇，几年专情的宠爱，可是在生死抉择关头一切都烟消云散。拳夫人掌中的带钩，给她带来钩弋夫人的名号，带来了堂皇的钩弋宫，也给她带来了皇儿钩弋子，还带来了这意想不到的悲情结局。

钩弋夫人死于云阳宫，传说"殡之而尸香一日"，在夜色中被草草安葬。武帝虽是做出了这残忍的决定，心中却依然思念钩弋夫人，还为她在甘泉宫修筑了一座通灵台。有一只青鸟常常往来台上，人说是钩弋夫人来看望她的小儿来了。

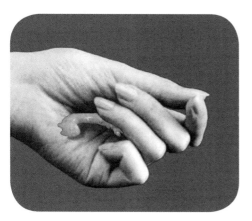

图一　掌中钩

小小的刘弗陵即皇位后，追尊生母钩弋夫人为皇太后，发卒二万人为太后修云陵重葬，并拨三千户守护陵墓。唐人张祜有诗说："惆怅云陵事不回，万金重更筑仙台。莫言天上无消息，犹是夫人作鸟来。"所咏史实，正是被追尊为皇太后的钩弋夫人的遭际。

《史记·外戚世家》《汉书·外戚传》和《汉书·孝武钩弋赵婕妤传》对这一段历史都有记载，不过详略不一。在《列仙传》中明言钩弋夫人是因武帝"发手得一玉钩，故号焉"，钩弋之称，一定是因为手中那枚玉带钩的缘故，只是正史中没有明文。《括地志》提及因钩弋夫人命名的钩弋宫，说"钩弋宫在长安城中，门名尧母门也"。

在《括地志》中也提及钩弋陵："云阳陵，汉钩弋夫人陵也，在云阳县西北五十八里。孝武帝钩弋赵婕妤，昭帝之母，齐人，姓赵。少好清静，六年卧病，右手卷，饮食少。望气者云东北有贵人，推而得之。召到，姿色甚佳。武帝持其手伸之，得玉钩，后生昭帝。武帝末年杀夫人，殡之而尸香一日。昭帝更葬之，棺但存丝履也。"这是比较全面的记述，特别提到了钩弋夫人手中的玉带钩。

对于钩弋夫人来说，真的是荣辱系于一钩。是拳中的那枚带钩，使她获得武帝的宠爱，也使她过早地走上了不归路。爱恨交加，一个莫名的"子幼母壮"的理由，就褫夺了她年轻的生命，有谁能理解她那一刻的复杂心境？

依《列仙传》和《括地志》所述，钩弋夫人拳中所握的是一枚玉带钩。西汉时代通用的带钩，依然是以铜制为多，也有不少是玉钩。两汉玉带钩的使用地域比战国时已有明显扩大，除黄河与长江中下游地区外，华北、西北和岭南地区也都有出土。

西汉玉带钩出土数量较多，形体变化多样，制作工艺也比较精致。除了数量不少的体现明显战国传统的方体形和琵琶形素钩（图二），也有一些类同战国及秦时的曲棒形钩。还有相当多的异形钩，钩体变化多端，附加雕饰非常精美（图三）。

汉代玉带钩的钩首较之战国多数大且长，也是以龙首和禽首为主。钩体装饰除阴刻几何纹饰，开始出现浅浮雕与透雕蟠螭和凤鸟等纹饰。在广州南越王墓和

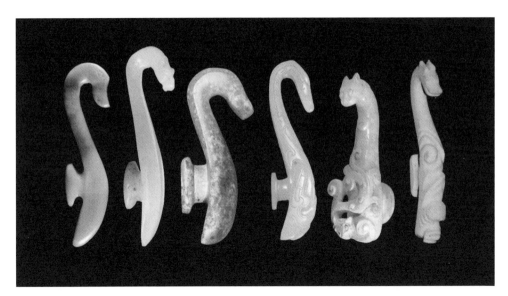

图二 琵琶形玉带钩

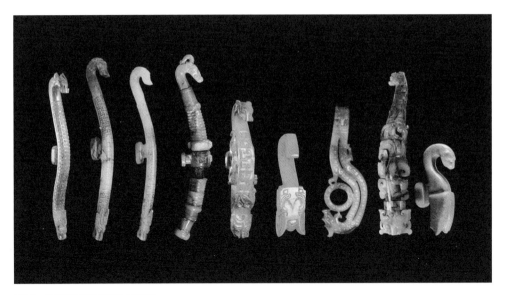

图三 西汉棒形和异形玉带钩

河北满城汉墓这样的王级墓葬中，都发现多件精致的玉带钩，都是汉代玉钩中的
上品（图四）。

　　东汉时玉带钩发现不多，曲棒形和琵琶形钩与西汉时期没有明显区别，精致的
带钩极少见到。

图四　广州南越王墓出土玉体金钩

玉带钩中有一种体方有棱，有四棱形，也有少数为多棱形，多数为方纽，归为方体形钩。这类带钩工艺相对较为简省，一般不加琢其他纹饰。方体形玉钩从战国早期开始见到，战国至两汉多见。战国时期的方体玉钩，在河南、湖北和浙江都有发现，形体较小，一般长度在 4~6 厘米之间。汉代的方体玉钩，造型与战国相去不远。安徽巢湖放王岗墓葬出土多棱体青白玉钩，龙首，钩体窄长。广东肇庆松山出土四棱方体灰白玉钩，鸭首，极似战国同类玉钩风格，长仅 4.4 厘米。

战国早期已有素体琵琶形玉钩，两汉琵琶形素钩各地均有发现。属于西汉时期的有出自江苏铜山小龟山的青白玉质鹅首形钩，有陕西长安杜陵陪葬墓的青白玉质龙首形钩。琵琶形玉带钩形制仿自铜带钩，也是汉代玉钩中见到的较多的一类。

玉带钩有时与玉环配套使用，有时考古能见到与带钩同时出土的玉环，我们称之为"钩环配"。

玉带钩中的琵琶形钩一般形体不大，钩弋夫人所在拳中的带钩，也一定是较小的那种，也许超不过 5 厘米。

仔细想一想，没有钩弋夫人，没有那一枚带钩，还会有那一段流血的宫廷史么？没有钩弋夫人没有昭帝，武帝之后的那一段汉史又会怎么写成呢？

六 汉时仿古董：浚仪大梁氏带钩

当古董鉴赏和收藏成为时尚，仿古董也就有了大行其道的机会。现代社会的现阶段，正是古董风刮得非常强劲的时刻，仿古董风行也是很自然的了。这个道理放在古代，也大致出不了多大的圈，古人也喜好更古老的古董，仿造出的更古老的古董也会受青睐，仿制古董的行业也就自然会蒸蒸日上。

爱好古董在中国也是一个重要的传统，国人素有好古的雅风，喜收藏，兴赏鉴。还能有些记忆的青铜时代，可知文物收藏已成传统，殷商大量埋藏占卜用的甲骨档案，周代王室显贵以名器重宝传之子孙，这就是两类收藏之法。据《尚书·顾命》所述，周康王即位时，有宝器陈列，其中有武王诛讨用的赤刀、胤之舞衣、兑之戈、和之弓、垂之竹矢等，作用在壮威吧？周王室还设有宝器管理机构，称为王府和大府，东周洛阳设立的宝器专藏机构名为守藏室，有簿录登记，其功能已经有点类似于国家博物馆了。此外在王室宗庙和其他府库，也有文物重器收藏，可以看作是保存传统的所在。

这样的传统在秦汉以后各代得到弘扬，帝王宫室都有收藏古物的机构，汉代的天禄、石渠二阁和兰台，都是文物和图书宝藏处所，《史记·封禅书》说武帝时宫中就收藏有齐桓公铜器。晋代宫中收藏古物的场所称为武库，史载武库因一次意外火灾，烧毁了不少历朝的珍宝，其中包括汉高祖刘邦斩杀白蛇用过的宝剑，还有孔子穿过的鞋子等。由此看来，武库也是国家博物馆，馆藏文物一定非常丰富。

大概从南朝时起，除王室以外，私人收藏也蔚然成风。《梁书·刘之遴传》说刘之遴"好古爱奇，在荆州聚古器数十百种"。藏品中有一器似瓯，上有金错文字，时人不识，也许就是战国铜器。他还挑选古器四种献于东宫太子，器上多铭有作器年代，三件为秦汉时物，一件居然是"外国澡灌"，铭"元封二年，龟兹国献"字样。这个澡灌可不是平常的物件，本是佛教僧侣的洗濯用具，汉武帝元封时，龟兹国进献澡灌，显然等同于说彼时彼地佛教已经传入。由这一器具这一记述追寻佛教的早期传播，更可领略文物赏鉴的意义。

传世古物真品，数量总是有限，为着弥补这个缺憾，于是仿品应运而生。以往我们依据文献记述，得知至迟隋代时社会上就兴起了仿作古器之风，而且仿制技术也已经相当不错。史载有个叫何稠的人巧思过人，他不仅博识古物，同时也精于仿制，作品居然与真品无异（《隋书·何稠传》）。到了唐代，文物鉴赏水平又有了很大提高，出现了古物辨伪的专门家，如一个叫刘蜕的就曾辨识出伪造的齐桓公铁盘。

那个何稠，其父善于斫玉，因为家传的原因，"稠性绝巧，有智思，用意精微"，又"博览古图，多识旧物"。有一次波斯国献来织造殊丽的金绵锦袍，隋帝命何稠仿制，结果他织出的锦居然比波斯国的还要美。当时国中琉璃技术几近失传，一般匠人都不敢用这个心思，可是何稠用绿瓷进行仿制，仿品与真品无异。

近读相关文献，发现在何稠以前，中原一带古董的仿制技术已相当成熟。比如汉代吧，在好古之风的吹拂中，假古董也成批涌现，古董仿制显然已经产业化了。读《太平御览》录《陈留风俗传》一则佚文曰："浚仪，周时梁伯所居国都。多池沼，时池中出神带钩，到今其民象而作之，号曰大梁氏钩焉。"这是说在浚仪之地，这个曾作为周时梁国国都的地方，水池中常发现古时精致的带钩，当地人到现在还在仿制这种带钩，人们称之为"大梁氏钩"。

浚仪，西汉置县，地当今河南开封，属陈留郡，所以《陈留风俗传》记入了这件事。《陈留风俗传》早佚，为汉人圈称所著，是一部早期的地理著作，所以一些内容在《水经注》的引述中得以保存。

圈称这个名字有点特别，姓圈名称字幼举，东汉末陈留郡人，《隋书·经籍志》著录汉议郎圈称撰《陈留耆旧传》二卷，又《元和姓纂》引录圈称撰《陈留风俗传》，二传均亡佚，郦道元《水经注》等书中有佚文凡四十余条。关于浚仪的得名，圈称就留下了解释，《水经·渠水注》引《陈留风俗传》曰："县北有浚水，像而仪之，故曰浚仪。"这真是有些味道，这个地名也是因"仿造"而得，那会儿古董的仿制蔚然成风，也就很好理解了。

汉代浚仪的仿品大梁氏带钩，其中一定会有高仿，虽然并不能确定是什么样式，但一定精美无比，不能太过于光素。既然要仿制，一定不会是汉代常见的样式，或许属中原战国式带钩，而且是精中之精者。圈称特地提到那里曾是周代梁国的都城所在地，都人曾经拥有的带钩，品质应当是上乘居多吧。

查河南开封城中及附近出土之战国带钩，未见出色精品。而迄今所见魏国带钩最美者，当属河南辉县固围村 5 号魏国贵族墓出土鎏金嵌玉镶琉璃银带钩。带钩用

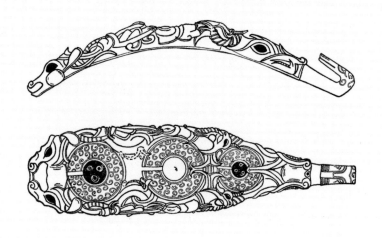

图一　河南辉县固围村 5 号魏国贵族墓出土鎏金嵌玉镶琉璃银带钩线图

白银制作，通体鎏金，钩身铸兽首和凤鸟，钩身正面嵌 3 枚白玉玦，玉玦中心都镶有半球形琉璃彩珠，钩首用白玉琢成雁首形（图一）。这是少见的战国带钩精品，同时采用多种工艺，取用多种材质制成。战国中期以前魏国列为七强之一，甚至于与秦国抗衡，曾经攻占秦河西之地，也有过灭中山，大败齐军、攻占楚国大梁的战绩。魏国后来迁都于大梁，地即今河南开封，王侯们进入新都时一定都束系着华美的带钩，像辉县固围村那样的带钩也一定被带到了大梁。

记入《陈留风俗传》的浚仪大梁氏带钩，没准就是像辉县固围村那样的带钩。汉代极少见到那种极品带钩，所以一当有了发现，真有可能萌出仿制的念头。汉代时那些仿制的大梁氏带钩，说不准某一天也会发现，兴许也会确认一二件，当然这会是一件比较困难的事情，在此也只是立此存照而已。如果仿品的品质超过了原品，我们恐怕就很难加以区别了。

另外还要提到的是，汉时浚仪出水（因为发现在池沼中）的古董并不只是带钩一种，还有所谓"大梁氏剑"也名噪一时。《水经注》说，"梁国多沼，时池中出神剑，至令其民像而作之，号大梁氏剑。"那时的仿品，除了带钩，还有长剑，这仿大梁氏剑说不定也风靡一时。南朝时梁武帝萧衍命陶弘景造神剑十三口，也称是"大梁氏剑"，正如《剑记》所记："梁武帝命陶弘景造神剑十三口，以象闰月。"一口剑象征一个月，这不是当作武器用了，象征季候而已。

七 曹丕的偏爱：巴蜀双钩

在西南地区，汉代使用带钩束带的着装已经比较普遍，考古工作者在云南和贵州发现了一些这时期的带钩，如晋宁石寨山和威宁中水所见，有明显的地域特色。古代巴蜀所在的四川和重庆之地自不必说，也有相当数量的汉代带钩出土，在几个地点的船棺葬中都见到随葬的带钩，也体现有浓郁的地域特色。至少在汉代末季，巴蜀故地打造出的带钩的品质，应当说是不输中原的。

巴蜀带钩有自己的特色，也受到中原人的喜爱，一定通过不同途径流入到了王庭。读到魏文帝曹丕《与王朗书》，书曰："丕白：'不爱江汉之珠，而爱巴蜀之钩，此言难得之贵宝，不若易有之贱物。'"曹丕似乎是引用了当时的流行俗语，所谓"不爱江汉之珠，而爱巴蜀之钩"，即不追求高贵的江汉珍珠，而更喜欢平常的巴蜀带钩。曹丕在书中为这话作了一个注解，在他看来，与其追求很难得到的宝物，不如求取容易得到的实用之物。类似的言语见于早出很多年代的《吕氏春秋·重己》，原文为"人不爱昆山之玉、江汉之珠，而爱己之一苍璧小玑，有之利故也"。

江汉之珠，有人以为是汉江出产的夜明珠，是珠中之最美者。亦有人说，江汉之珠就是汉水所产的淡水珍珠。《战国策·楚策三》记楚怀王与张仪的对话，也说到江汉之珠，说"黄金、珠玑、犀象出于楚，寡人无求于晋国"。江汉之珠另有随侯之珠的名称，《淮南子·说山训》说"故和氏之璧，随侯之珠，出于山渊之精"。《览冥训》说"譬如随侯之珠，和氏之璧，得之者富，失之者贫"，这是当时的珠璧价值观。在《庄子·让王》中还有一个比喻，生动揭示了江汉之珠的价值，说如果有这么一个人，他以随侯之珠，去弹射高飞千仞的山雀，世人必定要讥笑他，以为他的脑瓜一定出了问题。江汉之珠在更早的时代就有了很大的名声，《管子·揆度》说"尧舜之王所以化海内者，北用禺氏之玉，南用江汉之珠"，它是礼制时代的重要符号与象征。

这样贵重的珍宝，一般人当然是很难得到的，并非是不爱，正像《吕氏春秋》所说是爱不着。曹丕将江汉之珠与巴蜀之钩对提，是将贵与贱对比，将易得与难得

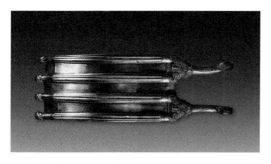

图一　河南洛阳出土战国双体带钩

之物对比。《吕氏春秋》提到的对比物是苍璧小玑，而曹丕提到的是巴蜀之钩，可见巴蜀之钩在当时是易得之物，在中原也成了流行时尚用品。古时比喻细小寻常事物都拿带钩说事，如"盗钩者诛""以钩注者惮""钩金舆羽"等，曹丕的话正是用了这样的古意。

　　在曹丕《与王朗书》的字里行间，似乎表明他也是偏爱巴蜀带钩的。这魏文帝还有一纸《答刘备》的信，透露出了一点信息。书曰："获累纸之命，兼美之贶，他既备善，双钩尤妙。前后之惠，非贤兄之贡，则执事之贻也。来若川流，聚成山积，其充匮笥填府藏者，固已无数矣。"信中说刘备给曹丕写了一封长信，送来了许多礼物，几乎是应有尽有，礼物多得像流水像山堆，其中最让曹丕留意的是"双钩"，用了"尤妙"这样的词称赞。刘备前后到底送了什么送了多少礼物给曹丕，虽是不及查证，不过从另一封曹丕的《与王朗书》提到孙吴的礼单看，是可以想见出大致情形的。书中说："孙权重遣使称臣，奉贡明珠百筐，黄金千镒，驯象二头，或牝或牡，扰禽鹦鹉，其他珍玩盈舟溢航，千类万品。"有多少？不计其数，用曹丕的话说是"盈舟溢航，千类万品""固已无数矣"。

　　让我关注的是曹丕偏爱的"双钩"，这应当是他曾提到过的巴蜀之钩中的一种。所谓双钩，即是双子钩，也就是"对钩"，是成组打造同时使用的带钩。这样的带钩，有可能是一钩两首的双钩连体，也可能是两枚相同的带钩并联使用，有时或者多枚并列使用。考古发现了战国时代连体的双首带钩（图一），在战国墓中也屡见双钩或多钩并用的实例。如河北邯郸百家村 3 号墓有 3 殉人，其中一人腰部并列横置两枚带钩，另 2 人腰部也横置两枚带钩（图二），57 号墓一殉人腰部也横置并列的两枚带钩[1]；河南辉县褚邱 2 号墓人骨腰部也见并列的两枚带钩[2]；山西长治分水岭 25 号战国墓发现四枚并列的等长带钩，钩背除纽以外，中部还有一方环形鼻穿[3]，这样的带钩无疑是并联使用的。日人长广敏雄所著《带钩的研究》一书中著录了一件连体带钩，钩首有三，钩体合一，属于连体带钩。并用带钩与连体带钩是为了改进带钩的张力，以增强束带的力度。

这样看来，双钩之制在战国已不稀见，只是汉时以至汉末巴蜀双钩妙在何处，我们还不得而知。不过由1954年四川昭化宝轮院船棺葬出土金银错犀牛形铜带钩看，巴蜀带钩一定有精彩之处（图三）。

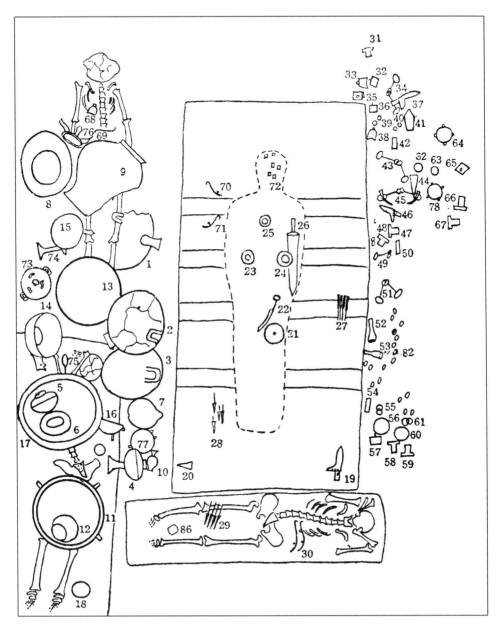

图二　河北邯郸百家村 3 号战国墓

(27、30、69、70、71 为带钩)

图三　四川昭化宝轮院船棺葬出土巴蜀犀牛形带钩

也许有人会说，巴蜀双钩未见得就是带钩之类。但我一点也不怀疑，这双钩就是带钩。可能会有人认为双钩应当是武器，不过它可是刘备送给曹丕万千奢侈品中的一种，怎么说与兵器也是不能相提并论的。说到巴蜀双钩，还让我们想到了战国名噪一时的吴钩，它一直也被认为是一种兵器，其实那也是一个大误会。

所谓"吴钩"，兵器史著作通认是春秋时吴王阖闾下令打造的一种小型刀具，而且还说是刀刃为曲线形。此说的依据是汉赵晔《吴越春秋·阖闾内传》中的一个故事：

> 阖闾既宝莫邪，复命于国中作金钩，令曰："能为善钩者，赏之百金。"吴作钩者甚众，而有人贪王之重赏也，杀其二子，以血衅金，遂成二钩，献于阖闾，诣宫门而求赏。王曰："为钩者众而子独求赏，何以异于众夫子之钩乎？"作钩者曰："吾之作钩也，贪而杀二子，衅成二钩。"王乃举众钩以示之："何者是也？"王钩甚多，形体相类，不知其所在。于是钩师向钩而呼二子之名："吴鸿，扈稽，我在于此，王不知汝之神也。"声绝于口，两钩俱飞着父之胸。吴王大惊，曰："嗟乎！寡人诚负于子。"乃赏百金，遂服而不离身。

《吴越春秋》记述了一个悲情故事，吴王命国人作"金钩"，他还言定要为钩之精品"善钩"颁赏。居然有一个贪赏的钩匠，杀死了自己的两个儿子取血衅钩，打造成二钩后献给了吴王。钩匠讨赏，吴王问他的钩有何特别之处，举起一大把钩问哪是他打的钩。吴王的钩实在太多了，而且形状大小又都差不多，钩匠自己也分辨不出来。情急中的钩匠对着一堆钩呼喊两个儿子的名字，呼声刚停，就见有两钩自己飞到了钩匠胸前。吴王很是吃惊，赏钩匠百金，从此就佩上这双钩不再离过身。

这个故事，许多人认为说的是传说中的兵器吴钩。沈括在《梦溪笔谈》中说：

"唐人诗多有言吴钩者。吴钩，刀名也，刃弯，今南蛮用之，谓葛刀。"唐颜师古注《汉书·韩延寿传》"作刀剑钩镡"，说"钩亦兵器也，似剑而曲，所以钩杀人也"。秦始皇陵兵马俑坑出土过短刀，被认为就是吴钩。刀兵吴钩于史于实可能真有其形，可吴人那两件用人血淬出来的钩却断不能是刀剑之类。理由有如下五端：

一是吴有了宝剑莫耶，又命国中作"金钩"，东周时代罕见将兵器称"金"什么的。

二是吴王问话时"举众钩以示之"，不大像是举起了很多的刀让人看。

三是"王钩甚多，形体相类"一语，一个王不必用那么多的刀吧，好刀不在新，惯用为佳。

四是"两钩俱飞着父之胸"一语，显然飞至钩匠胸间的两钩，不应当是刀，应当是更轻巧的随身物件。

五是吴王爱两钩"服而不离身"一语，也不大像是指刀剑。

双钩即是双子带钩，并非刀剑之类。如果再将故事回放一遍，其中情节要点应当是这样的：吴王得到了莫耶剑，又令国中造金带钩，要评出带钩精品颁赏。一个贪赏的钩匠杀死自己的两个儿子取血衅钩，打造成双钩献给吴王。双钩混杂在众钩之中，吴王的带钩实很多，形状大小都差不多。吴王举起一大把带钩让钩匠看，钩匠也分辨不出来，他对着一堆带钩呼喊两个儿子的名字，有两钩自己飞到了他的胸前。吴王赏钩匠百金，从此就佩上这双子带钩不再离过身。

双子带钩有可能最先出现在吴国，吴国故地有良渚先人，他们是4000多年前带钩的发明者，吴地制作带钩有久远的传统。至战国时中原也流行双子钩，巴蜀之地后来居上，也造出让登上帝位的曹丕赏识的双钩。我相信，不论在吴故地还是在巴蜀故地，来日一定会发现精致的双子带钩，让我们一起期待。

注释：

[1] 河北省文化局文化工作队：《河北邯郸百家村战国墓》，《考古》1962年第12期。

[2] 中国科学院考古研究所编著《辉县发掘报告》，北京科学出版社，1956年。

[3] 山西省文物管理委员会、山西省考古研究所：《山西长治分水岭战国墓第二次发掘》，《考古》1964年第3期。

八 钩中之王与王者之钩

先圣先贤论说带钩，无不是以其小而言之，它确实是一类不起眼的小物件。不过就是这类小物件，本身也有大小之别，而且大小之间的差别还很大。大者为"王"，考古发现有钩中之王，自然也见到一些王者之钩。

带钩的大小，表现有两方面的特征，一是时代特征，一是等级特征。我们先来看带钩大小表现出来的时代特征，由此也能看出带钩在体量上演变的脉络。

史前时期的良渚文化玉带钩，大小差别虽不是很明显，但也有了一定差别。良渚玉带钩形体一般较小，最短 3 厘米，最长也不足 10 厘米，一般长 5～7 厘米上下。在良渚文化玉器中，带钩是形体较小一类的实用玉器之一。

春秋时代的带钩以小型为主，长度一般在 2～8 厘米，最长的略超过 10 厘米。到了战国早期，与春秋的情形相似，带钩仍以小型为主，多见水禽形。战国中期常见的带钩有水禽形和琵琶形，也有曲棒形和长牌形。带钩的长度出现较大变化，类型不同，规格也明显不同。水禽形带钩很小，有的仅长 2 厘米上下。琵琶形带钩大多属长钩类，它的大量出现使长带钩的比例有了增加，一般全钩长度都在 10～14 厘米左右。长牌形带钩集中在楚墓中出土，长度都在 20 厘米以上。战国晚期带钩常见的有水禽形、曲棒形，长牌形只见于三晋地区。小型带钩长度 2～6 厘米，中、长型带钩有的超过 20 厘米。

西汉早期带钩的种类与规格，同战国晚期相比没有太大变化。西汉中晚期的带钩有向小型化发展的趋势，包括琵琶形钩在内，长度一般在 2～8 厘米，超过 10 厘米的不多。

到了东汉时期，带钩的大小差别明显，既有长仅 1.1 厘米的，也有长过 20 厘米的，10～15 厘米长的带钩比西汉时期在数量上有很大增加。这一时期最长的 1 件带钩出自河北定县中山简王刘焉墓，长 21.8 厘米，截面方形，中部方纽，龙首虎头形尾，琢磨光滑，是玉带钩中的精品。虽然长过 20 厘米，但放到战国晚期比较，也算不上是很大的带钩。

体量较大的带钩，表现出明显的高等级特征。虽然不能说大型带钩都属上流社

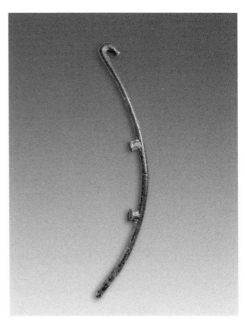

图一　湖北江陵望山 1 号楚墓出土战国长牌形　　图二　战国棒形大双纽带钩
　　　双纽大带钩

　　会用品，但整体而言，恐怕应当是这样的。当然地位高的人也有可能用较小的带钩，
不过这时带钩的等级又由它的质料或做工体现出来，金钩玉钩通常形体并不很大，
却常常为高级贵族使用。春秋墓中见到这样的金钩玉钩，一般就是大型墓葬出土的。

　　上面提到的出自河北定县中山简王刘焉墓的带钩，算是一件高级别的带钩，是
汉钩中的钩王，也是王者之钩。

　　战国时期的钩中之王，可以数出的也不只一件。说到这样的钩中之王，首先要
提到的就是湖北江陵望山 1 号楚墓出土的 1 件特大型长牌形带钩（图一）。这件带
钩置于死者棺内头左侧，全钩呈弓形，长达 46.2、宽 6.5、厚 0.5 厘米，钩体嵌金丝
和金片为凤鸟纹，钩首为龙头形，用金丝金片作龙眼龙眉。为着更加稳固，钩背铸
有两个错金纽[1]。这是考古所见最长最大的带钩。推测墓主当为楚王级，这件带钩
为名副其实的钩中之王，也是毋庸置疑的王者之钩。

　　近年来出现在拍卖市场的"九镶带钩"，引起过广泛关注，甚至被称作"第一
钩"（图三）。主要是因为钩体既大且长，达到 28 厘米。带钩钩体为长牌形，正
面镶嵌了五块纯金螭龙金块和四块和田玉，通体错金银，钩体为铸铁。有人推测此

图三　战国"九镶"带钩

钩应为王者之钩,不过要称为钩中之王,还有些许勉强,它比起望山楚钩来,要短 18 厘米。

当然这件九镶带钩,可能也属楚钩。相同的带钩在河南信阳长台关楚墓曾有出土,时代属战国中期,墓中出土的楚简有遣册记述随葬物品,其中有两枚简文就直呼带钩为钩,而且指明是铁钩。这件楚钩也是长牌形,与那件九镶带钩的造型与工艺相同,如出同一工匠之手。九镶带钩拍卖时的定年比较模糊,是因为人们忘记了长台关楚墓的发现。

注释:

[1]　湖北省文化局文物工作队:《湖北江陵三座楚墓出土大批重要文物》,《文物》1966 年第 5 期。

作为文学家的鲁迅先生，他也说过带钩？说过，只是人们在阅读时没有注意到，不知道这件事。鲁迅先生虽然在考古与文物研究上并没有投入太多的精力，但却发表过一些相关学术论文，我在他一篇研究铜镜的文章中，读到他同时也提到了带钩。

想到四十多年前在大学时，为了了解鲁迅，我曾花了近一个学期的晚自习时间，通读了 1973 年人民文学出版社新出版的 20 卷本的《鲁迅全集》，而且还仔细做了读书笔记。收入《鲁迅全集》第七卷的《集外集拾遗补编》中，有约当 1918 年前后写成的《吕超墓出土吴郡郑蔓镜考》一文，就是在这篇研究铜镜的论文中，鲁迅先生意外提到了带钩。

这座吕超墓位于绍兴兰亭以西约 1 千米的灰灶头村，查地图知道现名为灰灶村。吕超墓出土了志石，鲁迅先生也有专文研究，考定吕氏为南齐永明十一年十一月入葬。关于墓中出土的铜镜，鲁迅先生又专文进行介绍和研究，镜上难得的是铸有文字，铭有二层，因破碎而有缺失，外层云："五月五日，大岁在未。吴郑蔓作其镜，幽涷三商，周刻禺疆，白□□□□，众神容"，凡卅字。内层云："吾作明幽竟涷三商周□"，凡十字。镜铭提到的郑蔓，为汉代吴郡著名铸镜人，汉后造镜多假托这个名字，也是假冒产品，且不论它。鲁迅先生特别注意到为何镜上要铸"五月五日"作镜这样的铭文，他是这样解释的：

> 古人铸冶，多以五月丙午日，虞喜《志林》谓"取纯火精以协其数"（《初学记》廿二引）。今所见汉魏竟，带句〔带句即带钩，竟即镜〕，帐构铜，凡勒年月者，大率云五月丙午日作；而五日顾未闻宜铸，唯索缕，采药、辟兵，却病之事，兴作甚多。后世推类，或并以造竟。家所藏唐代小镜一枚，亦云五月五日午时造，则此事当始于晋，至唐犹然。

五月丙午，五月五日，其实是同一天。鲁迅先生引《志林》说"取纯火精以协其数"，说古时是取干支都属火的月、日进行冶炼铸造，也是符合方士阴阳五行的术数。汉代王充《论衡·乱龙》就提到："阳燧，取火于天，五月丙午日中之时，消炼五石，铸以为器，乃能得火。"《论衡·率性篇》也有相同的说法，方士熔炼五种石块铸成阳燧，用于在日光下取火。方士以玄妙神奇处世，说是五月丙午日午时铸造才成，我们今日大可不必相信，不过古人大约是百信不疑的。

后来无论是否在五月丙午日铸器，铭文皆为"五月丙午"或"五月五日"。天津博物馆藏汉阳燧有铭文"五月五丙午，火燧可取天火，保死祥兮"，或说铭文为"五月五，丙午，火遂可取天火，除不祥兮"，不仅是五月五日，还是午时，阳燧的制作可能真的是迷信这个时间。日本也出土过相当于三国时期的"五月丙午"铭镜，可见这信念影响之远。更有传奇色彩的是唐人在扬子江心铸造的"水心镜"，也是五月五日铸成，也有"五月五日"四字铭。见于《太平广记》引《异闻录》的记述，事在唐天宝三年。白居易的《百炼镜》诗，也吟咏了五月五日水心镜的铸造，诗中称之为"天子镜"，说一般人你是没有机会照那种镜子的。美国西雅图艺术馆藏有一面五岳镜，有"五日江中"四字铭，当是水心镜之一种。

鲁迅先生家也收藏有这样的铭文镜，这也许是他关注五月丙午铸器的一个重要原因吧。古人将五月丙午定为制作阳燧取火的日子，觉得那是个太阳最盛的时节，按王充《论衡·言毒篇》所说："夫毒，太阳之热气也，中人人毒。人食凑懑者，其不堪任也，不堪任则谓之毒矣。"由于五月为午月，"五"与"午"谐音，所以后世不管这天逢不逢午，都将五月初五日作为阳极"毒日"。这也是重五节、重午节的由来。

铸阳燧取重五日，有时一般的铜镜也是如此，也会铸上"五月丙午"之类的铭文，而且明确是作辟邪之用。制带钩也如法炮制，自然钩体也就出现了相似的铭文，也就应当有了辟邪的用意，鲁迅先生将这样的铜镜和带钩相提并论，也是由这一史实出发的。这样的带钩有传世品，考古也确有发现，而且也有了一定数量。

首先要提到的是，清代阮元《积古斋钟鼎彝器款识》卷十著录的一件"丙午神钩"，全铭为"丙午神钩君高迁"，钩嵌金银丝，钩身作鸟喙神人抱鱼之形，钩首作兽面状。同时著录的另一件带钩铭为"丙午钩君高迁"，铭文简略，意义相同。其次是山东临淄齐国历史博物馆藏的一件，"钩尾镂一鹰鸠头，头戴长冠，肩部伸出长爪，抱住一条上下可以活动而不能脱落的鱼"，背面有银丝镶嵌的铭文"丙午钩口含珠手抱鱼"九字（图一）。也还有其他一些丙午铭带钩，不过并不是这种神

图一　山东临淄齐国历史博物馆藏汉"丙午钩　　图二　汉"丙午神钩君宜官"带钩
　　　口含珠手抱鱼"铭带钩

人手抱大鱼的造型，也值得关注（图二）。

　　发掘出土品中，也陆续见到几件神人手抱鱼带钩，一般也都有"丙午"字样铭文。如1965年河北满城北庄东汉墓出土的一件带钩，"钩体上浮雕一鸟首人身的怪仙，手抱鱼立于水波之上"。这怪仙酷似鸥鹝，尖喙衔住鱼吻，脚踩一蟾蜍。带钩背部有错银铭文九字"丙午钩口含珠手抱鱼"。又如1974年南京西岗西晋大型砖石墓出土的一件铜鎏金带钩，也铸成"神兽食鱼"状，只是未详有无铭文[1]。

　　远在东北的吉林榆树县刘家乡也出土一枚东汉错金银铜带钩，钩身作鸟喙神人，双手抱鱼，腹面错金铭文"丙午神钩君必高迁"八字（图三）。

　　这一型带钩近年来又有三次较重要的发现，一在重庆云阳县旧县坪，一在湖北郧县李营，一在河南洛阳。郧县李营出土的神人抱鱼铜带钩属三国时期，钩背中部纽前有篆书"丙午神钩位至公侯"八字（图四）。2006年重庆市云阳县旧县坪遗址发掘到一件错金银雕镂铜带钩，钩体镂雕一神人，鸟喙带翅，双手抱一鱼，背面有错银隶书铭文一行："丙午神□手抱鱼位至公侯"，时代推定为西汉时期[2]。洛阳曹休墓也出土了一件这样的带钩，从公布的图片看，也属于神人抱鱼带钩之类，但正式报告还没有发表，有媒体提到上面有铭文，推想一定会铭有类似"五

图三　吉林省榆树县刘家乡出土东汉错金银"丙午神钩"铜带钩

月丙午"字样。

　　唐冶泽先生由研究云阳县旧县坪神人食鱼带钩入手，认为相关的几件类似带钩上的神人都是鸥面、鸟喙、双翅，两手抱鱼，文字也都相差不多，"应属同一时代的产物，都是西汉时期所铸"。时代可能还不能这么笼统认定，属于三国和西晋时期的也有，如曹休带钩和南京西岗带钩。

　　唐冶泽先生特别注意到带钩手抱鱼的造型，认为带钩上的这个神人属于形象凶恶者，都具有镇邪驱魔的用意。带钩上的神人就是传说中尧时"四凶"之一的驩兜，其原形为鸥鹙，既能避邪，又能避兵；其手抱鱼形，既是驩兜的特征，又有趋吉的意义，应为当时武将所佩之物，其铭文也是一段吉语祝辞。

　　出土"丙午"铭文带钩中，也有部分并不作神人抱鱼之形，如江苏丹阳东汉墓出土错金铜带钩，大体为琵琶形，自铭"永元十三年五月丙午日钩"。又见江苏泰州新庄东汉墓出土的错金银铜带钩，也作琵琶形，用金丝为铭曰"五月丙午钩"。

　　先秦时代人们认为五月是个毒月，五日是恶日，有重五是死亡之日的传说。《史

图四　湖北郧县李营出土三国丙午钩

记·孟尝君列传》记战国四君之一的孟尝君，是在五月五日出生。田婴以为"五月子者，长于户齐，将不利其父母"。《风俗通》也有类似说法，"俗说五月五日生子，男害父，女害母"。宋徽宗赵佶据说是五月初五所生，从小寄养在宫外。古人以五月五日为恶月恶日，事实上也是恶疾病疫多发之时，所以要插艾叶、挂菖蒲、喝雄黄酒、配香囊，用于驱邪辟邪。而在这一日铸镜造钩，也都有辟邪的用意，虽然只是方士们的主意，但社会大体是认可的，实际也是寄托了一种平安的期冀。当然也有明白的封公封侯的追求，那一时代的励志口号是"丈夫生不五鼎食，死即五鼎烹"，表现在钩与镜的文化上，是一点儿也不含蓄，一点儿也不隐藏的，人们要将出将入相的理想明明白白地铸刻在坚硬的铜器上，而且想着还要昭示日月鬼神，那也是一种时尚一种酷吧。

注释：

［1］　南波:《南京西岗西晋墓》,《文物》1976 年 3 期。

［2］　唐冶泽:《重庆三峡库区新出土神人手抱鱼带钩考》《中原文物》2008 年第 1 期。

Aa 式长方形动物纹牌式带扣

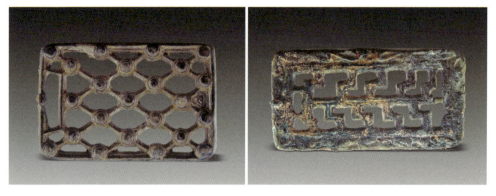

Aa 式长方形几何纹牌式带扣

Ab 式动物造型牌式带扣

Bb 式动物造型牌式带扣

黄金活舌带扣

吉林榆树老河深出土左右组合的牌式带扣

成对组合的牌式带扣

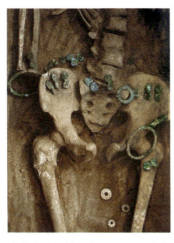

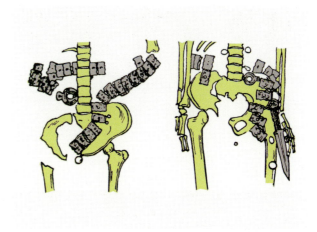

内蒙古凉城崞县窑子 M39 环式带
扣出土位置与方向

内蒙古凉城毛庆沟两座墓中环式带扣出土位置与方向示意图

半环式带扣系带方法

浙江桐乡金星村出土良渚文化玉钩

上海青浦福泉山出土良渚文化玉钩

浙江余杭反山 M16 出土良渚文化玉钩的三面视图

浙江余杭反山出土良渚文化兽面玉钩

陕西宝鸡益门村出土春秋金带钩

河南固始侯古堆出土春秋晚期羊脂玉带钩

山东曲阜鲁故城出土战国玉带钩

战国小型带钩

江苏涟水出土战国金钩

山东曲阜鲁故城战国鎏金猿形钩

湖北随州曾侯乙墓出土金钩

河南辉县固围村出土战国鎏金嵌玉镶琉璃银钩

山东曲阜鲁故城战国嵌金银钩

四川昭化宝轮院船棺葬出土巴蜀犀牛形带钩

河南三门峡上村岭出土战国跽坐佩钩人形灯

河北平山战国中山王墓出
土鎏金钩

广州南越王墓出土玉体金钩

琵琶形玉带钩

西汉棒形和异形玉带钩

湖北江陵望山 1 号楚墓出土战国
长牌形双纽大带钩

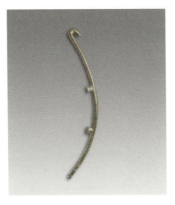

战国棒形大双纽带钩

战国"九镶"带钩

第
八
章

钩扣约束录（中）

一
楚王说钩：折钩之喙足以为九鼎

春秋时代的楚庄王，说自己是"三年不飞，一飞冲天；三年不鸣，一鸣惊人"的一只大鸟。这还真不是吹牛，开始几年他确实没有干什么正事，在他即位第八年时，真的就一鸣惊人了。这一鸣，却与小小的带钩有关，带钩又如何可以惊人呢？

这一鸣，是他斗胆问鼎轻重，事载《左传·宣公三年》。楚庄王亲自带兵伐陆浑之戎，顺道到了周天子的洛都，他在洛都外陈兵摆阵，得意扬扬。周定王派遣王孙满犒劳楚庄王，庄王当着王孙满问起了王室九鼎的大小轻重，他得到王孙满的回答是："在德不在鼎。昔夏之方有德也，远方图物，贡金九牧，铸鼎象物，百物而为之备，使民知神、奸。故民入川泽山林，不逢不若。螭魅罔两，莫能逢之，用能协于上下以承天休。桀有昏德，鼎迁于商，载祀六百。商纣暴虐，鼎迁于周。德之休明，虽小，重也。其奸回昏乱，虽大，轻也。天祚明德，有所底止。成王定鼎于郏鄏，卜世三十，卜年七百，天所命也。周德虽衰，天命未改，鼎之轻重，未可问也。"

王孙满年龄不大，这话却回答得非常有分量。他说鼎的轻重并不重要，更重要的是明德。天命在德不在鼎，你问它何意何用？楚庄王听了这话，大不自在，悻悻班师回他的郢都去了。

在司马迁写的《史记·楚世家》中，还记入楚庄王听了"在德不在鼎"的话之后又说的一句话，这句话后人不怎么在意，也不怎么读解它。庄王是这样说的："子无九鼎，楚国折钩之喙，足以为九鼎"。他的意思是说，咱是没那九鼎，不过也别小瞧了，楚国敲折小钩钩上的小尖尖，就足够造出九鼎的料了。

楚庄王这话，显然是以小托大，挺有意思。李零先生注折钩之喙所说的"钩"，不同意《正义》所言是兵器戟上之钩，"但也可能是指似剑而曲的钩或带钩。喙，可能是指钩的刃或带钩的首"。《正义》之说不确，李零提及带钩钩首的可能，其实楚王的话里一定说的是带钩。

带钩虽小，钩首更小，但架不住咱的钩多，折断小小的钩首，就可以造出九鼎，

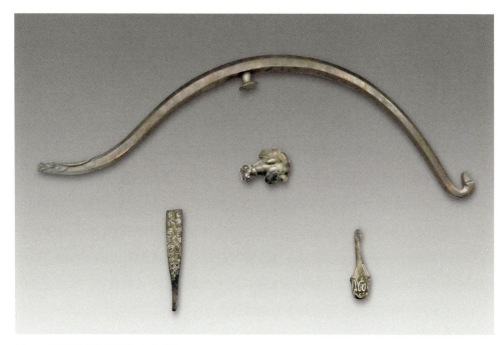

图一　湖北荆州楚墓出土大小带钩

这个牛皮吹得有点大，也正表现了楚庄王没有将周天子放在眼里的心境，所以他才做出陈兵问鼎想取而代之的事来。

考古发现的楚国带钩，造型各异，大小悬殊。有的可长达 50 多厘米，多数不过手指头大小（图一），适合不同的人群佩带。考古发现楚国一些人形雕塑，如木俑和青铜造像常见有束腰佩钩的例子（图二），说明楚人佩钩是普遍的风尚，楚庄王吹牛也并非毫无根据。

前时去荆州访古，同行带着去了疑似的楚庄王墓，遥想当年的庄王，他该是怎样的自命自鸣，留下了一鸣惊人这样的高谈。

图二　楚墓出土束带佩钩木俑

二 乱说吴钩

以往讨论带钩说到，所谓"吴钩"，兵器史著作通认是春秋时吴王阖闾下令打造的一种小型刀具，而且还说是刀刃为曲线形。此说的依据是汉赵晔《吴越春秋·阖闾内传》中的一个故事：

> 阖闾既宝莫邪，复命于国中作金钩，令曰："能为善钩者，赏之百金。"吴作钩者甚众，而有人贪王之重赏也，杀其二子，以血衅金，遂成二钩，献于阖闾，诣宫门而求赏。王曰："为钩者众而子独求赏，何以异于众夫子之钩乎？"作钩者曰："吾之作钩也，贪而杀二子，衅成二钩。"王乃举众钩以示之："何者是也？"王钩甚多，形体相类，不知其所在。于是钩师向钩而呼二子之名："吴鸿，扈稽，我在于此，王不知汝之神也。"声绝于口，两钩俱飞着父之胸。吴王大惊，曰："嗟乎！寡人诚负于子。"乃赏百金，遂服而不离身。

《吴越春秋》记述了一个悲情故事，吴王命国人作"金钩"，他还言定要为钩之精品"善钩"颁赏。居然有一个贪赏的钩匠，杀死了自己的两个儿子取血衅钩，打造成二钩后献给了吴王。钩匠讨赏，吴王问他的钩有何特别之处，举起一大把钩问哪是他打的钩。吴王的钩实在太多了，而且形状大小又都差不多，钩匠自己也分辨不出来。情急中的钩匠对着一堆钩呼喊两个儿子的名字，呼声刚停，就见有两钩自己飞到了钩匠胸前。吴王很是吃惊，赏钩匠百金，从此就佩上这双钩不再离过身。

这个故事的"金钩"，许多人认为说的是传说中的兵器吴钩。沈括在《梦溪笔谈》中说："唐人诗多有言吴钩者。吴钩，刀名也，刃弯，今南蛮用之，谓葛刀。"唐颜师古注《汉书·韩延寿传》"作刀剑钩镡"，说"钩亦兵器也，似剑而曲，所以钩杀人也"。秦始皇陵兵马俑坑出土过短刀，被认为就是吴钩。刀兵吴钩于史于实可能真有其形，可吴人那两件用人血淬出来的钩却断不能是刀剑之类。理由有如下五端：

一是吴有了宝剑莫邪，又命国中作"金钩"，东周时代罕见将兵器称"金"什么的。

二是吴王问话时"举众钩以示之"，不大像是举起了很多的刀让人看。

三是"王钩甚多，形体相类"一语，一个王不必用那么多的刀吧，好刀不在新，惯用为佳。

四是"两钩俱飞着父之胸"一语，显然飞至钩匠胸间的两钩，不应当是刀，应当是更轻巧的随身物件。

五是吴王爱两钩"服而不离身"一语，也不大像是指刀剑。

双钩即是双子带钩，并非刀剑之类。如果再将故事回放一遍，其中情节要点应当是这样的：吴王得到了莫耶剑，又令国中造金带钩，要评出带钩精品颁赏。一个贪赏的钩匠杀死自己的两个儿子取血衅钩，打造成双钩献给吴王。双钩混杂在众钩之中，吴王的带钩实很多，形状大小都差不多。吴王举起一大把带钩让钩匠看，钩匠也分辨不出来，他对着一堆带钩呼喊两个儿子的名字，有两钩自己飞到了他的胸前。吴王赏钩匠百金，从此就佩上这双子带钩不再离过身。

近日在西安遇到浙江曹锦炎先生，讲他释读吴王阖闾铭文带钩（图一），带钩自铭为"丩"（钩），曹先生也说吴钩当是带钩。又读汉后诗章，所云吴钩显然与兵器无关。如晋张载《登成都白菟楼诗》，诗里这样说到吴钩：

借问杨子舍，想见长卿庐。
程卓累千金，骄侈拟五侯。
门有连骑客，翠带腰吴钩。
鼎食随时进，百和妙且殊。
披林采秋橘，临林钓春鱼。
黑子过龙醢，果馔逾蟹蝑。
芳茶冠六清，溢味播九区。
人生苟安乐，兹土聊可娱。

这是一幅美味飘香的场景，那"翠带腰吴钩"描绘的，不应当是杀气汹汹的少年，显然是说他们的腰带上佩用的是吴地特产的带钩。

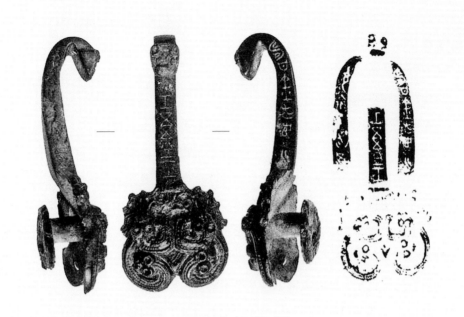

图一　吴王阖闾带钩及铭文

又读南朝鲍照《代结客少年场行》，是这样提及吴钩的：

骢马金络头，锦带佩吴钩。

失意杯酒间，白刃起相仇。

追兵一旦至，负剑远行游。

去乡三十载，复得还旧丘。

说完了"锦带佩吴钩"，又说"负剑远行游"，我还是以为吴钩是系带的钩。
又见到有铭吴王钩和越王钩，是一种小型带钩，应当是带上的附钩，是一种佩物钩，
或许正是佩剑钩。当初吴王阖闾有了莫耶剑，需要佩剑的钩，于是就有了那个献钩
的故事。

说吴钩为兵器，主要出自唐人诗文。颜师古注《汉书》，李白写《结客少年场
行》，一个吴钩让他们分不出究竟了。

三 战国来的佩钩束腰舞女

海昏侯刘贺墓出土玉组佩及玉舞人（图一），因为形体小巧，好像没有引起太多关注。这套玉组佩比较简单，是一个三件套，1璜1管1舞女像，就中最打眼的当然是舞女像。

玉舞女像为白玉质地，雕刻小巧精致，动态端丽，眉目传神。舞女像发式非常别致，头顶梳如扇形，两绺左右并坠如凤翅，顶侧尚留一绺飘逸上翘（图二）。后面单独编结出一秀小长辫，辫结清晰可见。舞女之舞服也比较独特，深衣曳地，宽带紧束，带上似有带钩钩挂，带孔也仔细刻画。舞女长袖善舞，两袖一下一上，上袖掩过头顶，下袖残断留有修理痕迹。

玉舞女像在汉代考古中并不少见。比较其他地点出土的西汉玉舞人，海昏侯墓出土的这一件是造型别致也是非常精致的一件，别的出土品大多都不能与它相提并论。如广州南

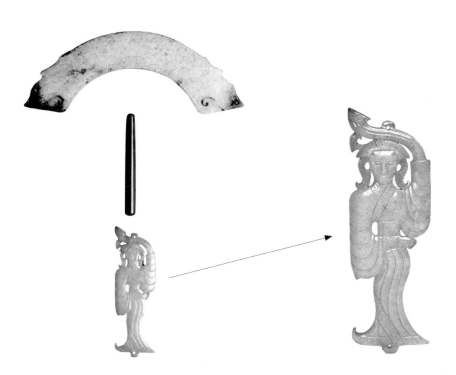

图一　江西南昌西汉海昏侯墓出土玉舞人组佩　　图二　江西南昌西汉海昏侯墓出土战国玉舞人正面

图三　广州西汉南越王墓出土带钩玉舞人　　图四　广州西村凤凰岗出土西汉玉舞女

越王墓那样高等级的墓中，所出玉舞人也不过尔尔，舞姿造型尚可，雕工却只是追求写意而已，有一种大大咧咧的感觉（图三）。其他地点也都是如此，所见玉舞人雕琢至简，有的甚至过于草率。

只有广州西村凤凰岗出土的一件西汉玉舞人，可与之比拼一番（图四）。两件玉人包括舞姿、发式及后面小瓣在内，整体风格完全相同，唯一的区别是，这一件断了左手的上袖，刘贺墓的那一件断的是右手的下袖。这两件玉人正好将彼此缺陷补上，两袖表现的舞姿可以清晰呈现出来。

西汉时代类似这两例玉断袖舞人像，似乎再没有发现过。数量很少，风格不同，表明这样的玉舞人造型的时代值得考究，很让人怀疑，它会是西汉时期的制品么？

虽然西汉没有更多的发现作比照，倒是战国时期有这样风格的玉人。早年传出洛阳金村的战国双联玉舞人，就是这样的作品（图五）。这也是一套玉组佩上的组件，玉人的舞姿与细部刻画与上述两件完全相同，带钩的钩孔乃至衣边的纹样也都一样。不一样的是，金村是双人舞女，两人左右对称如镜像一般。

由金村这样的的证据，可以怀疑在西汉遗存中发现的两例同类玉舞人像，有可能是由战国时代后传的作品，应当可以排除仿制的可能。

刘贺墓中玉舞人组佩，也说不定是汉王室收存的古物，就像同墓出土的商周青铜器一样，这至少说明刘贺有一点收存古物的癖好。兴许实在是太喜欢了，玉舞女

图五　洛阳金村战国墓出土玉舞女组佩

的袖头虽然折断了，磨光了碴口接着佩戴也不觉妨事。

汉舞与先秦之舞，期间的传承自有脉络可循。由江苏徐州驮篮山楚王墓出土西汉陶舞俑看，从服饰到舞姿与玉人有相似之处，但发式迥然不同，这是两个时代的明显区别（图六）。这也更加证实，海昏侯墓出土的玉舞女一定是战国时代的作品。

由这些玉舞女的造型看，战国至西汉时期，舞女一般都会使用带钩紧腰束带，这应当是非常标准的装束。

图六　江苏徐州驮篮山西汉楚王墓出土绕襟衣
陶舞俑

四 废帝刘贺珍爱的老器旧钩

海昏侯随葬的带钩有多件，保存都很好。据已经披露的发掘资料，现在知道的都是玉带钩，刘贺爱玉，于此可窥一斑。

刘贺的几件玉带钩都很有特点，特别是放在他身体左右的四神双子钩（图一：1），应是国宝级的发现。不过直接佩在腰间的那件玉带钩，似乎没有那么精致，稍逊双子钩。

这件带钩虽然完整，但玉色不同，全器纹饰风格也欠一致，判断为旧器改制，而且是刘贺在世时改制的，这个说法有点简单化，觉得是可以商榷的。

刘贺爱古玉，这一点不必怀疑，他那个时代也许很多人都有这样的癖好。在刘贺墓中，出有战国玉人组佩，他喜爱战国玉器，这是一个证据。

刘贺腰间的玉带钩为方体形，龙首虎尾，玉色不一，与其他玉件相比，显得更为古朴。其实这是一件组合式带钩，由多块玉分琢后拼合成器（图一：2）。初步观察可分为钩首、钩颈、钩体和钩纽四部分，均为白玉，因本色和沁色造成全器色泽变化较大。雕刻技法阴阳混合，雕工并不算太精细。钩纽与钩体以榫卯方式结合，另横加一铁质销钉固定。分析全器中空，以铁芯贯穿连为一体。

应当说明的是，这本是一件全新设计制作的带钩，并不是用旧器拼凑加工而成。主要理由是，战国时代至汉初就流行这种分体组合式玉带钩，在考古中多有发现，其中不乏精品，有的品质远远超过刘贺的这一件。

曾经为带钩划分型式，特分出一类曲棒形，钩体或圆或方，侧视为曲体。铜带钩较多见到这类棒形带钩，战国时就已经出现。

与铜带钩一样，玉带钩中也有一种曲棒形钩，钩体细长，首尾径相差不大。一般见于两汉，个别的可早到秦代或战国，西汉时期比较流行。铜质曲棒形带钩最早见于战国时期，同类玉带钩可以看作是它的仿制品。曲棒形玉钩中有一种为多节串联型，分节制作，中间贯以铁芯，起到组合增加强度的作用。

刘贺的多节带钩正是属于这种曲棒形，虽然与其他同类带钩一样，都出土于汉代遗存中，它们就一定是属于汉代的制品吗？

1.四神双子玉带钩

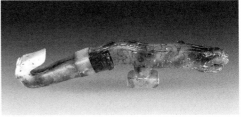

2.多节玉带钩

图一　刘贺棺中束带使用的玉带钩

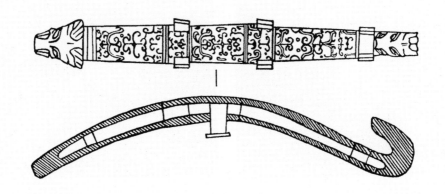

图二　山东曲阜鲁故城出土战国玉带钩

让我们先看看一些类似发现。

山东曲阜鲁故城出土一枚战国玉带钩，曲棒形弓体，小龙首，大虎尾，中空，包括钩纽在内，分作十块制作，然后用金属串联，这是一种九节带钩（图二）。

属于秦代的曲棒形玉带钩，在河南泌阳官庄北岗出土一件，纯色白玉质，半圆体，首尾均为龙头形，通体饰勾连云纹，为十节铁芯合体，长 19 厘米（图三）。

西汉时期的曲棒形玉钩发现于安徽、广东、陕西和河北等地，型制多仿先秦曲棒形钩，一般也都是双龙首。陕西西安汉建章宫遗址出土一件铁芯曲棒形带钩，白玉，马首圆体，中有圆雕兔形，为九节合体，长 19.4 厘米。因有一节破损，铁芯出露，可见铁锈沁入玉体，玉色变化较大（图四）。

广州象岗南越王墓出土 2 件曲棒形玉带钩，一青一白，首尾饰龙虎头。一件体饰勾连云纹，纽在中部，长 15 厘米。一件为八节铁芯合体，长达 19.2 厘米（图五）。

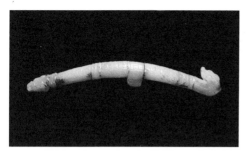

图三　河南泌阳官庄出土秦代玉带钩

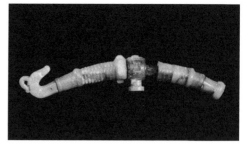

图四　陕西西安汉建章宫遗址出土玉带钩

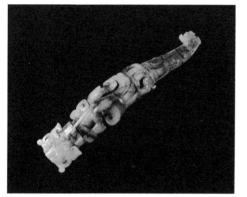

图五　广州象岗南越王墓出土玉带钩

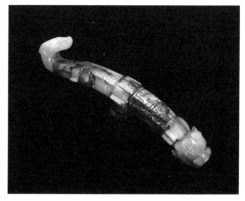

图六　河南洛阳金村战国墓出土玉带钩

图七　台北故宫博物院藏玉带钩

曲棒形玉带钩一般出土自等级很高的遗址和墓葬，多属王族专用品。河南洛阳金村战国墓出土一曲棒形玉带钩，方体白玉，龙头虎尾。铁芯沁色已透出器表，器体局部变色明显（图六）。整器风格比较接近刘贺那一件，为重新判断刘贺带钩的时代提供了重要线索。

《群玉别藏续集》收录台北故宫博物院藏的几件多节玉带钩，多断定为西汉时物。此件为五节龙首虎尾白玉带钩，雕工及整体风格与南越王墓所出相似（图七）。

图八　台北故宫博物院藏玉带钩

图九　台北故宫博物院藏玉带钩

这一件为圆体曲棒形，与上一件雕工相近（图八）。

这一件为八节合体龙首玉带钩，钩尾龙首偏向一侧，造型比较别致（图九）。

其实台北故宫博物院这几件，统定为西汉时期，还是比较保守的。觉得它们与南越王的那一件一起，都应当是战国之物。当然比较确定的金村那一件，那是属于战国之物。拿金村这一件与刘贺带钩相比，它们属于同一时代无疑。

简而言之，刘贺挂在腰间的多节玉带钩，应当是战国时代的产品，也许是祖传之物，不是他自己别出心裁做出来的。

五 海昏侯四神双子玉带钩

海昏侯刘贺墓出土诸多玉器非常精致，媒体揭示过一件玉带钩，整体观察工艺虽精，但形制与纹饰平平，我们曾评价说缺乏王者之气，而且推测应当有更精致的带钩出土。

果不其然，内棺又出土数件玉带钩，让我们看到了盼望中的王者之气。

内棺左右两侧，在中腰附近，各出土一件玉带钩（图一）。两带钩玉质通透，呈翠绿之色，光滑润泽，做工极精。用同一块玉料制作，由大小取材及纹样布局与风格观察，可以判定两钩出自同一玉工之手。

这两件带钩纹样选取四神为题材，钩作龙首虎尾形，钩面浮雕长尾凤形，钩纽面上线刻一龟形。龙虎呼应，凤龟相对，合四面方位。

因两钩同料同工同大同式同纹，可以称作"五同四神双子玉带钩"。

这四神双子玉带钩，考古也是首次发现。过去曾出土过双子铜带钩，但一般都是并联使用，可以加强带钩的拉力。刘贺的四神双子玉带钩，出土时并没有合并在一处，虽然它们并非是捆绑使用，但还是可以称作双子钩，如双胞胎一般。

这也应当可称为王者之钩，王者爱双钩，也是有故事的。

巴蜀带钩有自己的特色，也受到中原人的喜爱，一定通过不同途径流入到了王庭。读到魏文帝曹丕《与王朗书》，书曰："丕白：'不爱江汉之珠，而爱巴蜀之钩，此言难得之贵宝，不若易有之贱物。'"曹丕似乎是引用了当时的流行俗语，所谓"不爱江汉之珠，而爱巴蜀之钩"，即不追求高贵的江汉珍珠，而更喜欢平常的巴蜀带钩。曹丕在书中为这话作了一个注解，在他看来，与其追求很难得到的宝物，不如求取容易得到的实用之物。类似的言语见于早出很多年代的《吕氏春秋·重己》，原文为"人不爱昆山之玉、江汉之珠，而爱己之一苍璧小玑，有之利故也"。

贵重的珍宝，一般人当然是很难得到的，并非是不爱，正像《吕氏春秋》所说是爱不着。曹丕将江汉之珠与巴蜀之钩对提，是将贵与贱对比，将易得与难得之物对比。《吕氏春秋》提到的对比物是苍璧小玑，而曹丕提到的是巴蜀之钩，可见巴

图一　江西南昌西汉海昏侯墓出土四神玉带钩

蜀之钩在当时是易得之物，在中原也成了流行时尚用品。古时比喻细小寻常事物都拿带钩说事，如"盗钩者诛""以钩注者惮""钩金舆羽"等，曹丕的话正是用了这样的古意。

魏文帝还有一纸《答刘备》的信，也提到巴蜀双钩。曹丕偏爱的"双钩"，这应当是他曾提到过的巴蜀之钩中的一种。所谓双钩，即是双子钩，也就是"对钩"，是成组打造同时使用的带钩。这样的带钩，有可能是一钩两首的双钩连体，也可能是两枚相同的带钩并联使用，有时或者多枚并列使用。

双钩之制在战国已不稀见，只是汉时以至汉末巴蜀双钩妙在何处，我们还不得而知。

先曾著文考证，双子带钩有可能最先出现在吴国，吴国故地有良渚先人，他们是4000多年前带钩的发明者，吴地制作带钩有久远的传统。至战国时中原也流行双子钩，巴蜀之地后来居上，也造出让登上帝位的曹丕赏识的双钩。

现在意外又见到刘贺精致的双子带钩，这玉钩较之铜钩，又珍贵许多了吧。

六 双钩：好一个『长毋相忘』的念想

这里说的双钩，不是双沟，与酒无干。

江苏盱眙大云山西汉江都王刘非墓，出土多枚带钩，新近披露的一对银带钩，形状大小等同，有两钉榫可扣合一起，两钩可作一钩用，一钩可作两钩用。钩内铸"长毋相忘"四字，一钩为阴文，一钩为阳文，可两相扣合，透露出性别特征，或者可以说是一对雌雄钩，难怪有人说它会不会是一种信物（图一）？

这不就是传说中的一种双钩么？

我曾在《中国文物报》，刊出《曹丕的偏爱：巴蜀双钩》一文，谈到了古带钩中的双钩。说魏文帝曹丕《与王朗书》，书中丕引述了"不爱江汉之珠，而爱巴蜀之钩"一语。曹丕似乎是引用了当时的流行俗语，所谓"不爱江汉之珠，而爱巴蜀之钩"，即不追求高贵的江汉珍珠，而更喜欢平常的巴蜀带钩。在曹丕《与王朗书》的字里行间，似乎表明他也是偏爱巴蜀带钩的。这魏文帝还有一纸《答刘备》的信，透露出了另外的信息。书曰："获累纸之命，兼美之贶，他既备善，双钩尤妙。"曹丕偏爱的"双钩"，这应当是他曾提到过的巴蜀之钩中的一种。

所谓双钩，即是双子钩，也就是"对钩"，是成组打造同时使用的带钩（图二）。这样的带钩，有可能是一钩两首的双钩连体，也可能是两枚相同的带钩并联使用，有时或者多枚并列使用。考古发现了战国时代连体的双首带钩，在战国墓中也屡见双钩或多钩并用的实例。《吴越春秋》记述了一个悲情故事，吴王命国人作"金钩"，他还言定要为钩之精品"善钩"颁赏。居然有一个贪赏的钩匠，杀死了自己的两个儿子取血璺钩，打造成二钩后献给了吴王。钩匠讨赏，吴王问他的钩有何特别之处，举起一大把钩问哪是他打的钩。吴王的钩实在太多了，而且形状大小又都差不多，钩匠自己也分辨不出来。情急中的钩匠对着一堆钩呼喊两个儿子的名字，呼声刚停，就见有两钩自己飞到了钩匠胸前。吴王很是吃惊，赏钩匠百金，从此就佩上这双钩不再离过身。

吴越双钩即是双子带钩，并非成说以为是刀剑之类。双子带钩有可能最先出现

图一　江苏盱眙大云山汉墓出土"长毋相忘"　　图二　西汉"千斤金"双钩
　　　　铭银双钩

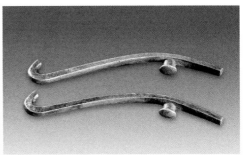

1　　　　　　　　　　　　　　　　　　2

图三　山西太原春秋赵卿墓出土双钩

在吴国，吴地制作带钩有久远的传统。至战国时中原也流行双子钩，巴蜀之地后来居上，也造出让登上帝位的曹丕赏识的双钩。

其实同处春秋之时的晋国，也有双子钩发现。太原赵卿墓一次就出土两对（图三），说明佩用双钩的习惯在那会儿，已经不是个别现象了。

我在《曹丕的偏爱：巴蜀双钩》中断言，相信不论在吴故地还是在巴蜀故地，来日一定会发现精致的双子带钩，让我们一起期待。现在吴越故地附近，刘非墓出土的一对同形银带钩，不就是我们期待发现的双钩吗？

这样的双钩，它的使用也许与别的双钩会有不同，它既可两钩合并使用，也可分开分用。这双钩分用，热恋的人们，分别的夫妻，长相思念的感觉一定是很美好的。

不离不弃，长相思念，这"长毋相忘"的念想与誓言，倒是一千年一千年地传递着，大量的青铜镜上，也都铸有这样的誓言。"长毋相忘"倒真是没忘，可那实实在在的双钩却早就被我们忘到九霄云外去了。

七 鲜卑头：带扣曾经的名字

《楚辞·大招》提到鲜卑这个词："小腰秀颈若鲜卑只。"这里的鲜卑，自然不是古代族名上的鲜卑。汉王逸注云："鲜卑，衮带头也，言好女之状，腰肢细少，颈锐秀长，靖然而特异，若以鲜卑之带约而束之也。"这鲜卑又有犀比之名，同指一物，音转不同而已，《楚辞·招魂》的"晋制犀比"和班固《与窦宪笺》的"复赐固犀比金头带"即此。洪兴祖补注说："《前汉·匈奴传》：'黄金犀毗'，孟康曰：'要中大带也'，张晏曰：'鲜卑郭洛带，瑞兽名也。东胡好服之。'师古曰：'犀毗，胡带之钩，亦曰鲜卑。'"王逸说鲜卑是衮带头，而颜师古直接说犀毗即胡带之钩。《东观汉记》卷八记，邓遵破诸羌，"诏赐金刚鲜卑绲带一"。按颜师古的说法，"鲜卑"自然就是"胡带之钩"。清人阮元认为犀比就是带钩，他说"犀毗、鲜卑、犀比声相近而文互异，其实一也"。这胡带之钩，当然不是中原那样的带钩。

按汉王逸的注所说，《楚辞·大招》提到作为带扣的"鲜卑"。以往我们还有些疑惑，鲜卑作为带扣之名，总显得有些奇怪。

查上海博物馆收藏有一块镂雕行龙纹白玉残带具，本体为方形，是与带扣组合使用的物件（图一、二）。这物件其实与它配合使用的带扣相比，无论形状和纹饰都相同，一般称为带饰或饰牌。让我们特别注意的是，它的背面刻有"白玉衮带鲜卑头"字样铭文，让人相信"鲜卑"或"鲜卑头"，一定指的就是带扣。

这块与玉带扣组配的带饰，背面所镌阴文全文为："庚午，御府造白玉衮带鲜卑头，其年十二月丙辰就，

图一　南朝白玉衮带鲜卑头

图二　南朝白玉衮带鲜卑头局部

用工七百。将臣范许，奉车都尉臣程泾，令奉车都尉关内侯臣张余。"（图三）从铭文记年和涉及的相关官员分析，研究者确认此件为南朝宋文帝刘义隆的御用带扣配件。这个带扣组件虽然并不是科学发掘出土品，但提供的信息却非常重要，让我们可以最终认定"鲜卑头"就是带扣的名称。

"犀毗"或是"鲜卑"，一定不是中原带钩原本用过的名字，它是"胡革带钩"的名字。这"胡革带钩"，并不是带钩，而是带扣，而且是胡人带扣。

图三　南朝白玉衮带鲜卑头铭文

八 此玦非彼玦：带扣的重名问题

∞

由一个旧发现入题，讨论一个旧论题。

旧发现是西安何家村唐代窖藏金银玉，旧论题是带扣的古称。我们一般说起何家村，只限于金银器，却忽略了同时出土的为数并不少的玉器，建议再称何家村的发现，一定要金银玉并称。本文关注的正是金银之外的玉器的发现，是与玉带饰和玉带扣相关的旧题新说。这个旧题新说并不能算是老生常谈，却是一个值得重新考量的不大不小的论题。

话题缘起何家村窖藏。这个窖藏自1970年发现后就备受关注，关注的重点自然是金器和银器，还有那些难得一见的药物等等。记得看过当初拍摄的电影新闻，那个机巧的多层银香囊始终不曾忘记。30多年过去，我才突然注意到，这一个发现中居然还存有不曾探究的空白点，出土的玉带具名称就是这样一个空白点。

前几日在网络上偶然看到盛装带具银盒上的墨书文字，两个熟识的词吸引了我：铰具、玦。有点想问个究竟，于是查阅《花舞大唐春》展览图录（文物出版社，2003年），很快就有了意想不到的收获。有了这收获，我问自己为何过去没有注意到呢，觉得这个疏忽不能原谅。现在仓促成文，也算抛砖引玉，也许会引起更多的关注吧。

何家村窖藏发现的带具，带已不存，也许有的本来就无带。留存下来的是带上之玉饰，这样的玉饰有专门名称，谓之带銙，简称为銙。对于成套的带饰玉銙，考古上习惯称为"玉带銙"。或称为带板、带饰，成套玉带饰也有直称玉带和玉带具的。对于何家村玉带具的发现，百度上描述说："唐代的玉带銙，完整传世的极其罕见。何家村窖藏一次性出土了10副玉带，是唐代玉带銙最大的一次考古发现。在这10副玉带銙中，除九环蹀躞玉带銙外，其他九副出土时分别放置在4个银盒内，银盒盖内均有墨书题记，明确记载了玉带銙的玉色名称、形制和组成数量。这批考古发现出土的已知最完整的成套唐代饰纹带銙，是研究唐代玉带銙的重要材料，因此尤为珍贵。"

这些文字基本取自《花舞大唐春》，当然也有所改动，这里说的玉带銙，原来

图一　大粒光明砂银盒墨书　　　　　　　图二　大粒光明砂银盒及玉带饰

的文本直接称为玉带。在第50节中专述了这次的发现，文本是这样写的："何家村窖藏出土玉带10副，是唐代玉带最大的一次考古发现。除白玉九环蹀躞带外，其他9副玉带出土时分别放置在4件银盒内，银盒盖内均有墨书题记，明确记载了玉带的玉色名称、形制和组成数量。"

　　其中"大粒光明砂银盒"，盖外盖里都书写有"白马脑铰具一十五事失玦"字样。释文说查实物"白玛瑙铰具十五块缺失带钩"。没有对铰具解释，却将玦理解为带钩，也许是误写（图一、二）。

　　又有碾狮纹白玉带、斑玉带、白玉有孔带三带置于同一盒中，盒内墨书"碾文白玉纯方胯一具，一十六事并玦。斑玉一具，白玉有孔一具，各十五事并玦。"检视"狮纹白玉带"，文本说实物有带板一十五，但照片却只有十四事，有玦。斑玉和白玉带各一具，都有玦（图三）。

　　又有白玉碾伎乐纹带、更白玉带共置一盒，银盒墨书"碾文白玉带一具，十六事失玦。更白玉一具数次前。"一带失玦，另一带有无玦不明（图四）。

　　白玉纯方胯带、骨咄玉带、深斑玉带共置一盒，银盒墨书"白玉纯方胯十五事失玦。骨咄玉一具，深斑玉一具各一十五事并玦"。一失玦，两有玦（图五）。

　　以墨书文字论，值得分辨明晰的相关问题有这样几个：马脑、胯、带、铰具、玦。

　　马脑，自是玛瑙的异写，指带具的质料。这次发现所见的带具只有带板和带扣，均为玉石质，不见金属品。

　　胯，墨书两次出现方胯，一次是方胯一具一十六事并玦，一次是方胯十五事失

图三　光明紫砂盒墨书　　　　　　　　　图四　红光丹沙盒墨书

图五　光明碎红砂盒墨书

玦，似乎前者为完整的玉带，后者只有胯无带。这里的胯，就是带上的装饰，方胯即方形带板。胯即是𨭖的异写，《集韵》说："𨭖，枯买切，音胯，义同。"《集韵》说："胯，枯买切，音𨭖，腰肥貌。"两字互注，音同义同，偏旁不同。宋人杜绾《云林石谱·墨玉石》说："西蜀诸山多产墨玉，在深土中，其质如石，色深黑，体甚轻软，土人镌治为带胯或器物，极光润。"宋代仍然这么明确写成带胯，是胯、𨭖两字互证很好的例证。

《新唐书·柳浑传》记有一事，与带𨭖有关。说的是："玉工为帝作带，误毁一𨭖。工不敢闻，私市它玉足之。及献，帝识不类，搪之，工人伏罪。帝怒其欺，诏京兆府论死……"玉工为唐德宗制作一条玉带，玉工损坏了一𨭖，不敢报告，就自己买来一个补上了。及至完工呈献，还不至昏花的德宗一眼就看出有一𨭖不同，玉工承认欺君之罪。德宗非常气愤这种欺骗行为，于是下令处死玉工。诏令下达到了中书省，时任宰相的柳浑上奏说：陛下若是杀了玉工也就罢了，但若交给主管部门查办，就须经过审理后在春季执行，请容我照律审判，然后奏请定罪。结果是按照误伤皇家车马用具服饰罪，处玉工杖刑六十，其他工人也都无罪释放，德宗也同意如此结案。

毁了一方带銙，玉工差点招致死罪，在这个故事中告知我们两个有关的概念，即带与銙，一条玉带有多方玉銙。带銙，是带上之銙。《正字通》说唐制之带："一、二品銙以金，六品已上犀，九品已上银，庶人铁。"皇上当然是用玉作銙，那就是"銙以玉"。

带，带一具，说一具的，应是全备的带，有带有饰。有一件"白玉纯方胯十五事失玦"，似乎非全带，仅有胯而已。因为这次出土的都是以玉为饰的带具，可以称作玉带，但墨书文字只有一例全称"碾文白玉带一具"，其他六例称"一具"，当是"带一具"的省称，即是"带一套"。

铰具，这个问题值得一论。过去文献上有此一词，或又写作"校具"，文物上直接书写出"铰具"来是首次见到。墨书"白马脑铰具一十五事"，白玛瑙铰具，铰具可以理解为胯，但似乎也不是这么简单。过去我曾探讨过铰具的含义，说"铰"为装饰之意，《广韵》释铰为"装铰"，李善注颜延之《赭白马赋》之"宝铰星缠"的铰亦为"装饰"，"铰具"就是施饰之器。

南朝梁吴均《续齐谐记》说："汉宣帝以皂盖车一乘赐大将军霍光，悉以金铰具。至夜，车辖上金凤凰辄亡去，莫知所之，至晓乃还。"倒是不必相信这神话般的故事，只须看这"以金铰具"几个字，所谓"以金铰具"就是以金为饰之意，"铰具"并非具体指什么物件，这里显然指的是车辖之饰，与带具无关。又有《钦定续文献通考七》记"王公以下车"，"许用黑漆，以骨角铁为饰，不得用玉铰具及金银犀象饰鞍辔。"这"不得用玉铰具"，也就是不准用玉作装饰，也与带具无关。

回过头去再看墨书"白马脑铰具一十五事"，就可以理解为白玛瑙带饰十五件了。铰具，在这里与带具有关，但却不是指整套带具，更不是过去理解的是带扣之名。

玦，一个熟悉又生疏的字，一般的人不认识，认识的人知道这是形状特别的一款玉器，带缺口的环。但何家村并没有出土这有缺口的玉环，显然它不是我们熟知的那种玉器。墨书上有"失玦"和"并玦"的区别，查出土实物，正是指有带扣和

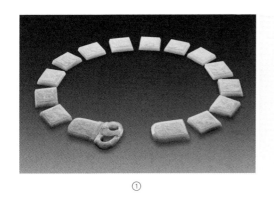
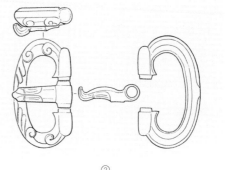

①　　　　　　　　　　　　　　　　　　　　②

图六　何家村出土狮纹白玉带

❶ 狮纹白玉带　❷ 狮纹白玉带扣线图

无带扣两事，所以这块一定指的是带扣（图六）。刘云辉先生注意到何家村的发现与带扣称玦问题，他在《北周隋唐京畿玉器》（重庆出版社，2000 年）一书中提到："玦与带扣，以墨书文字中的并玦与失玦对照九副玉带，凡称并玦者均有带扣，凡称失玦者，绝无带扣，玦指带扣确切无疑。这是过去不曾知道的事实。"

　　带扣为何有"玦"这样的名号呢？

　　过去我查考带扣的古称，发现了"鐍"这个名称，孙机先生几乎同时也认定了这个名称。我们在《说文》中读到："鐍，鐍或从金、矞"，而鐍为"环之有舌者"，其为带扣无疑。从东汉到南朝，带扣称作带鐍，这是中原王朝对带扣所取的第一个正规名称。

　　带鐍的名称应是源于马具，为系辔之环，通作觼，音义均与鐍相同。这会儿我们发现，这里觼与玦很接近了，它们又是一回事么？

　　玦，《集韵》说"或作璚"。看看，这个字又靠近了"鐍"。鐍，《广韵》、《集韵》说是"古穴切，音玦"。解释直接指向了玦，不仅仅是读音相同的问题。《玉篇》说，鐍是"环有舌者，与觼同"，并引《后汉书·舆服志》说，"紫绶以上，綟绶之间，得施玉环鐍"。

　　觼，《说文》直说"环之有舌者。从角夐声"。又说"鐍，觼或从金、矞"。很明确，鐍、觼、玦都是带扣的古称，音同而构形不同。其实，单看这个"矞"，也能给我们启发。《说文》解释为"以锥有所穿也"，恰与带扣之扣针穿带相合，

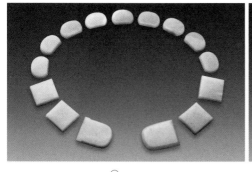
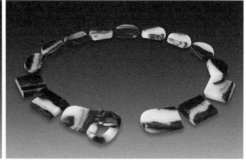

①　　　　　　　　　　　　　　　　　②

图七　何家村出土玉带与带扣（珧）

❶ 更白玉带　❷ 深斑玉带

它本来就可能是带扣，加玉旁为璏，专指玉带扣，也即是珧。如果加的是金旁，就是鐍，指的当是金属带扣。唐李贤注《后汉书·舆服志下》"带鐍"引《通俗文》说"缺环曰鐍"，我当初认为"这显然指的是珧"，而且《御览》也直书为"珧"。虽然觉得这里面有点问题，但却认定"应当就是带扣，非为珧"。当时只知有佩玉缺环之珧，不知珧即是带扣另一名称。有点惭愧，已经接近真相，却是失之交臂。

现在，让我们再来读读古人咏珧的诗词，想象它就是腰带上的带扣，似乎理解起来就更加顺畅了。

曹丕《与钟繇谢玉珧书》：邺骑既到，宝珧初至，捧匣跪发，五内震骇，绳穷匣开，烂然满目。猥以蒙鄙之姿，得睹希世之宝，不烦一介之使，不损连城之价，既有秦昭章台之观，而无蔺生诡夺之诳。

梁简文帝《金錞赋》：岂宝珧之为贵，非瑚琏之可钦。

唐杜甫《哀王孙》诗：腰下宝珧青珊瑚，可怜王孙泣路隅。

李贺《送秦光禄北征》：宝珧麒麟起，银壶狒狔啼。

李贺《舞曲歌辞·公莫舞歌》：腰下三看宝珧光，项庄掉箭拦前起。

皮日休《寒食》：河光正如剑，月魄方似珧。

宝珧，方珧，在腰里放光，这些都不是缺环之珧，的确是带扣也。

带钩和带扣，不同的器具，同样的用途。用途虽是明确，但它们的历史名称，了解起来却并不明晰。带钩是古有其名，虽然别名不少，这个命名更直接，便于理解。可"带扣"之名，并不见于文献，得名于当代，究竟是谁定下的这个名称，一时不易查考。我曾在前人研究基础上，对带扣古称进行过梳理，带扣从师比、带鐍（觿）、钩燮、到钩䚢，名称上经历了几个大的变化。因为何家村的发现，让我们有机会确认带玦之名，也是一个不小的收获。

　　如此一来，关于"玦"的认识，我们也明显进了一层，有缺口之环，有扳指，有带扣，这"三玦"各不相同，共享一名，也是很有意思的事。玦分彼此，此玦非彼玦，虽然有了这样的区别，但在行文时仍然容易混淆，所以在讨论带之玦时，建议仍然称之为带扣，既可避免含混，也与带钩有了照应，如此才好。

九 读元曲：减腰围，攒带钩

元曲中读到曾瑞的一曲《相思》，曲曰：

你残花态那衣叩，
咱减腰围攒带钩，
这般情绪几时休。
思配偶，
争奈不自由。
鸳鸯作对关前世，
翡翠成双约后期，
无缘难得做夫妻。
除梦里，
惊觉各东西。

曾读到的相思词中，有宋人柳永的"衣带渐宽终不悔，为伊消得人憔悴"，瘦得如何？腰带儿松了，瘦得不轻。

这又读到曾瑞的元曲《相思》，描述的也是相思的那个瘦，称作"残花态，那衣叩""减腰围，攒带钩"。

曲是元曲，话是白话，白话似乎也要再白一丁点儿，你才能瞧出那真切的瘦样儿。

姑娘是残花态，没有了花样儿，瘦了，衣扣不得不挪了又挪。这元曲中的衣叩，即是衣扣。那，挪动之谓也。

汉子呢，也瘦，瘦削了腰身，系腰的带钩也是紧了再紧。

减腰围，符合现代语境，明白。带钩，是腰带之钩。攒，移动带子上的孔洞，系紧腰带之谓也。

衣带如此渐宽，人儿都如此憔悴了。有这带钩，倒是好便利，瘦一回，就紧一次钩孔。相思，是减肥健身的良药吧？

元代人使用带钩，其实并不算太普遍，出土所见数量也并不多，一般都为玉质。不过有些玉带钩制作精工，雕刻细腻，也应当是上流社会的奢侈品（图一）。

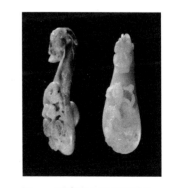

图一 西安出土元代玉带钩

十 藏钩、藏弶与藏阄

十多年前曾经数次进入青藏高原考察，许多的事情在记忆中慢慢模糊了，可有一件小事却还没有忘怀。这件事小到如花生瓜子一般，还真就是与瓜子有关。

那一次是参加一个藏族传统节日庆典，大家在野外的帐篷里聚会，酒酣之时，偶尔赌起酒来。赌酒的方法很简单，一只手抓起盘子中的瓜子，你要猜不中有多少颗，就要罚酒。我虽不善酒，却对这个玩酒的法子很感兴趣，居然乐意参与其中。有一位藏族朋友手里握好瓜子让我猜，我随口说有两颗，张开手掌一看，真的就是两颗瓜子！当然，鬼使神差，这是碰巧了。

就是这两颗瓜子，让我久久不能忘怀。我知道这种游戏一定有着古老的渊源，甚至猜想它还可能是由中原传到了高原，而且这传播早在唐代应当就完成了。

其实这就是古时藏钩之戏的翻版，唐代时似乎非常流行。彼时这个游戏被称为藏钩，或者又称为"意弶"，就是在手掌中藏钩竞猜，这个"钩"可以是传说中的带钩（图一、二），也可以是其他什么小物件如指环之类，那个弶，就是弶环，是指环之类。而且唐代时并不用带钩了，所以藏钩只是一个更早时代传下的说法，一般并不会真有带钩握在手中来猜。

唐段成式在《酉阳杂俎·艺绝》中，记录有一位特善此术之人，说"举人高映善意弶。成式尝于荆州藏钩，每曹五十人，十中其九。"这个高映，确实是高人，要在五十人中猜出握弶之人，虽不能百猜百中，那也是很不得的了。

唐代这种藏钩之戏在民间时兴，在宫中也很流行。李白《杂曲歌辞·宫中行乐词》说："今日明光里，还须结伴游。春风开紫殿，天乐下朱楼。艳舞全知巧，娇歌半欲羞。更怜花月夜，宫女笑藏钩。"吟的就是玄宗时后宫月夜以藏钩为乐事一桩。又有张说《赠崔二安平公乐世词》说："十五红妆侍绮楼，朝承握槊夜藏钩。"藏钩与握槊，都是流行于宫中的游戏。

文人雅聚，酒酣之时这样的游戏也是不能少的。如李商隐那首著名的《无题》，就写到了藏钩："昨夜星辰昨夜风，画楼西畔桂堂东。身无彩凤双飞翼，心有灵犀一点通。隔座送钩春酒暖，分曹射覆蜡灯红。嗟余听鼓应官去，走马兰台类转蓬。"

图一　小小带钩可以藏而不露　　　　　　图二　浙江长兴出土战国小玉带钩

后来我们只是记住了"心有灵犀"的佳句，却不大明白"隔座送钩"的意思了。又有白居易诗《放言》其二说："世途倚伏都无定，尘网牵缠卒未休。福祸回还车转毂，荣枯反复手藏钩。"将飘忽不定的仕途与捉摸不定的藏钩之戏相比，也是莫奈何的事，说明藏钩在当时确是很平常的游戏。

　　唐时在边关也以藏钩取乐，如岑参的《敦煌太守后庭歌》中就有这样的诗句："醉坐藏钩红烛前，不知钩在若个边。"说的是敦煌太守宴请岑参行藏钩之戏。在敦煌出土文书中，也发现了敦煌之地行藏钩之戏的相关线索。北图藏敦煌遗书京河字 12 号《父母恩重经讲经文》就有"几度亲情命看花，数遍藏钩夜玩笑"的文字，说到夜晚的藏钩之戏。遗书《唐七言词》还有"欲得藏钩语多少，嫔妃宫女任相和。每朋一百人为定，遣赌三千匹彩罗"，及"两朋高语任争筹，夜半君王与打钩。恐欲天明催促漏，赢朋先起舞缠头"（又见《宫词丛钞》）。可以看出藏钩在民间和宫中都很盛行，规模也很大，参与者众多，不只是赌酒，还赌丝帛。不舍昼夜地玩这游戏，君王也参与其中，一定有它的迷人之处吧。

　　又见敦煌遗书《释门杂文》中说到敦煌藏钩之戏的场面，还描述了参与者的心情：

　　　　公等投名两扇，列位分朋。看上下以探筹，争胜负。或长行而远眺，望绝迹以无踪，远近劳藏，或度貌而难测。钩母怕情而战战，把钩者胆碎以兢兢。恐意度心，直擒断行。或因言而□（失）马，或因笑以输筹，或含笑而命钩，或腼腆而落节。连翩九胜，踯躅十强，叫动天崩，声遥海沸，定强弱于两朋，建清斋于一会。

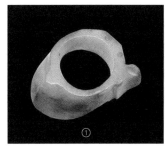 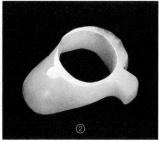 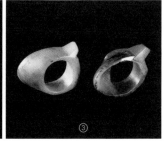

图三　春秋战国时期的玉韘

❶ 河北平山中山王墓出土玉韘　❷ 湖北随州曾侯乙墓出土玉韘　❸ 山西太原赵卿墓出土玉韘

瞧这阵式，天崩海沸，热闹非凡。参与者察言观色，还弄得战战兢兢的，好不紧张。

这藏钩之戏，并非是唐代的发明，两晋南北朝时，就已经形成风气。据南朝梁宗懔的《荆楚岁时记》说："岁前为藏弼之戏。按周处《风土记》曰：竭恭敬于明祀，乃有藏弼。腊日之后，叟妪各随其侪，为藏弼，分二曹，以较胜负。辛氏《三秦记》，以为钩弋夫人所起。"说"岁前"指的应当是除夕，而"腊日"则指腊月初八日，也算是岁前。这里说的是"藏弼"，并不是藏钩。不过又推测此风起于汉时，与钩弋夫人有关，那就与带钩有关了。《汉武故事》说汉昭帝母钩弋夫人少时手拳，入宫时汉武帝展其手，得一带钩，后人因作藏钩之戏。我们权且相信藏钩之戏真的与钩弋夫人有关，即使不愿接受这个说法，但却一定是与带钩有关的。

《风土记》说的弼即是弼环，或说是扳指，是射手戴在手拇指上钩弦的工具，古代正名为韘。弼环其实也即是指环之类，藏弼便是以指环为道具（图三）。《西京杂记》卷一说："戚姬以百炼金为弼环，照见指骨。上恶之，以赐侍儿鸣玉耀光等各四枚。"戚姬是汉高帝刘邦的宠妃，弼环造得太奇巧，刘邦不喜欢，转赐给了宫人。

不过周处的《风土记》，所言为"藏钩"而非"藏弼"，应当是汉代时的说法。周处说："义阳腊日饮祭之后，叟妪儿童为藏钩之戏。分为二曹以较胜负。……一钩藏在数手中，曹人当射知所在。"起初这是腊日老人孩童玩的游戏，也算是文雅之戏。周处的话应当是引自三国魏人邯郸淳的《艺经·藏钩》，说"叟妪儿童为藏钩之戏"，更证实藏钩之说创自带钩普遍使用的汉时。出土汉代带钩有许多形体较小，握在掌中不露形迹，用于藏钩之戏也是很自然的事。晋以后的南北朝时期，带钩已经被带扣取代，而且带扣又不易从革带上取下来，可是游戏还是得继续，因之改用指环取而代之，于是这游戏就有了"藏弽"的新名号。

晋代人玩藏钩的情态，读当时的诗人庾阐写的《藏钩赋》，便可一目了然：

叹近夜之藏钩，复一时之戏望。
以道生为元帅，以子仁为佐相。
思朦胧而不启，目炯冷而不畅。
多取决于公长，乃不咨于大匠。
钩运掌而潜流，手乘虚而密放。
示微迹而可嫌，露疑似之情状。
辄争材以先呷，各锐志于所向。
意有往而必乖，策靡陈而不丧。
退怨叹于独见，慨相顾于惆怅。
夜景焕烂，流光西驿。
同朋海其凤退，对者催其连射。
忽攘袂以发奇，探意外而求迹。
奇未发而妙待，意愈求而累僻。
疑空拳之可取，手含珍而不摘。
督猛炬而增明，从因朗而心隔。
壮颜变成衰容，神材比为愚蒙。

瞧这架式，这心情，这神态，这已经不只是限于老少们的游戏了。

唐代以后，藏钩之戏还在继续玩着。读花蕊夫人的《宫词》说："管弦声急满龙池，宫女藏钩夜宴时。好是圣人亲捉得，便将浓墨扫双眉。"后宫筵宴玩藏钩，倒不是为罚酒，而是用黑墨画上大花脸。

从藏钩到藏弽，这变化似乎很自然，藏什么并不重要，重要的是要猜得着。在唐代又出来新词叫"藏阄"，如李商隐《拟意》诗云"楚妃交荐枕，汉后共藏阄"。从此藏阄与藏弽、藏钩于是就共存于诗言中，如宋司马光《句其三》诗有"藏阄新

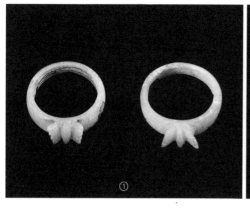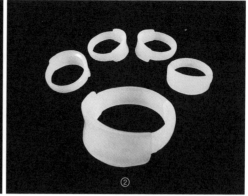

图四 明代指环

❶ 福建龙岩出土明代指环　❷ 江西南城出土明代指环

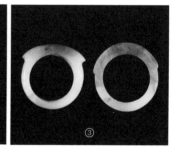

图五 清代指环

❶ 江西南昌出土清代指环　❷ 上海出土清代玉扳指　❸ 云南昆明出土清代翡翠指环

度腊，习舞竞裁衣"，他又有《藏彄诗》说"不知藏在何人手，却向樽前斗弄拳"。《说文解字注》解这个"阄"，说是"斗取也。旧作斗。《广韵》作阄取，按力取是此字本义。今人以为拈阄字，殆古藏彄之讹"。似乎在说这个字是弄错了的，不过"抓阄"如今也还在说还在用，藏钩写作藏阄也不是什么大错吧。其实钩、彄、阄三字同韵，口传与书写出现不同，也是可以理解的。

宋代时，藏钩之戏仍列为重要的岁时节目。陈元靓《岁时广记》说"藏彄"为腊日活动之一，这与晋代时相同。而且司马光诗"藏阄新度腊"，梅尧臣《和腊前》诗"土人熏肉经春美，宫女藏钩旧戏存"这样的诗句，也证实了腊日藏钩的事实。

辽代宫中亦行藏钩之戏，实际已为藏阄之戏，多在宴饮时行酒用。游戏时，朝臣着常服入朝，契丹人面向南，汉官面向北，分列成两队行阄。如果皇帝意外得阄，臣下会向皇帝进酒，皇帝与众人共饮。《辽宫词》就有这样的描写："君臣团坐笑藏阄，宴上分明共几筹。目过金铺茶酒罢，天祥宝殿瑞烟浮。"这是一场欢乐会，藏阄之戏平添了许多热闹的气氛。

明清时期，藏钩之戏继续戏着，在文人们的诗词中常有说道。明代贝琼有诗曰："秋风千户竹，宿露半池荷。席赌藏钩令，亭邀窃药娥。"多炡有诗曰："未妨关法急，来就使君期。胜算藏弢戏，遍师刻烛诗。"又有王世贞诗曰："手谈意弢尽奇品，高歌激尘飞绕梁。"白昼赏景，夜晚高歌，都是可以玩藏钩的。清人周星誉的《洞仙歌》曰："深深笑语，腻湘桃花影。削哺金泥护春暝。看珠灯出玖、锦匣藏弢，却难得，随意猜来都准。"锦匣藏弢，与掌中藏钩又有不同，但却都是要猜的，却不是那么容易猜准的（图四、五）。

末了，还要提及清人傅山书写的《王公昨夜》诗："王公昨夜得霜裘，又与灵妃赌带钩。戏得紫壶三醌酒，一时飞上九重楼。"（图六）赌带钩正是说的藏钩之戏，这似乎说的是孟尝君故事，果如是，那是将藏钩之戏的出现推导到了战国时代，未必不是如此呢。

腊八不仅要啜粥，戏戏藏钩，在品味之时，也可以体会一下这千年的情趣。不用带钩，也可不用指环，抓几粒瓜子当阄，也可以快活一回。

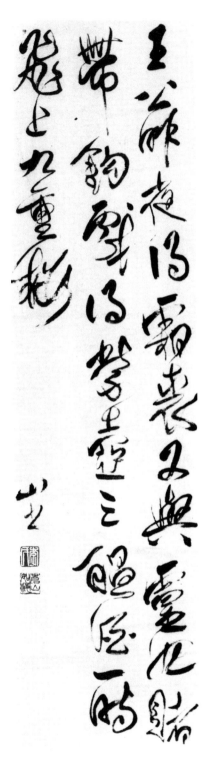

图六 傅山书《王公昨夜》

第
九
章

钩扣约束录（下）

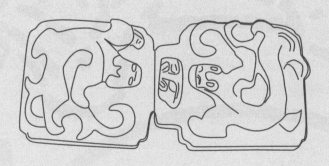

一 古代革带佩钩之法

带钩是带上所用之钩，古时主要用于束带。战国经秦至两汉时代，带钩使用非常普遍，而且多用于束系革带，这一类属于腰带用钩。虽然在其他场合也会使用带钩，但在革带上却是最常使用，而且用法也比较固定。我们来看看古代革带采用怎样的方式佩钩，也看看不同时代在使用上有没有什么变化。

带钩在革带上的佩用方法，如果没有直接的图像资料，我们想要探出究竟，可能有一定的难度，也许会通过推测替古人设计出许多的方法来，但很难会有确定的答案。现在来讨论这个问题，其实是非常简单的，从出土的许多古代雕塑品中，还有一些如墓室壁画等古代绘画作品中，我们就能直接观察到革带佩钩之法。当然也须得是带着这样的疑问去观察，不然也会是视而不见，因为带钩出现在雕塑品和绘画上的目标实在是太小，很容易被忽视。

从战国时代的一些雕塑艺术品上，我们发现了可以了解带钩使用方式的一些细节。当时普遍的做法应当是将钩纽嵌入革带一端，多数都是在右手端，钩弦向外，与腰腹弧度贴合，钩首钩挂在革带另一端的穿孔中。河南三门峡上村岭 5 号战国墓出土跽坐人擎灯铜灯，洛阳金村出土战国畜神铜造像，河北易县出土战国铜人造像，都是采用同样的方法用带钩束系革带，造像上钩挂腰带的带钩有细致的刻画（图一、二）。

秦始皇兵马俑坑的出土的秦俑，则有佩钩证据的更集中的发现，对了解秦时带钩的用法，提供了大量直观的材料。秦俑以军士俑为主，军士俑都束革带，一般有革带必有带钩（图三、四）。秦俑腰际都塑出腰带，带头和带尾在前腹位置用带钩钩挂。带钩置于带头，带尾上有带孔，带孔一般为三个，也有的为两个或四个。带钩钩挂的方向是带头居右，带尾居左，钩首从左侧带尾孔中由内向外穿出（图五）。

秦俑所饰带钩样式丰富，有的以动物为题材，有的以器具为题材，还有的以乐器为题材。动物题材带钩有鱼尾形、飞鸟形、鸭形、蝌蚪形等，乐器题材带钩有琵琶形和琴形等。有一带钩作武士奔刺状，雕一勇士身体前倾，双手握长矛作刺杀状。这些带钩都以同样方式钩挂，钩体固定在右手端的带头上，钩首从左手端的革带穿

图一　战国佩钩铜人（洛阳金村）

图二　战国艺术品中见到的带钩束带造像

图三　佩钩束带的秦俑

图四　秦俑佩钩细部

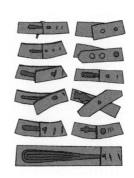

图五　秦俑佩钩示意

孔中钩出。这是秦俑带钩的普遍使用方法，钩挂时有比较固定的方向，大多是钩首向左，系带时以右手执钩，左手执带头，将钩首纳入孔中。秦俑所示带钩大部分为右手端固定钩纽，钩纽在左手端仅见个别例子。

　　汉代时革带佩用带钩，形式和方法与秦俑并无不同。如江苏徐州发现的汉代武士俑，腰间绘出带钩束带，与秦俑束带样式相同，也是右手端为钩纽，钩首向左钩挂（图六）。河北望都汉墓壁画上的束带官吏像，也用同样方式以带钩束带。四川成都东汉崖墓出土男舞俑和男坐俑，都是长袍束带，带钩横在腰间，与秦俑所见带钩钩挂方法相同，钩首无一例外是向着左手方向（图七）。

　　另外在洛阳出土一尊战国时代拱手人铜造像，虽然也是系带挂钩，不过腰带为一环套形，钩纽与钩首都是钩挂在环套两端，这也许表现的是丝带的钩挂方法，不

图六　徐州汉墓出土佩钩束带武士俑　　　图七　成都出土带钩束带汉俑

像革带是用孔钩挂。不论是孔挂还是套挂，带钩使用时都非常便利。

　　我们见到的这些例证，都是一人一带一钩。其实带钩束带有单钩法，也有并钩法，有时会双钩并用。如河北邯郸百家村 3 号战国墓中，两具骨架都有配钩的带环，而且都是双钩并挂一环，是少见的例证。河南辉县褚邱 2 号战国墓中，人骨腰部出并列的 2 枚带钩。又在山西长治分水岭 25 号战国墓中，发现 4 枚并列放置的等长带钩，钩背还有鼻穿，4 钩并联使用。传世和出土带钩中还见到双钩或三钩连体铸造的宽体型，这也是对那些单体多钩并用法可能存在的一个最好的说明。

　　带钩的钩面一般都有精美的纹饰，不过再精美的带钩，在钩入革带孔中后显露并不多，但庄子说"满堂之座，视钩各异"，钩挂在革带上的带钩的样式，也一定是可以看得清楚的，应当也是主人身份的一个象征。

　　从大量出土资料观察，带钩的使用方法在东周秦汉时代并无明显变化，大概是因为带钩的构造变化不大，它的作用没有变化，所以用法也没有什么改变。当然也还有特例存在，古代带钩勾系革带，还采用一种钩挂圆环的方法，我将这方法称为"钩环配"，让我们在后面的文字中再做考察。

二
另
类
佩
钩
法
：
钩
环
配

古代带钩的使用方法，一般是将钩纽嵌入革带固定，束带时将钩首勾入带孔，这是最简便也是最流行的做法，不过并不是带钩唯一的使用方法。

在有的时候古人用带钩束带，带钩需与带环组合使用，这是一种比较特别的束带方法，与一般流行的方法不同。不同之处在于，在腰带本来应当设计钩孔的位置，安装上一个圆环，束带时带钩并不直接穿钩在革带上，而是将钩首钩挂在圆环上。我将这方法称为"钩环配"，以为配套的圆环也算作是一种带具。

带钩的这种钩环配用法，在出土文献和实物中都可找到证据来说明。在出土战国楚简中，读到遣册类文字中记有革带和带钩，有时还将钩与环并提，觉得它们应当是一对组合器物。如河南信阳长台关楚简记有"一组带，一革，皆有钩""一素绰带，有口钩"，而湖北江陵望山 2 号墓楚简更明确记有"一绰带……一玉钩，一环"。这表明战国时代用圆环挂钩的方法使用面可能并不很窄，革带和丝带都有可能采用这方法束系。

在战国和两汉时代的墓葬中，也见到带钩与圆环共存的例证，有时还见到带钩直接钩挂在圆环上，这种圆环应当是带环，是与带钩一起使用的带具。与带钩配合使用的圆环，有铜、玉、骨、玛瑙等数种，有时见到一些玉环的制作还非常精致（图一、二）。

我们可以举出这样一些例证：

河南固始侯古堆春秋大墓中，有玉带钩、铜环与玉瑗、玉璜和其他玉饰组成的佩饰同出，其中的环有做带环的可能性。在河南汲县山彪镇 6 号战国墓中，嵌绿松石的铜带钩与玉环同出。山彪镇 5 号战国墓中铁带钩与骨环共存，郭宝钧先生断定钩与环是配合使用的。洛阳烧沟一座战国墓中，有一人骨架腰部的钩与环相接。安阳大司空村 131 号战国墓，墓主腰部附近的铜带钩压在一铜环上。山西孝义张家庄 14 号汉墓中，墓主腰部玉带钩与玉环共存。河北邯郸百家村 3 号战国墓中，两具骨架都有配钩的带环，而且都是双钩并挂一环，是少见的例证。

这些与带钩共存的各种套环，显然是与带钩配合使用的，这种不同于直接钩挂

图一　汉代钩环配玉钩　　　　　　　　图二　钩环配铜带钩

的方法可以称为"环钩法"。当然要在出土物中确认哪样的圆环就是带环会有一些困难，因为圆环的用途并不只是作带环。不过在考论玉带钩时，带环的确认似乎要简单得多，在一些地点发现了玉带钩与玉带环共存的例证，而且有时带钩直接钩挂在带环上。

如在广西合浦黄泥岗一座墓葬中出土的一组钩环配就非常典型，钩与环用同一玉材制成，出土时钩挂在一起。带环作蟠龙形，方体屈回，首尾相接；带钩为雁首形，长喙短体，体侧附双翅，圆纽。这对钩环配属新莽时期的作品，制作精工细巧。

又如江苏无锡元代钱裕夫妇合葬墓出土的玉钩玉环牌，也是一套少见的钩环配（图三）。钩体接近琵琶形，背具钩纽；环体为椭圆牌形，整体看不出环形特点，一侧有小钩孔。钩与环牌正面均透雕写实的花鸟形状，雕工精细。环牌长8.3厘米，钩长7.4厘米。这种变体的钩环配是介于典型钩环配与扣形钩之间的形态，也可归入扣形钩之列。玉扣形带钩出土很多，我们以后再作讨论。

从现在发现的可以确认的玉带环看，它与玉带钩不仅在取材上一致，而且在雕琢风格上也完全相同，是与带钩同时同工制作的产品，这些都是确凿的带环。

不仅束带是如此，古代佩物用带钩，有时也会配合带环使用。如佩挂刀剑，有时会在鞘上先固定一个圆环，使用时将这圆环挂在钩首。广东肇庆北岭松山的一座战国墓中，见两柄铜剑旁都有金柄玉环，墓中也见到玉带钩。山东临淄郎家庄春秋1号墓的7座陪葬墓中，都发现玉钩和玉环，有的带钩直接勾压在玉环上，不过这些带钩并不是束带和佩挂刀剑的，而是挂囊盛物用的。

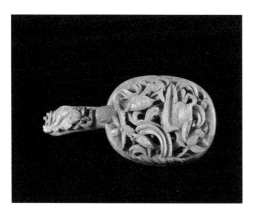

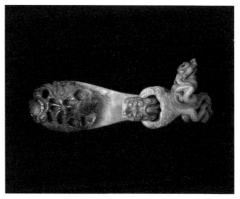

图三　元代钩环配玉钩

图四　传世钩环配玉带钩

　　在传世品中，我们也发现一些钩环配带钩，有玉质钩，也有金属钩，这些带钩也都配有钩挂用的环状体，只是一般环孔较小，大小以容纳钩首为度（图四）。

　　我们知道，古代带环的存在虽然是确定的事实，但却并非所有的带钩都要使用带环钩挂，许多带钩出土时并不见共存的带环，多数带钩应当采用的是直接钩挂的方式。

　　我们还注意到，在鄂尔多斯系统的带饰中见到一种链式带钩，也作钩环配样式。这种链式带钩全用青铜铸造，以链为带，链首一端为带钩，另一端为圆环，使用时直接围挂在腰间（见《陆鄂尔多斯带扣平论》图一九）。这显然是钩环配方法启发下的一种新创意，应当是古代北方武士喜欢的束带方式。

人的双手用力，力度不同，左右手还会有自然分工。一般而言，右手承担的事情要多一些，动作力度也要大一些，动作的稳定性与准确性也高得多。有一些紧要的事情，人们一般也都指派右手完成，如书写，如用筷子，如投镖等等。当然也有较少的人是用左手完成书写和使筷子这些动作的，我们称为左撇子。

左撇子有个专有名称叫左利手，人群中多数都是右利手。尽管人们常常也会羡慕左撇子，说他们属于聪明一族，但却极少有人专意将自己改变为左撇子。为什么有左利手和右利手这样的分别，相关学科有人反复做过探讨，原因也基本究明，也有不同的解释，我们在这里不想理会相关说法，只须认可右利手是多数人的生活行动姿态就够了。

这样的生活与行动姿态，因为有长远历史的积累，带来了诸多文化与物质的传承，也带来了各类产品的固型设计。右利手实质上引导了人们相当多的行为方式，在现代是如此，在古代也是如此。以束带方式而论，我觉得古今人都受着右利手传统的主导，这习惯应当是古人传导给我们的。古人用带扣束带，最惯常的穿带入扣的方向是由右向左，即左手执扣，右手穿带。更早普遍使用带钩的时代，带钩入孔的主导方向也是由右向左，左手执带，右手执钩将钩首挂入带孔。

古代带钩使用的习惯方向，是由右向左钩挂，这一点我们可以寻找到许多实证来说明。

迄今确认的若干尊战国时代的铜造像，不少都塑造有带钩束带的细节。在这些实例中我们看到，束带挂钩的方向全部为由右向左钩挂，如 1975 年出自河南三门峡上村岭 5 号战国墓的踞坐人漆绘铜灯的俑人，传出洛阳金村战国墓的"六畜神"和戏双鸟人铜造像，河北易县燕下都发现的战国铜人造像，战国中山国银首人形灯铜人造像，1957 年山东诸城出土战国齐国擎灯人铜造像，都有采用此法钩挂带钩。洛阳还出土过一尊拱手屈膝的铜人造像，也作系带挂钩的模样，腰带似为一环套形，钩纽与钩首分挂在环套两端，带钩也是由右向左钩挂。

同样的例子，在陕西临潼秦始皇陵
兵马俑坑有更多的发现。数量最多的披
甲武士俑，本来内面的袍服之外应是束
有革带的，因为罩上铠甲后看不到了，
所以带钩使用的细节不能一目了然。但
还有许多短褐俑，腰腹是束带的，都是
以带钩穿连。因为这些秦俑均是超原大
的雕塑，所以革带和带钩细部刻画得非
常清晰（图一）。出现在秦俑腰部的带

图一　带钩束带的秦俑

钩有各种样式，有对称造型的，也有动物类和人物类造型的，带钩钩挂的方向，基
本都是采用由右向左的取向。在现在见到的资料中，秦俑上的带钩仅有一例为疑似
反方向钩挂，即由右向左，这可以看作是唯一的左利手用带钩的证据。如果这个证
据具有统计意义，秦俑上表现的左撇子比例则可能有 1/30，约当 3% 上下，这也许
可以当作泥陶工匠左撇子的比例数字（图二）。

　　到了汉代，由汉俑的发现看，带钩钩挂的主导方向并没有改变。徐州汉墓出土
武士俑，成都天回山东汉崖墓所出男舞俑和男坐俑，都是长袍束带，横向钩挂带钩，
带钩钩系的方向也都是由右向左。再往后类似资料发现极少，我们找不到更多的例
子来证明。

　　再由带钩在墓葬中的出土位置，也可以获得一些证据。在一些战国墓葬中，可
以发现随葬带钩的出土位置是在死者的中腰位置，这样的带钩是在死者入殓时钩挂
在腰间的，是现实生活的反映。有很多死者腰部的带钩，都保持着由右向左钩挂的
方向。如河北邯郸百家村 3 号墓有 3 殉人都随葬带钩，一人腰部并列横置两枚带钩，
另 2 人腰部也横置两枚带钩，57 号墓一殉人腰部也横置并列的两枚带钩[1]。这些
原位摆放的带钩，为我们复原带钩佩带的方式和了解带钩佩带的方向，提供了重要
证据。3 号墓中的两个殉人带钩位置有清晰附图，只是带钩都不是常见的由右向左
的方向，而是相反。起初我怀疑这是两个左撇子，但细一观察，他们的葬式似乎都
是面向下的俯身葬，如果这个判断不误，那他们穿挂带钩的方向依然还是由右向左。

　　我们还可以由带钩造型显示的方向，判断它的钩挂状态。虽然大量带钩的造型
是对称形态，左钩右钩都不会影响观赏，但也有许多带钩为人形或动物造型，它们

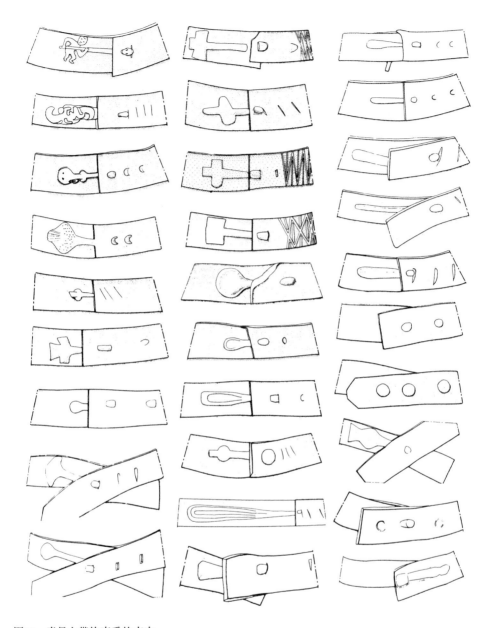

图二　秦俑上带钩束系的方向

的钩挂方向是不可改变的。已经见到的这类动物形带钩出现于战国早期，大量流行
在战国晚期，秦汉时代也见到不少。比较典型的发现有河南辉县、湖南常德和山西
长治分水岭出土的虎形带钩，陕西咸阳出土的兔形带钩，四川昭化宝轮院出土的犀

牛形带钩，贵州威宁中水出土的牛头形带钩等。人面人体形带钩有陕西咸阳出土的甲士持钩形，这种带钩在秦俑上可以见到。还见到数枚伎乐人造型带钩，一般作弹奏琴弦状。这些动物与人形带钩的钩首，无一例外地都是向观者的右向、使用者的左向，它们只能用于由右边向左边方向钩挂，否则人像与动物像都会倒置。

这样看来，带钩的左向钩挂是一种传统习惯，正是由于有了这样的习惯，许多带钩在打造时就考虑到了这一点，以适应左向钩挂的传统。解释这传统形成的主要原因，一定是右利手主导的结果。

在我们的周围，并不难发现左撇子的存在，我相信历史上也一定有左撇子，只是不敢比较古今左撇子比例的大小区别。因为有左撇子存在，不排除有反挂带钩的例子，即由身左往身右钩挂。只是这样的实例极少发现，但不能肯定今后一定不会见到这样的例子。

为着考察左右利手的比例，据说 1980 年中国科学院心理研究所等研究单位调查了近 2 万人，调查项目有 10 个，包括握笔、用筷子、掷物、刷牙、用剪刀、划火柴、穿针眼、握钉锤、握球拍和洗脸，统计结果是右利手占 91% 左右，左撇子还不到 1%，剩下的是混合型。一般估计国人中左撇子人口至少占总人口的 6% ~ 7%，在西方这个比例随着左撇子定义不同而不等，统计结果介于 6% ~ 30% 之间，一种粗略的估计是左撇子占全世界人口的 10% 左右。可见是右利手主导着人们的生活动作姿态，也主导着产品设计的潮流。

左与右的选择就是这样，从古代束带挂钩的方向上见证了习惯，见证了传统，右利手传统主导了带钩的制作与使用。

注释：

[1] 河北省文化局文化工作队：《河北邯郸百家村战国墓》，《考古》1962 年第 12 期。

四 是扣还是钩：说玉带钩中的扣形钩

古代玉带钩式样繁多，制作一般都很精致。这其中有一种别致的样式，钩与环体均呈相同的牌形，使用时两两相合，分不出左右钩环。在一般著述中都将这种带钩命名为带扣，其实由用法看，它还是属于带钩一类，更接近那种我们称作"钩环配"的钩环组合使用的带钩，可以称为扣形带钩。

我们常说的带扣，必定有活动的或固定的舌针，这舌针是直接卡入带孔作卡带用的，但是扣形钩不同，它是用钩首钩挂在钩孔中，与带扣的用法不同，却与带圆环的带钩用法相同。两者的用力点一为钩，一为舌，造型区别明显，着力的方式不同，所以我们不能将这样的带钩与带扣混为一谈。

这类扣形钩，由考古出土的资料看，它最早出现在宋代，元明清时代沿用。四川绵阳的宋代墓中出土一套扣形钩，纯净的青玉质材，虎形钩首，钩体与环体为对称的素面方牌形，背有扣隼，全长12.7厘米，属于形体较大的一套扣形钩（图一）。

元代时出现了圆形扣环钩，钩体与环体为对称的圆牌形。江苏溧水柳家村元代墓葬出土一套扣形钩，钩与环均为圆璧形，器面浮雕衔芝螭纹。器体显得比较小巧，全长7.6厘米（图二）。

明代的扣形玉钩多为长圆形，钩体也都雕刻有对称的纹饰（图三）。贵州贵阳明代墓中，出土一套白玉扣形钩，龙形钩首，钩体左右对称透雕夔衔芝草纹，这接近元代扣形钩风格。背面圆形纽，全长10.5厘米。江西樟树市也出土明代扣形钩一套，羊脂白玉质材，钩与环体分雕衔芝螭纹，长11厘米。

清代继续见到扣形玉钩，但多为规整的方牌形，器表纹饰有了一些变化（图四）。黑龙江依兰县出土一套白玉质扣形钩，龙形钩首，为对称的方牌形，左右浮雕龙纹，长12.3厘米，器体较大。在黑龙江的讷河双发村墓葬中，出土一套青白玉扣形钩，也是龙形钩首，方牌形器表不见游龙，左右浮雕大朵盛开的菊花，长10.1厘米。

两牌相合的扣形钩最早出现于宋代，起初一定是宋人的拟古制作。扣形钩的基本形状，可能是仿造东周时期的那种方牌形带钩，形体都不大。宋人在搜集古物的

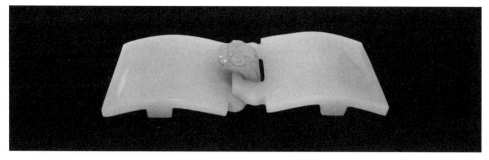

图一　四川绵阳出土宋代扣式玉钩

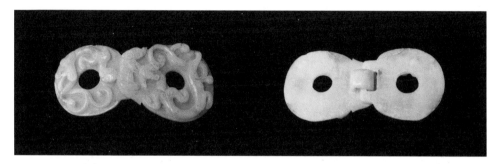

图二　江苏溧水出土元代扣式玉钩

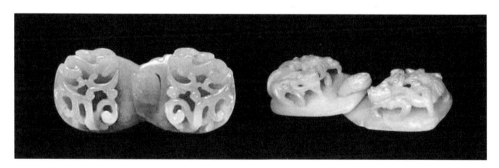

图三　贵州、江西出土明代扣式玉钩

图四　黑龙江出土清代扣式玉钩

图五　传世扣形玉钩

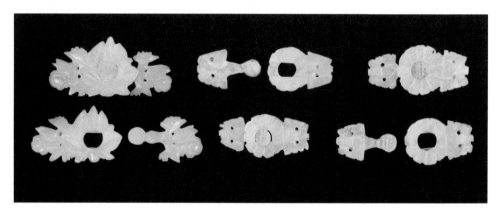

图六　江西南城县出土明代玉扣

过程中，应当见到过这种方牌形带钩。不过早期的牌式钩可能是直接钩挂于革带孔中，是否还有配套的环牌，并不能确定，至今还没有发现过。宋人自然也了解古时使用的牌式带扣，而牌式带扣确有对称双牌体的例证。受了这两方面的启发，钩与扣的结合的创意就形成了，具有对称形体的扣形带钩也就被制作出来了，这应当可以看作是宋人的一个发明。

　　扣形钩在考古中发现虽然不多，但传世品数量不少（图五）。只是许多人都将它作带扣收藏，没有充分认识到它的价值所在。此外还要说明的是，扣形钩虽然见到玉类材质的较多，其实也有金属材质的制品，有的也制作得非常精致，只是保存状态不及玉钩。

与扣形钩相关的发现，还有一种玉扣，它的形态及使用方法，与扣形钩完全相同，但它并不是用于系带，而可能是用于扣衣的，样子要更为小巧一些，可以直称为"扣"。在江西南城县女冠山明益宣王朱翊鈏元妃李氏墓出土 4 件玉扣（图六），其中 1 件羊脂白玉质，扣合时中间为莲花形，有鸳鸯图形分列两边，长 4.1 厘米。另有两件为青白玉质，扣合时中间为菊花形，有蜜蜂图形分列两边，长 3 厘米。玉扣出土时，置头部左侧，不知是否与首饰有什么关系。

这种玉扣，也是不能称作带扣的，因为它与带无关，并不用于系带。

带钩中特别是玉带钩中的扣形钩，也许是因为较之普通带钩和带扣出现得晚一些，更可能是因为发现数量不多，使用面不广，所以不大为研究者所注意，倒是有些收藏者常常津津乐道。在我们关注带钩和带扣研究时，对于这一类特别的带具也是不能忽视的。关于它的起源年代，关于它在带具发展过程所占有的位置，还有它实际的用途等等问题，都还有必要做些探讨。目前的资料积累还不够丰富，尤其是考古资料并不系统，所以这些问题的深入研究还须等待些时日。

五 带钩的名称

古物的研究，常常会涉及古物的名称，而且首先就需要给研究的对象一个名称。这个名称就是一个代号，但又不是一个简单的代码，应当包含应有的信息。古物如有自铭，那问题就比较简单了。有时我们也会遇到一些叫不出名头的器物，实在没法了可能就按器物特征取一个含糊的名称了事，这对史前研究而言，一般是可以如此处理的。但对历史时期的器物，应当尽可能确定一个恰当的名称，当然最好的名称就是它本来的名称，即历史名称。

得到器物的古称，可以有几个途径，一是古物的自铭，二是文献记述。文献记述可能要费一些考订，那是纯文本的记载，与实物比照时要避免错讹。我们在这里说到的带钩的名称，好在既有自铭作依据，也有文献作参照，所以比较容易确定。但也并不是说研究者的意见就非常一致了，也还有一些纷争。

带钩的名称，依文献的记述可知，最初单称为"钩"，见于《左传》《国语》《管子》等书。在出土带钩中，也有自铭称为钩的，如江苏丹阳东汉墓出土带钩，自铭"永元十三年五月丙午日钩"[1]。

"带钩"的全称，似始于《史记·齐太公世家》，记曰鲁"使管仲别将兵遮莒道，射中小白带钩"。这是说的管仲箭射齐桓公的事，也是春秋史上的一件大事。本系列有专文说此事，说《一枚带钩写定了一段春秋史》，可以参照阅读。

因为有些研究者认为带钩最早是用于胡服的，所以带钩又从胡名，有犀比、鲜卑、饰比、犀毗、胥纰等名称，这些名称分见于《楚辞》《战国策》《史记》和《汉书》。带钩及其相关器物名称之争，与研究带钩的起源和消亡具有十分重要的关系，有必要做些探讨。

确定带钩的名称，考论它有没有别称异名，觉得有一点非常重要，我们首先要认定这种束系革带的有纽钩状物原来就称为"钩"，它应当是带钩的省称。值得注意的是，"钩"的称名不仅早于"犀比"，而且早于"鲜卑"，有关记述如下：

《国语·齐语》桓公曰："夫管夷吾射寡人中钩。"（《管子·小匡》所载同）

《左传·僖公二十四年》："（齐桓公）置射钩而使管仲相。"

《荀子·礼论》："缙绅而无钩带。"

《庄子·达生》："以钩注者惮。"

《庄子·胠箧》："窃国者侯，窃钩者诛。"

以上诸条所云"钩"，指的都是带钩。如果说有的文献确切成书年代尚有争议，还不足以说明问题，我们还可举出一些考古资料作为直接证据。

河南信阳长台关楚墓，时代属战国中期，墓中出土的楚简有遣册记述随葬物品，其中有两枚简文就直呼带钩为钩：

简 202：一组带，一革，皆有钩。

简 207：一素绊带，有□钩，黄金与白金之舄。

长台关 207 简文，意当为有错金银的带钩，查检原墓所出的Ⅵ式大带钩，正是错金错银的带钩，与简文正合。

又见湖北江陵望山 2 号楚墓遣册文字，第 2 简文为"一绊带……一玉钩，一环"。这里的钩，都是指带钩。与带钩并提的环，是用于带钩钩挂的配套用具。

在稍晚一些的文献中，也可以经常见到径称带钩为钩的例子，例如：

《东观汉记》（卷二十）："诏赐御府衣一袭，自所服冠帻、玉壶、革带、金错钩佩。"

《淮南子·说林训》："满堂之坐，视钩各异，于环带一也。"又《泰族训》："带不厌新，钩不厌旧。"

《后汉书·五行志》："光禄勋吏舍壁下夜有青气,视之得玉钩、玦各一。"

《隋书·礼仪志》：班固与弟超书曰："遗仲升兽头金旁囊、金错钩。"

当然文献所指，有时也不便与实物相吻合，可能也会生出新的争议。因为单称为"钩"，有时难免会有歧义。

考定带钩名称的最直接的证据，当然还是带钩的自铭，我们确实见到出土铭文带钩也自铭为"钩"（详见《"五月丙午"铭带钩》）。如前引江苏丹阳东汉墓出土的错金铜带钩，镌铭为"永元十三年五月丙午日钩"。又见江苏泰州新庄东汉墓出土的错金银铜带钩，用金丝为铭曰"五月丙午钩"。吉林省榆树县刘家乡出土东汉错金银铜带钩，腹面错金铭文"丙午神钩君必高迁"八字。新近在湖北郧县李营出土的三国时期神人抱鱼铜带钩，钩背中部纽前有篆书"丙午神钩位至公侯"八字。

在传世的自铭带钩中，也见到称"钩"的例证。如清阮元《积古斋钟鼎彝器款识》著录二件铭文带钩，一件铭"丙午神钩君高迁"，另一件铭"丙午钩君高迁"，都是确定不移的证据。

作为一个器名，"钩"在单独出现时，确实会引起一些误读。我们过去在阅读双钩、吴钩、巴蜀之钩这样的名称时，确实就遇到了这样的问题。好在古人并不总是将带钩省称为"钩"，至迟从司马迁的时代起，"带钩"一名的全称就已出现。东汉及两晋，都有全称"带钩"的书写文字，如：

> 《史记·齐太公世家》："射中小白带钩，……桓公中钩佯死，以误管仲。"
>
> 《列子·力命》："射中小白带钩。"
>
> 《新序》："管仲射小白中其带钩。"
>
> 《祥异记》："长安民有鸠飞入怀中，化为金带钩。"
>
> 《梁书·夏侯详传》："得金革带钩。"

钩或带钩，不论在古文献、出土遣册、钩铭等方面看，名称是比较明确的。这样的名称大致起于东周中期，迄于隋唐，基本上伴随了整个带钩在中国历史上的使用时代。当然，魏晋以后文献中提及带钩都只是一种历史的回顾，实际上带钩已经越来越少见了。

带钩带钩，束带之钩，带上之钩，带钩应当是个很正式很贴切的名字。学界在考古发掘和研究中，一般都取带钩一名描述束带之钩，

带钩的古称，有研究者认为还有其他一些说法。唐人注犀毗，认犀毗为"革带钩"。犀毗见于《汉书·匈奴传》，唐颜师古注"黄金犀毗"，以犀毗为"胡带之钩也，亦曰鲜卑，亦谓师比，总一物也，语有轻重耳"。所以有些学者据此认定，

图一　东汉错金银"丙午神钩"铜带钩（吉林
　　　省榆树县刘家乡）

图二　三国丙午钩（湖北郧县李营）

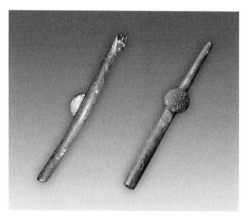

图三　汉"丙午神钩君宜官"带钩

图四　山东临淄齐国历史博物馆藏汉"丙午钩
　　　口含珠手抱鱼"铭带钩

因为用于胡服，带钩又从胡名，有犀比、鲜卑、饰比、犀毗、胥纰等名称。其实这
一系列的名称，所指并非是带钩，关于这些特别的名称，我想留待下一文中再细做
讨论。

注释：

[1]　镇江市博物馆、丹阳县文化馆：《江苏丹阳东汉墓》，《考古》1978 年第 3 期。

六 犀毗是带钩的名称吗？

带钩的名称，由文献和器物自铭看，古代一般称"带钩"，或省称作"钩"。但下列名称也曾被认为是带钩的异名，散见于各种古籍。

1. 鲜卑

《楚辞·大招》提到鲜卑有"小腰秀颈若鲜卑只"之语，这里的鲜卑，自然不是古代族名上的鲜卑。汉王逸注云："鲜卑，衮带头也，言好女之状，腰肢细少，颈锐秀长，靖然而特异，若以鲜卑之带约而束之也。"洪兴祖补注说："《前汉·匈奴传》：'黄金犀毗'，孟康曰：'要中大带也'，张晏曰：'鲜卑郭洛带，瑞兽名也。东胡好服之。'师古曰：'犀毗，胡带之钩，亦曰鲜卑。'"王逸说鲜卑是衮带头，并未明言是带钩，而颜师古直接说犀毗即胡带之钩。彼带钩是否即此带钩，从这番话里也并不能确认。

《东观汉记》卷八记，邓遵破诸羌，"诏赐金刚鲜卑绲带一"。按颜师古的说法，"鲜卑"自然就是"胡带之钩"。

2. 犀比

《楚辞·招魂》中的"晋制犀比费白日些"，王逸注"犀比"为赌具。阮元认为犀比就是带钩，他说"犀毗、鲜卑、犀比声相近而文互异，其实一也"。班固《与窦宪牋》说"复赐固犀比金头带"，他所说的犀比也被认为指的是带钩。

3. 犀毗

《汉书·匈奴传》有"黄金犀毗"一语，颜师古注"犀毗"为："胡带之钩也，亦曰鲜卑，亦谓师比，总一物也，语有轻重耳。"明人都穆解犀毗说："毗者，脐也，犀牛皮坚而有文，其脐四旁如饕餮而对，中一圜孔，坐卧磨砺，色甚光明。西域人割取以为腰带之饰，曹操以犀毗与人一事，是也。"这显然是一种附会之说，是不解而硬为之解。

4. 胥纰

上引《史记·匈奴传》中"黄金胥纰"一语，司马贞《索隐》说："《汉书》见作犀毗，胥、犀声相近，或误。……延笃云，胡革带钩也，则此带钩亦名师比，则胥、犀与师并相近而说各异耳。"这是将几种名称看作是一回事，认为指的都是带钩，是胡人所用所说的带钩。

5. 师比

《战国策·赵策》说："赐周绍胡服衣冠具带黄金师比，以傅王子也。"延笃云"师比，胡革带钩也"。颜师古引此以证《史记》，已如上述。

6. 私紽头

《淮南子·主术训》说"赵武灵王贝带鵔鸃而朝"，高诱注："读曰私紽头，二字三音也，曰郭落带系桃镝也。"王国维《胡服考》以为冠名，而非带钩之名。高诱的话让人很不明白，不过它说出了"私紽头"一名，与犀毗、师比倒可能是一个名称。

上述这六个有点奇怪的名称，一些研究者认为实际所指为一，就是带钩，可以"犀毗"或"鲜卑"作为代表称名。

张宴注犀毗（胥纰），认为即鲜卑，并且说"鲜卑郭落带瑞兽名也东胡好服之"。对于这一句话，今人有几种不同的断句，有几种不同的理解。

第一种，断为"鲜卑，郭落带瑞兽名也"，即理解为"鲜卑是郭落带上瑞兽的名称"。包尔汉、冯家昇、江上波夫主此说。

第二种，断为"鲜卑郭落带，瑞兽名也"。从语音学角度考察，鲜卑即满语Sa bi，为祥瑞神奇之意。郭落，通古斯语对音为 Kwuk lak，为兽之意。鲜卑郭落带就是"瑞兽之带"。就像白鸟库吉所说，"鲜卑郭落"为胡语，而"瑞兽"为其汉译。日本学者多主此说。干志耿、孙秀仁赞同鲜卑郭落带为瑞兽带的说法，他们进一步指明瑞兽就是驯鹿。郭落即鄂伦春人的"沃列恩"——驯鹿。不过因为带钩上罕见驯鹿图像，所以他们认为"鲜卑郭落"指的是透雕牌饰而非带钩，考古上所见的三鹿纹饰牌即为贴附于"鲜卑郭落带"上的饰件，缀有此类饰牌的腰带，就是"鲜卑郭落带"。这是目前为止最新颖的一种解释。这里的两种说法虽然都有可取之处，可是如果按这样的理解回头再读张宴的话，就觉得很不通达了，这无异于把"鲜卑郭落带瑞兽名也"解作"瑞兽带，瑞兽名也"，这就太费解了。

第三种，认为"犀比"或"郭落"并不就是直指带钩，而是指带钩的产地和品种，犀比、鲜卑都是指"鲜卑式带钩"，产品以产地为名。这似乎是把张宴的话理解为："鲜卑族郭落带，瑞兽名也"。这样似乎能自圆其说，但也并没有完全解决问题。

鲜卑既与犀比、师比"总一物也"，就是说它是同一类器具，是带上之物，所以才能以其赐人。如果只作"祥瑞"解，赐师比、赠犀毗又当作何解释？

关于"郭落"一名，1929 年伯希和发表文章论王国维《胡服考》时，指出它是 quraq 的对音，是突厥语的"革带"。这样，"鲜卑郭落带"就是"鲜卑带"了，不过古今语音对比变化很大，这也许是一种偶合。更重要的是，这也没有完全解决"鲜卑郭落带瑞兽名也"的问题。

"郭落"除了见于张晏一语，还见于《淮南子》高诱注。高诱的意思大概是说私纰头就是郭落带，原文不顺，可能错简有误。另外还见于《三国志·魏志·王粲传》裴松之注，注引鱼豢《典略》云："文帝尝赐（刘）桢廓落带。"廓落当是郭落的异写。那么，这郭落带又是怎么回事呢？

我很怀疑这郭落带，可能就是文献中更多见到的"钩络带"，如：

> 《三国志·吴志·诸葛恪传》曰："先是童谣曰，诸葛恪，芦苇单衣篾钩落。……钩落者，校饰革带，世谓之钩络带。"
>
> 《太平御览·服章部》（卷六九六）引《吴书》曰："陆逊破曹休于石亭，上脱御金校带以赐逊，又亲以带带之，为钩络带。"
>
> 晋张勃《吴录》的解释是"钩络者，鞍饰革带也，世名为钩络带"，并云"吴时外国传曰，扶南人悉著钩络带"。
>
> 鱼豢《魏略》曰："吴时外国传大秦国皆著钩络带，扶南人悉著（钩）络带。"

从以上所言钩络带可以看出，所指多是"校饰革带"和"鞍饰革带"，应是以带扣为卡，带扣是附有舌的方环或圆环，亦即《后汉书·舆服志》和《隋书·礼仪志》所说的"带镭"、宋陈祥道《礼书》中的"钩"。如此说不误，则这种钩络带——郭落带就不是附带钩的革带，一般应是指带扣革带。王国维已经指明这一点，认为郭落带与钩络带本是一回事，"胡名则谓之郭落带"。

郭落带既为钩络带，那么鲜卑或犀比、师比显然就是带上的带扣了，也就是王逸说的衮带头、班固说的金头带之头，不是指的带钩。秋山进午近年来发表了类似看法，也认为师比不是带钩，否定了江上波夫师比和带扣配件有关、师比就是动物纹带钩的说法，但他又认为师比包括长方形透雕牌饰在内，这还需要进一步研究。

图一 马具带扣

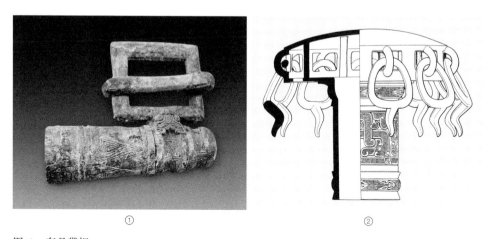

① 伞盖带扣　② 车軎带扣

图二 车具带扣

❶ 伞盖带扣　❷ 车軎带扣

　　带扣早先用于马骑的束带（图一），后来转用在人束腰的带上，难怪王国维主张于鞍制中求带制了。带扣在我国北方的两汉和更早的时代流行，正如张宴所说的"东胡好服之"。带扣也用于车具，伞盖和轮軎上都有它的踪影（图二）。

这种带扣在中原和其他地区则大量见于两汉以后，用于马具的带扣似可早到春秋时代。如河南淅川下寺春秋中晚期楚国墓地，出土了 29 件铜带扣，它们分别放置在有陪葬车马坑的墓室内，正是马具无疑，并不是为人所用的。魏晋以后，带扣大量用于武士束带，考古发现的这类武士俑极多，身上挂甲束带，都用带扣。

绕来绕去讨论了一番，知道了鲜卑郭落带就是有带扣的革带，如王先谦《汉书补注》引沈钦韩所说："郭落带一名鲜卑带。"这鲜卑本不必作"祥瑞"解，也不是专指青铜透雕牌饰，应是指的"胡革带钩"，就是环状类带扣。王逸、延笃、颜师古、司马贞等所说都是一致的，都以为鲜卑就是胡革带钩，说明这种"钩"与周汉带钩是有区别的，而束带的功用则完全相同。

说到这里，回头再读张宴的话，似乎可以作这样的解说：

"鲜卑——郭落带，瑞兽名也，东胡好服之"。

即是说，鲜卑就是郭落带，以瑞兽为名，东胡族喜好服用这种带扣革带。在东北地区以至西伯利亚出土的带扣很多都以兽纹为饰，各式带扣当时大概便以瑞兽为名，以示与带钩相区别，也与中原的带扣相区别。

这样说来，"犀毗"或是"鲜卑"，并不是中原带钩用过的名字，它是"胡革带钩"的名字。这"胡革带钩"，不是带钩，而是带扣，而且是胡人带扣。

七　带扣说名：师比、鲜卑、带鐍、策、扣

说罢带钩的名称，再来说说带扣的名称。我们已经知道，现在大家谈论带钩，其实用的是古称，古人正作如是说。不过说到带扣就大不一样了，古人并没有采用过这样的名字，是我们的学者按现代人的说法取用了这个名字。我一时还真查不清是谁人创造出了这个名字，虽然这个名字的用法也还贴切，也并不会生出什么歧义，但它毕竟不是古称，今名与古名之间似乎缺乏联系。

古人将我们说的带扣叫作什么呢？回答这个问题还得做些考究。

"带扣"一名，始于当代，究竟是谁最早定下的这个名称，一时还不易查考。带扣在古代另有名称，如"师比""鲜卑""鐍""钩燮""钩𧘂"等，随着时代的不同常有更迭。

1. 师比

在讨论带钩名称时，我们已经指出了前人的误会，将师比当作了带钩的一个古称，它其实是带扣的古称之一。

师比是现在所知带扣最早的名称，见于《战国策·赵策》"赐周绍胡服衣冠具带黄金师比"一语。延笃所说"师比，胡革带钩也"，应即指带扣而言。与师比相近的还有"犀比"一名，如《楚辞·招魂》的"晋制犀比"和班固《与窦宪笺》的"复赐固犀比金头带"。

师比在《史记·匈奴列传》记作"胥纰"，在《汉书·匈奴传》写成"犀毗"，在《楚辞·大招》别作"鲜卑"。唐人以为这几个名字所指均为一物，即为"胡带之钩"，这是非常正确的。后人把师比认作中原流行的带钩，实在是一个误会。中原在汉代带钩径称带钩，师比应是北方民族对带扣的称呼。与此有关的还有高诱注《淮南子》所说的"私纰头"、王逸注《楚辞》所说的"绲带头"，实际指的也都是带扣。

2. 鲜卑

按汉王逸的注所说，《楚辞·大招》提到作为带扣的"鲜卑"。以往我们还有些疑惑，鲜卑作为带扣之名，总显得有些奇怪。查上海博物馆收藏有一块镂雕行龙纹白玉残带具，本体为方形，是与带扣组合使用的物件（见《鲜卑头：带扣曾经的名字》图一）。这物件其实与它配合使用的带扣相比，无论形状和纹饰都相同，一般称为带饰或饰牌。

让人特别注意的是，它的背面刻有"白玉衮带鲜卑头"字样铭文，让人相信"鲜卑"或"鲜卑头"，一定指的就是带扣。这块与玉带扣组配的带饰，背面所镌阴文全文为："庚午，御府造白玉衮带鲜卑头，其年十二月丙辰就，用工七百。将臣范许，奉车都尉臣程泾，令奉车都尉关内侯臣张余。"从铭文记年和涉及的相关官员分析，研究者确认此件为南朝宋文帝刘义隆的御用带扣配件。这个带扣组件虽然并不是科学发掘出土品，但提供的信息却非常重要，让我们可以最终认定"鲜卑头"就是带扣的名称。

我们再对比一下河北邯郸赵王城出土战国金带头（图一），也都是造型相同的龙纹，连附加的装饰纹样都非常接近，那也一定也是鲜卑头。

3. 带镭

据《后汉书·舆服志下》记载说："自公主封君以上皆带绶，以采组为绲带，各如其绶色，黄金辟邪首为带镭，饰以白珠。"并云"紫绶以上，镭绶之闭得施玉环镭"。《注》引《通俗文》说"缺环曰镭"，这显然指的是玦，《御览》也直书为"玦"。这里说的是绲带之首，应当就是带扣，非为玦。《隋书·礼仪志》记萧梁时的带制亦与此同："革带带剑，绲带以组为之，如绶色，黄金辟邪首为带镭。"

关于带镭之"镭"的解释，许慎在《说文》中说"镭，鐍或从金裔"，而他又说鐍为"环之有舌者"，其为带扣无疑。

图一　河北邯郸赵王城出土战国金带头

从东汉到南朝，带扣称作带镳，这是中原王朝对带扣所取的第一个正规名称，不同于师比之类。这里还要重提汉高诱注《淮南子》，他说"私纰头"为"郭落带系桃镝"，前人多以为此语不道，我以为"镝"为"镳"之误，高诱的意思即是说师比就是带镳，只是异地不同名而已。

推测带镳的名称应是源于马具，鳙本为系鞚之环，通作触，音义均与镳相同，都属带扣之类。

4. 钩燮

《晋书·舆服志》记皇太子五时朝服用"革带，玉钩燮兽头鞶囊"；《隋书·礼仪志》记陈制为"皇太子……素革带，玉钩燮兽头鞶囊"，所说钩燮就是带扣。此名与带镳虽同时存在，不过使用的时间可能不长，大约止于南朝以后不久。

5. 钩䚢

用钩䚢称带扣，由《隋书·礼仪志》看，从北齐开始才有此名，所谓"钩䚢为具"。这个名称历经隋唐—元明，一直不变。陈祥道《礼书》说"革带有钩以拘之，后世谓之钩䚢"，这种拘带的钩就是带扣，并不是带钩。

6. 策

通常在考古报告中把死舌的扣称作"方策"或"策"，也有将一部分活舌的扣称作"策"的，或唤作"铰具""带头""带卡"等，名称繁杂，所指皆为带扣。只是一般说的"策"，并不是指人束系革带使用的带扣，更多的是指马具束带和伞盖用的扣，而且一般指的是固定舌针的扣。

7. 带扣

更多的论著采用了带扣这个名字，现在虽不明白它的出处，但已经约定俗成。其实以带扣作为带环的名称，也还是有些问题的。因为古人还要使用另一种衣扣，也要用带来扣结，也许那才真的可以叫带扣。如秦俑上的挂甲带扣，就是带头上安上的扣子，它不用打结，方便扣系，也许我们可以单称它为"扣"，也还是容易混淆两者的区别。

除了上述这些名称，也有研究者将带扣称作"銙"的。王国维《胡服考》说，汉末"其带之饰则于革带上列置金玉，名曰校具，亦谓之鞊，亦谓之环"，并云"校者即《朝野佥载》之铰具"，"唐中叶以后，不谓之环而谓之銙"。

这里所说的铰具、鞊、环、銙实质都是一个东西，就是指革带上的装饰，并非指带扣，将带扣称作銙和铰具都是不恰当的。"铰"为装饰之意，《广韵》释铰为"装铰"，李善注颜延之《赭白马赋》之"宝铰星缠"的铰亦为"装饰"。"铰具"就是施饰之器，《续齐谐记》载"汉宣帝以皂盖车一乘赐霍光，悉以金铰具"一事，所谓"以金铰具"就是以金为饰之意，"铰具"并非具体指什么物件。

罗列了一些文献上的名称，让我们觉得有点不知所措了，这带扣到底应叫什么名称呢？我们现在虽然没有必要恢复带扣的古称，但对它的名称问题也应当有一个统一的认识。首先排除以往对带扣的种种误名和别名是必要的，像"策""带卡"等虽然也都可取，但复名过多会显得烦琐。当然也不必一定要起用一个古名，古名中不止一个字一般的字库都不收录，真用起来也很不便当。束腰所用的带环，可以通称为带扣便了。至于束衣、挂甲、张伞的带扣和马具用带扣是否分别称呼，还可以从长计议。

由上所述，带扣从师比、带鐍、钩䚢到钩蹀，名称上经历了几个大的变化。由它的名称我们也可看到中原束腰带扣原本是取自马具，王国维在《胡服考》中说"带具之名皆取诸马鞍具"，事实正是如此。

八 绸缪与束修：一个待解的结与一个存疑的词

绸缪这个词，有点怪怪的，历来的解释有束缚和缠绕之意。《诗·唐风·绸缪》曰："绸缪束薪，三星在天。"《毛诗诂训传》说："绸缪，犹缠绵也。"孔颖达疏做了进一步解释："毛以为绸缪犹缠绵束薪之貌，言薪在田野之中，必缠绵束之，乃得成为家用。"《诗·豳风·鸱鸮》也将绸缪入诗："迨天之未阴雨，彻彼桑土，绸缪牖户。"注疏以为是鸱鸮在阴雨之前，取桑根缠绵牖户筑巢。两诗中的绸缪，发生在人筑室鸟筑巢时，都有缠束之义。

由于《诗经》里这两个绸缪都是先雨而行，后来又演成"未雨绸缪"一词，词意是很容易让人接受的，用时也觉得很自然，只是未必都知晓绸缪原本的意思了。

《诗经》里的绸缪自然说的都是束薪，而在后世，这绸缪又转用到了人身。《汉书·张敞传》云："礼，君母出门则乘辎軿，下堂则从傅母，进退则鸣玉佩，内饰则结绸缪。"颜师古注绸缪为"组纽之属，所以自结固也，"显然指的是束带之饰。

明代杨慎《丹铅续录》说到作为带饰的绸缪，说："古者妇人长带，结者名曰绸缪，垂者名曰襂缡。结而可解曰纽，结而不可解曰缔。"可以解开的是活纽结，不可解的就是死结了。这绸缪就是束带之一种，与上引《汉书》所说的女饰绸缪，应当是一回事吧。

后来这绸缪意义更有引申，缠绵有了情感色彩，实在有些牵强，不过也是约定俗成了，也没什么可挑剔的。汉古诗《别诗》"独有盈觞酒，与子结绸缪"，诗关李陵，似乎还只是涉及友情。到了再晚一些的时候，这里的"结绸缪"就成了男女私情的代称了，如：

唐韦应物《寄令狐侍郎》诗："始自风尘交，中结绸缪姻。"
唐郭元振《子夜四时歌六首·秋歌二首》说："邀欢空伫立，望美频回顾。何时复采菱，江中密相遇。辟恶茱萸囊，延年菊花酒。与子结绸缪，丹心此何有。"

宋代张耒《读太白感兴拟作二首》诗说："乃复结绸缪，伫车心伤悲。"

元曲《赵盼儿风月救风尘》："似这般燕侣莺俦。畅好是容易恩爱结绸缪。"

清纳兰性德《沁园春》说："欲结绸缪，翻惊摇落，减尽荀衣昨日香。"

这一次次的"结绸缪"，显然说的是男女之情了。结的就是红丝带，情深意浓。回头再读读《诗经》里的句子，那里的绸缪可是一点儿情爱的影子也没有的。

"束修"，这个原本是现代人应当很生疏的词，却因一段特殊历史时期为人们所熟识，这可是孔夫子享受到的学费啊。束修，或写成束脩，一束什么？一般以为是干肉，或是腊肉，或具体到"十条腊肉"。孔子爱吃腊肉么？

束修出自《论语·述而》，子曰"自行束修以上，吾未尝无诲焉"。就说是十条腊肉吧，经学家们以为这是孔子规定的拜师礼，朱熹认为"束修其至薄者"，说这点腊肉不算什么厚礼。《朱子语类》还说，束修最不值钱，羔雁则比较贵重。

也有人产生了疑问，孔子所谓"自行束修以上，吾未尝无诲焉"这话真是指课徒收费吗？考虑到《十三经》没有任何一处是以"自行………以上"作表达，反而看到"自……以上"句法出现两次，都是在《周礼·秋官司寇》里，原文是"自／生齿／以上"，即从"长出牙齿"（约1岁）以上的小孩，才可以登录在户口上，在此明指的是年龄，那孔子的话里可能是另外的意思了。孔子的意思可能是"自／行束修／以上"了。古代男子十五岁入学，要行束修之礼，男子的年龄可用"行束修"代称之。也正因为如此，汉郑玄为"束修"下的注语即是"谓年十五已上"（见《后汉书·延笃传》注）。这束修之礼是什么，觉得应当是系腰带礼，与及笄礼和冠礼意义相似。

据俞志慧先生《〈论语·述而〉"自行束修以上，吾未尝无诲焉"章笺释》的研究，古来对"束修"一词的解释，有束带修饰年十五和拜师礼物两种主要观点。西汉孔安国《论语注》说："束修，束带修节。"三国何晏《论语集解》引孔安国语也说："言人能奉礼，自行束修以上，则皆教诲之。"汉郑玄《论语注》："束修，谓年十五以上也。"孔颖达释《尚书·秦誓》"如有束修一介臣"时，也引述了孔注《论语》以束修为束带修节之说。这样看来，束修当腊肉解，显得多少有些滑稽。

图一 西周束腰玉人，山西曲沃晋侯墓 M8　　　　图二 战国束腰玉舞人

俞志慧以为："弟子行拜师礼之时，自然恭敬有加，必要束带修饰而后可，日久相沿成习，束修遂成为人生特定年龄段的一种仪式或着装，而后又反过来用这种特定年龄段的仪式或着装来指代这个年龄段，汉语中及笄、弱冠皆此类也。"这样解读束修，文理自是通畅多了。俞志慧还重释了孔子语中的"诲"字，以为是"悔"的借字，说孔子整句话的意思是"自从十五岁毕恭毕敬地行了拜师礼之后，我还不曾有过没有遗憾的日子呢"。这是颠覆性改变前人的全新解释，这些是题外话了，在此不再多论。

孔子收学费的公案，算是有了一个新的了断，不过这里又提出了一个我们感兴趣的新问题，就是"束带"之礼的问题。

一般来说，束带礼是冠礼的一个内容，古代的惯例是男子二十而冠，适时会冠带相加。《礼记·冠义》说："成人之者，将责成人礼焉也。责成人礼焉者，将责为人子、为人弟、为人臣、为人少者之礼行焉。将责四者之行于人，其礼可不重欤？"通过行冠礼，一个男子从此转变为社会中的成年人，提醒他要成为合格的儿子、弟弟、臣下和晚辈，如此才可以称得上是人了，冠礼是以成人之礼来要求人的礼仪。《礼记·内则》说，六岁教以数目与四方之名，八岁教以礼让示以廉耻，九岁教以朔望和六十甲子。十五岁称为"成童"，开始习射和御车。《礼记·曲礼》说"男

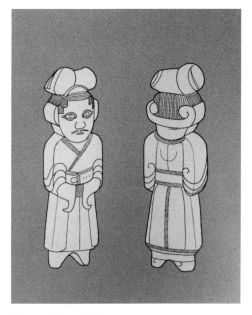

图三　战国佩带钩玉人　　　　　　　　　图四　战国佩带钩木俑

子二十冠而字"，行成年礼。

　　当然，冠礼的执行年龄有时是可以变通的，有时是根据需要而定，在此并不准备讨论这个问题。不过年十五的束带礼，却是并没有单独进入古礼的文献记述，或者它并不是什么规定的仪礼，只是一种象征性的比喻。

　　汉桓宽《盐铁论·贫富》说："余结发束修，年十三，幸得宿卫，给事辇毂之下。"他经历的束修之礼，提到了十三岁。《后汉书·延笃传》说："且吾自束修以来，为人臣不陷于不忠，为人子不陷于不孝。"李贤注："束修，谓束带修饰。"《晋书·列女传·王凝之妻谢氏》说"束修整带造于别榻"。这些话都是直接将束带指为束修，义理明晰。

　　束腰的这个"带"，有时还是个象征，并不是一般的象征，它是可以与"冠"齐称并提的，所谓"冠带……"即是。有时甚至可以用"带"代"冠"，作为官位的象征。如：

　　　　《论语·公冶长》说："束带立于朝，可使与宾客言也。"
　　　　《汉书·燕刺王刘旦传》说："寡人束带听朝三十余年，曾无闻焉。"

图五　西汉佩带钩玉舞人，广州南越王墓出土

唐韦应物《休暇东斋》诗云："由来束带士，请谒无朝暮。"又《始治尚书郎别善福精舍》诗云："除书忽到门，冠带便拘束。"

宋司马光《病中鲜于子骏见招不往》诗云："虽无束带苦，实惮把酒并。"

不论上朝还是面官，有官位者是一定要顶冠束带的，正如清程大中《四书逸笺》卷一云："古人无事则缓带，有事则束带。"所谓有事，即公干或比较正式的场合，那是一定要束带的。那个陶渊明就不愿受这样的拘束，办公事还要人提醒束带，"郡遣督邮至县，吏白：应束带见之"（《晋书·陶潜传》）。又见《南史·刘瓛传》说："（瓛）方轨正直，……兄璡夜隔壁呼瓛，瓛不答，方下床着衣立，然后应。璡怪其久，瓛曰：向束带未竟。其立操如此。"兄弟间夜里见面说话，都要整衣束带。又据欧阳修《归田录》所述，宋太宗夜召陶谷，陶谷见帝而立却不肯进见，太宗意识到这是因为自己没有束带的缘故，令左右取袍带匆匆束之，陶谷见帝束带之后才进见。

不仅束带作为官位的象征，连那长出一截的带头，也可以代指官本位。《论语·卫灵公》有一语说"子张书诸绅。"宋邢昺注云："以带束腰，垂其余以为饰，谓之绅。"垂下的绅可书写记事，但未必是常态。官员上朝记事有专用的手板"笏"，不用时插在腰间，这也是后来将仕宦称之为搢绅的原由，搢就是插的意思。《晋书·舆服志》说："其有事则搢之于腰带，所谓搢绅之士者，搢笏而垂绅带也。"乡绅和绅士之类，一定也是因为这束带的样子而得名。

王逸注《楚辞·离骚》有"善自约束"一语，由钩带的约束，后人又引申为品行操守的约束，所谓束修自好，成为君子处世的一个准则了。至迟从汉代起，束带开始引申为道德修养，象征操守。如范晔《后汉书·卓茂传》说："（光武帝）

图六 汉画束带造像

乃下诏曰：前密令卓茂，束身自修，执节淳固，诚能为人所不能为。"又《后汉书·胡广传》说："广才略深茂，堪能拨烦，愿以参选，纪纲颓俗，使束修守善，有所劝仰。"三国时的曹操在《谢袭费亭侯表》中，也说到这个词："臣束修无称，统御无绩。"又如《晋书·儒林传·虞喜》说："伏见前贤良虞喜天挺贞素，高尚邈世，束修立德，皓首不倦。"还有《晋书·夏侯湛传》说："唯我兄弟姊妹，束修慎行，用不辱于冠带。"这些束修之说，都是道德操守。所以康有为《大同书》己部第二章就说："若后汉之俗，束修激厉，志士相望，亦近于化行俗美矣。"

束修自好，在晚近的时代依然是有志者的警语。元代吴澄评时人滕安上，称安上"乃有学有行而有文者，盖亦束修自好之士也"（《吴文正集》）。《郑板桥集家书》中也有这样的话："夫束修自好者，岂无其人，经济自期，抗怀千古者，亦所在多有"。在孙中山先生颁布的一系列民主法令中，也有这样的说教，"保国存家，匹夫有责；束修自好，百姓与能"（《宋教仁集》）。现今流行的自我约束一语，其实就是束修自好的翻版。

回过头再读孔子的话，"自行束修以上"，似乎闻不到有干肉腊肉的味道了。自行束修与束修自好，两词的源头，都汇在人的腰间之带上了。

说到带钩带扣，也要说说这相关的"带"。是钩扣为束带提供了方便，又是带为钩扣的创制提供了前提。看来这带里的说头，也还真有些名堂。钩扣虽小，曾经进入到古代社会的政治生活中。腰带很轻，它也是不能忽略的行头。

江西南昌西汉海昏侯墓出土玉舞人组佩　　　　　江西南昌西汉海昏侯墓出土战国玉舞人正面

广州西汉南越王墓出土带钩玉舞人

广州西村凤凰岗出土西汉玉舞女

洛阳金村战国墓出土玉舞女组佩

河南泌阳官庄出土秦代玉带钩

陕西西安汉建章宫遗址出土玉带钩

江苏徐州驮篮山西汉楚王墓出土绕襟衣陶舞俑

河南洛阳金村战国墓出土玉带钩

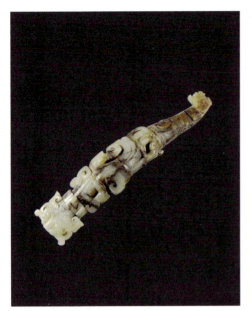

广州象岗南越王墓出土玉带钩　　　　　　　台北故宫博物院藏玉带钩

江西南昌西汉海昏侯墓出土四神玉带钩

江苏盱眙大云山汉墓出土"长毋相忘"铭银双钩　　西汉"千斤金"双钩

山西太原春秋赵卿墓出土双钩

南朝白玉銙带鲜卑头

南朝白玉衮带鲜卑头局部

光明紫砂盒墨书

红光丹沙盒墨书

光明碎红砂盒墨书

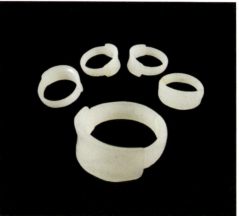

明代指环

清代指环

战国佩钩铜人（洛阳金村）

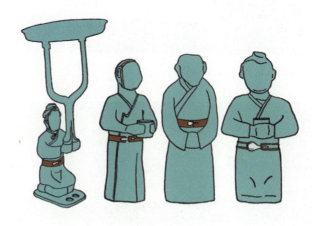

战国艺术品中见到的带钩束带造像

佩钩束带的秦俑　　　　　　秦俑佩钩细部　　　　　　　秦俑佩钩示意

元代钩环配玉钩　　　　　　　传世钩环配玉带钩

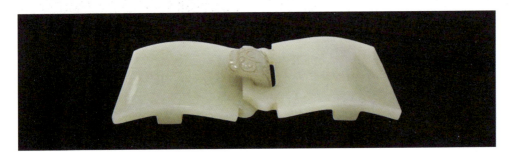

四川绵阳出土宋代扣式玉钩

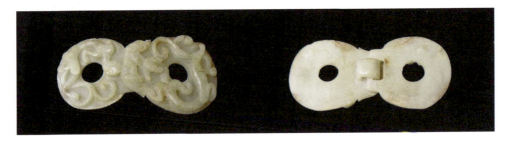

江苏溧水出土元代扣式玉钩

贵州、江西出土明代扣式玉钩

黑龙江出土清代扣式玉钩

传世扣形玉钩

江西南城县出土明代玉扣

马具带扣

车具带扣

后 记

我开始对古代带具做研究，好像是一个非常意外的事情。那会儿我修习的重点，是中国史前考古，只是因为打算做一点工具研究，在搜集资料的过程中看到了许多带钩图片，实在是割舍不下，所以用了些时间做梳理，有了初步收获。最初所做的事情，是考察带钩的用途，继而对带钩的考古作了系统思考，写成《带钩概论》，也算是补了一个空缺。接着又牵连出了带扣，写成《带扣略论》，算是古代带具研究的姊妹篇。后来陆续又有"漫说""散论"等，间断讨论了带钩的相关问题。时隔 20 多年之后，又对古代北方草原的带扣进行研究，我所做的整体的带具研究至此基本完成。

近年来受《中国文物报》之约，开设专栏谈带钩带扣，名为"钩扣约束录"，已得近 20 篇。这其中有部分篇章重新审视了过去的研究，有些重复的内容，这次收入本书时没有放弃不取，也是为着保持这部分内容的完整。

有了这样的一些努力，似乎有了一点小成绩，一直想着应当将这些文字结集出版，相信对感兴趣的读者会有些用处。终于今年就有了这样的机会，非常感谢上海古籍出版社，特别感谢编辑吴长青先生，是他促成并具体操作了本书的出版。

当然本书只是一个论文集，还不是系统的专著，对相关问题讨论并不全面，希望后来者能跟进研究，期待着他们的成果问世。

2011 年 5 月 21 日
于北京九龙山寓所